新概念教材
换代型系列

高职高专专业基础课教材新系

U0816968

Jingjifa Gailun

经济法概论

（第四版）

俞木传　编著

东北财经大学出版社
Dongbei University of Finance & Economics Press
大连

图书在版编目（CIP）数据

经济法概论／俞木传编著．—4 版．—大连 ：东北财经大学出版社，2014.8（2016.11 重印）
（“换代型”系列·高职高专专业基础课教材新系）
ISBN 978-7-5654-1679-8

Ⅰ．经… Ⅱ．俞… Ⅲ．经济法-中国-高等职业教育-教材 Ⅳ．D922.29

中国版本图书馆 CIP 数据核字（2014）第 195967 号

东北财经大学出版社出版
（大连市黑石礁尖山街 217 号 邮政编码 116025）
教学支持：（0411）84710309
营 销 部：（0411）84710711
总 编 室：（0411）84710523
网 址：http：//www.dufep.cn
读者信箱：dufep @ dufe.edu.cn

大连永盛印业有限公司印刷 东北财经大学出版社发行

幅面尺寸：185mm×260mm 字数：359 千字 印张：15.75
2014 年 8 月第 4 版 2016 年 11 月第 15 次印刷

责任编辑：张晓鹏 魏 巍 郭海雷 周 欢 责任校对：王 娟 刘 洋
封面设计：冀贵收 版式设计：钟福建

定价：27.00 元

第四版前言

从高职高专培养高技能人才的核心宗旨出发，立足于学生职业素养与理论知识的强化，服务现代职业教育体系建设，编者经过近几年的资料整理、资源整合推出本书。本版具有如下特点：

（1）严格按照最新出台的《公司法》、《商标法》、《消费者权益保护法》对相关章节进行有针对性的调整和补充，修订和删除了与时代脱节的某些提法。

（2）简化理论知识部分，突出案例教学、实践教学在实际授课过程中的突出地位，精心构设教学情景，引导学生以理论知识为基础，参与讨论，实现知识训练和思维能力的双重提升。

（3）结合当下社会经济对学生掌握、运用经济法规的新要求，与时俱进，认真设定知识目标、技能目标、能力目标，凸显课程教学的时代性、创新性和应用性。

（4）参考、借鉴国内外优秀同类教材在具体案例设置、分析方面的长处，遵循教育教学规律，适时调配案例难度、设计案例篇幅，便于学生理解、接受，进而增强教学效果。

（5）为使本书能够真正成为教学资源共享、教学研究互融的开放系统，切实提高教材的电子化程度，借助网络平台（http：//www. dufep. cn）搭载并发布由本书编者制作的各类相关课件和教学资源，帮助学生更加便捷、快速、高效地进入学习过程。

本书在出版过程中得到了编者所在学院领导、同事和广大同行的大力支持，以及东北财经大学出版社领导和编辑同志的帮助、指正，在此一并致谢！

由于编者经验及水平有限，本书难免存在疏漏，敬请赐教。

编　者

2014 年 7 月

目录

第1章

经济法概述

• 学习目标

通过本章学习，你应该达到以下目标：

知识目标：了解经济法的产生和发展，了解经济法的概念和调整对象；理解并掌握法人的概念和特征、代理及其种类、债权和物权以及担保等方面的知识。

技能目标：一是正确区分经济法与民法、行政法；二是熟悉代理制度；三是理解物权的内容及特征；四是熟练运用各种担保方式。

能力目标：能准确理解法人与法定代表人的关系；能正确填制法人授权委托书；掌握并熟练运用抵押贷款的法律手续。

引例

法人与法定代表人

小张和小王是某高职学校大三的学生，他们去一家有限责任公司实习。某日，他们闲着无聊，就对有限责任公司的性质进行讨论。小张说：“有限责任公司是企业法人，又是营利法人。”小王认为：“有限责任公司是财团法人，但不能以营利为目的。”小张说：“法人的法定代表人既是法人的代表又是法人机关的代表人，法定代表人的代表权源于法律和章程，而不是源于法人的授权。”小王说：“法定代表人履行职务的行为是法人的行为，法定代表人只能是法人单位的行政正职负责人。”

经济法是国家直接参与和强力干预经济生活的产物，是调整特定经济关系之法。本例中小张和小王在公司实习期间讨论的问题正是我们经济法研究的问题。有限责任公司既是企业法人，也是营利法人。法定代表人履行职务的行为也是法人的行为，法定代表人的代表权源于法律和章程，而不是源于法人的授权。依照法律或者法人组织章程规定代表法人行使职权的负责人，是法人的法定代表人。

1.1 经济法的概念和调整对象

经济法是调整一定经济关系的法律规范的总称，是一个独立而重要的法律部门，有特定的研究对象和范畴。本章试图从经济法的产生和发展入手，介绍目前经济法专家的几种观点和学说，使学生形成对经济法概念和调整对象的认识，加深对我国经济法的理解和认识。

1.1.1 经济法的产生和发展

1）经济法的产生

对此，国内外法学界仁者见仁、智者见智，观点各异。有的学者认为，经济法是在资本主义进入垄断阶段以后才产生的。有的学者认为，近代经济法产生于19世纪末，但并不否认“市民革命以前的经济法”的存在。有的学者认为，随着国家与法律的产生，经济法也就产生了，到了垄断资本主义阶段，经济法形成了一个新的法律部门。也有学者认为，作为一个独立的法律部门，经济法产生于古代社会，尽管在不同的社会制度里，经济法的本质、内容和作用不同，但运用这种手段管理社会的本质是相同的。

通过对上述观点的比较，我们认为经济法的产生不能理解为经济法律规范的产生，也不能理解为经济法律部门的产生，只有相当多的经济法律规范的总称才是经济法。

2）经济法的发展

（1）前资本主义国家的经济法举例。据考证，早在公元前18世纪，巴比伦奴隶制国家颁布的《汉谟拉比法典》的282条正文中，有121条是保护奴隶主财产权的。我国的《诗·小雅·北山》中有“普天之下，莫非王土；率土之滨，莫非王臣”，《唐律》中也有“占田过限”的禁止性规定。

前资本主义国家经济法的特征是：反映了统治阶级的意志，公开维护等级特权，以法律规范的形式直接协调经济运行，以“诸法合体”的法典为主要表现形式。

（2）资本主义国家经济法举例。英国1855年制定了《有限责任法》。德国1892年制定了《有限责任公司法》。第二次世界大战后法国制定了《国有化企业董事会组织法》。美国于 1890 年通过的《谢尔曼法》是联邦第一部反托拉斯法。日本 1934 年制定了《农业基本法》。美国 1864 年制定了《国家银行法》。法国 1945 年颁布了《价格管理条例》。瑞典 1763 年颁布了《济贫法》。美国 1935 年制定了《社会保障法》。

资本主义国家经济法的特征是反映了资产阶级的意志，取缔了等级特权制，具有重大的历史进步作用，但这种形式上的平等化，并没有掩盖事实上的不平等。以法律形式协调本国经济更广泛、更深入。其表现形式是单行经济法律和法规。

（3）社会主义国家经济法举例。在企业组织管理方面，苏联于 1987 年颁布了《苏联国营企业法》；罗马尼亚于 1978 年制定了《国营社会主义单位组织管理法》。关于计划的法律，匈牙利于 1973 年制定了《国民经济计划法》；南斯拉夫于 1976 年制定了《社会计划体制基础和社会计划法》。在财税金融方面，罗马尼亚于 1979 年制定了《财政法》；南斯拉夫于 1976 年制定了《货币制度法》。在价格管理方面，匈牙利于 1967 年制定了《关于价格管理的法令》；南斯拉夫于 1979 年制定了《价格制度基础和社会对价格的监督法》。在社会保障方面，我国于 1951 年公布并于 1953 年修正了《劳动保险条例》。

社会主义国家经济法的特征是反映了以工人阶级为领导的全国人民的意志，关注事实上的平等。协调本国经济从直接形式为主转变为间接形式，表现的形式仍是以单行经济法律、法规为主。

这里需要指出的是，我国实行计划经济时期的经济法与实行市场取向改革时期和实行社会主义市场经济时期的经济法的特征又有明显区别，特别是在依法治国、建设社会主义法治国家的今天，我们应抓紧制定和完善一系列经济法律、法规，建立和完善统一的具有中国特色的社会主义法律体系，把一个充满生机和活力的经济法律体系全面推向新纪元。

1.1.2 经济法的概念

关于“经济法”概念的语源，法学专家普遍认为是 18 世纪法国空想共产主义的著名代表之一——摩莱里（Morelly）在 1755 年出版的《自然法典》一书中首先提出来的，另一位法国空想共产主义的著名代表德萨米（Dezamy）在 1842—1843 年分册出版的《公有法典》中也使用了这一概念，并且发展了摩莱里的经济法思想。[①] 作为马克思主义的三个来源之一的法国空想共产主义的代表，摩莱里和德萨米的经济法思想同样也避免不了“空想”的属性，从其著作的种种论述看，他们所谓的“经济法”并非现代意义上的经济法，尽管在他们的著述中也强调了国家对经济运行的干预或协调。[②]

20 世纪初，德国学者莱特（Ritter）在 1906 年创刊的《世界经济年鉴》中再次使用了“经济法”这一概念。[③] 之后，许多学者在其著述中先后使用这一概念，德国于 1919 年颁布的《煤炭经济法》、《碳酸钾经济法》和捷克斯洛伐克颁布的《捷克斯洛伐克社会主义经济法典》都分别使“经济法”名词出现在立法法规之中[④]。经济法专家认为，这才是真正意义上的经济法含义。

---

① 德萨米．公有法典［M］．黄建华，姜亚洲，译，北京：商务印书馆，1982.
② 李正义．经济法概论［M］．北京：中国商业出版社，1996：3.
③ 中国大百科全书出版社编辑部．中国大百科全书·法学［M］．北京：中国大百科全书出版社，1984：328.
④ 金泽良雄．经济法概论［M］．满达人，译．兰州：甘肃人民出版社，1985.

我国首次使用“经济法”这个词是在1979年，之后在全国人民代表大会文件、中共中央文件和国务院的文件中相继使用，我国的法学教材、专著等都使用了这一概念。

当然，对于经济法的概念，尽管研究的时间不短，但到目前为止，无论国外或国内，都没有达成一个统一的认识，不同的经济法学者都试图给经济法下一个界定性的概念，但并没有任何一种观点得到一致的赞同。本书在此也不对经济法的概念加以界定，下面主要列举几种观点供参考。

第一种观点认为，**经济法**是调整在国家协调本国经济运行过程中所产生的经济关系的法律规范的总称。①

第二种观点认为，**经济法**是调整国家在调控社会经济运行、管理社会经济活动的过程中，在政府机关与市场主体之间发生的经济关系的法律规范的总称。②

第三种观点认为，**经济法**是调整国家在参与、组织和管理社会经济生活中发生的经济关系的法律规范的总称。③

第四种观点认为，**经济法**是指调整社会主义市场经济条件下出现的管理协作关系这种新的经济关系的法律规范的总称。④

第五种观点认为，**经济法**是国家为了保证社会主义市场经济协调发展而制定的，有关调整国民经济管理关系和市场运行关系的法律规范的总称。⑤

1.1.3 经济法的调整对象

对经济法调整对象的研究实际上也是对经济法概念理解的深化。从认识论的角度出发，定义本应在揭示事物本质的同时或之后得出才符合逻辑关系，只是为了叙述方便，本书才先谈经济法的定义，再谈经济法的调整对象。

任何法律部门都调整一定的社会关系。经济法作为一个独立的法律部门，具有特定的调整对象，即特定的经济关系，不是一切经济关系，更不是经济关系以外的其他社会关系。特定的经济关系是指：

（1）企业组织关系。建立社会主义市场经济，必须构建各种各样活跃的市场主体，没有主体的市场是不可想象的。在市场主体体系中，企业是最主要的主体。国家为了协调本国经济运行，对于各种市场经济主体的设立、变更、终止及其内部各部门之间的关系也应当通过法律的手段进行规范，这是我国经济体制改革的主要层面。市场主体、市场客体、市场行为构成了市场运行的基本要素，必须从源头进行必要的干预。市场经济需要充分的市场竞争，首先是市场主体多元化的竞争。市场主体的法律调整的出发点，要看是否有利于发展生产力，是否符合我国社会主义现代化的要求，是否有利于改革开放。法律如果没有“表明和记载经济关系的要求”⑥，就是不正确的。通过调控市场主体，尤其是企业，使其不仅能参与市场活动，而且能够做到自主经营、自负盈亏、产权明晰、责任明确，最终实现企业的根本目的。

---

① 杨紫煊．经济法［M］．北京：北京大学出版社，高等教育出版社，1999：35.
② 石少侠．经济法概论［M］．北京：法律出版社，1999：9.
③ 全国注册资产评估师考试辅导教材编写组．经济法［M］．北京：中国财政经济出版社，2000：5.
④ 丁邦开，周晖国．现代经济法——理论与应用［M］．北京：中国大百科全书出版社，2000：5.
⑤ 王遂起，隋彭生，孙虹．经济法概论［M］．北京：中国政法大学出版社，2000.
⑥ 马克思恩格斯全集［M］.4卷．中共中央马克思恩格斯列宁斯大林著作编译局，译．北京：人民出版社，1980：122.

（2）市场管理关系。社会主义市场经济体制要求市场发育优良，市场体系完善，建立和健全统一的、开放的、竞争的、法制化的市场体系。努力使市场规范化，必须坚持“四个结合”和“三个推进”，即分散交易市场与集中交易市场相结合，发展零售市场与发展批发市场相结合，发展现货市场与发展期货市场相结合，发展国内市场与开拓国际市场相结合。从东部商品经济发达地区向中西部地区推进，从商品市场向生产要素市场推进，从初级市场向高级市场推进。规范和指导市场管理，形成布局合理、结构优化、配套齐全、统一开放、竞争有序的社会主义市场体系。市场本身是无法达到这一目标的，必须依赖国家的干预，加强调控。

（3）宏观调控关系。由于人们对于自身利益的不同追求，因此市场主体对各种经济行为的认识存在着价值观念上的差异，经济条件和社会经济伦理道德等方面也存在差异，市场经济秩序不能自发形成；由于市场的供需状况、竞争方式和手段，以及市场行为决策者和执行者的个人因素不同，市场经济秩序也不能自动起作用，因此必须有政府的外在力量起作用，这个“力量”就是国家的宏观调控。它要求用一定的法律规范形式将市场经济秩序表现出来，成为观念上的秩序，使经营主体有法可依，有规可循；进行法律、法规、规章、政策以及社会主义市场经济伦理道德观念的宣传、解释等工作，使对市场经营主体外加的强制性市场行为规范变为自觉遵守的行为准则；弥补市场缺陷，优化资源配置，防止经济中的总量失调和结构失衡，最终引导国民经济持续、快速、健康发展。

1.2 经济法的地位和作用

一般说来，只要确定了经济法具有独立的调整对象，即特定的经济关系，也就确定了经济法的地位。经济法反映经济基础、调整经济关系的直接性，决定了它在实现国家领导、组织、管理经济职能中的突出作用，决定了它在调整经济关系的各种法律手段中的重要地位。

1.2.1 经济法的地位

1）经济法是一个独立而重要的法的部门

划分一个法是不是独立的法的部门的标准只有一个，那就是看其有没有自己特定的调整对象。我们之所以称调整平等的民事主体之间的人身关系、财产关系的法为民法，调整犯罪及处罚的法为刑法，就是因为它们都有自己的特定调整对象。同样类推，经济法有自己的调整对象，是一定范围的经济关系，不调整其他经济关系，更不调整非经济关系，而且经济法的调整对象同其他法的部门的调整对象不是交叉的，也不是重叠的，具有自己的特征。所以我们说，经济法是一个独立的法的部门。

从构成来看，法律体系是由多层次的法律部门组成的有机联系的统一整体。法律部门是由国家的全部现行法律规范，根据调整对象的不同进行分类而组成的。所谓多层次的法律部门，是指属于第一层次的法律部门可以划分为若干个第二层次的法律部门，如宪法是国家的根本大法，它分别通过民法、刑法、经济法等法律部门保证其得以实施；第二层次的法律部门，又可以划分为若干个第三层次的法律部门，如经济法作为第二层次的法律部门，它由企业法、财政法、金融法等众多的部门经济法所组成。各层次的法律部门虽然都有自己特定的调整对象，但它们又都是建立在同一的经济基础之上，体现着同一的国家意志，具有共同的指导思想和任务，因而形成了互相联系、彼此协调的统一整体。

法的部门的划分不是由人们的主观意志决定的，而是由需要法律规范调整的客观存在着的社会关系的多样性决定的。从经济法产生、发展的历史演变过程我们可以看出，经济法是由于社会经济关系越来越复杂，出现了原有法律部门所不能调整的新的经济关系而产生的。而经济法所调整的特定范围的经济关系，是别的部门法不可替代的。因此，经济法是我国法律体系中一个独立的法律部门，是我国法律体系中不可缺少的重要组成部分。

2）经济法与其他法律部门的区别

（1）经济法与民法的区别。首先，调整对象不同。经济法主要调整行政管理性经济关系，而民法主要调整平等主体的法人、公民之间的财产人身关系。

其次，调整方法不同。经济法以积极和主动的方式调整社会经济活动，而且运用宏观调控和经济监督等手段，不仅有惩罚，而且有奖励；民法则以平等协商、不告不究的方式调整个体经济活动。

最后，主体范围不同。经济法的主体不仅包括社会组织和特定的公民等，还包括国家及国家机关；民法的主体则主要是平等公民个人和特定情况下的社会组织。

（2）经济法与行政法的区别。首先，调整对象不同。行政法主要调整国家行政机关与企事业单位、社会团体和公民个人之间，以及国家行政机关内部在行政管理活动中所形成的各种社会关系，这种行政管理关系是非物质利益的社会关系；经济法所调整的是物质利益关系。

其次，调整方法不同。行政法通常用命令与服从的方式调整上、下级隶属关系，保障行政权力的组织性和有效性。

再次，社会功能不同。社会主义的经济法有两大基本功能，一是在市场调节失灵的情况下弥补民商法的不足，恢复市场有序竞争；二是弥补行政法在运用行政手段干预社会经济生活方面的不足，确保市场机制的作用。这两大功能是行政法所不具备的。

最后，规范构成不同。行政法的规范构成只能是行政法律、法规；而经济法除此之外，还有并不属于行政法的法律、法规，如《反不正当竞争法》等典型的经济法。

1.2.2 经济法在市场经济中的作用

经济法作为国家管理和调节国民经济的一种重要法律手段，在我国社会主义市场经济体制的建立和现代化建设中起着重要的促进和保证作用。具体说，表现在以下几个方面：

（1）保障经济体制改革的顺利进行。建立社会主义市场经济体制是一项前无古人的开创性事业，需要解决许多极其复杂的问题。60多年来，我国已经走出了一条卓有成效的改革之路，积累了丰富的经验。实践证明，改革与生产力发展不相适应的经济体制，建立有中国特色的、充满生机和活力的社会主义市场经济体制，充分调动各方面的积极性，促进生产力的迅速发展，是实现社会主义现代化的重要保证。经济法同其他法律一样，不仅可以肯定已经取得的成就，而且可以作出纲领性的规定，促进我国经济向符合其规律的方向发展。以法律的形式确认经济体制改革的方向，以法律手段贯彻经济体制改革的各种措施，以法律的形式把经济体制改革的成果固定下来，使在经济体制改革过程中建立起来的适应生产力发展的各种新制度具有相对稳定性，以保障经济体制改革的稳步前进。中共中央关于建立社会主义市场经济体制若干问题的决定明确指出，建立社会主义市场经济体制，就是要使市场在国家宏观调控下对资源配置起基础性作用。为了实现这个目标，必须坚持以公有制为主体、多种经济成分共同发展的方针，进一步转换国有企业经营机制，建立适应市场经济要求，产权清晰、权责明确、政企分开、管理科学的现代企业制度。建立全国统一开放的市场体系，实现城乡市场紧密结合，国内市场与国际市场相互衔接，促进资源的优化配置，转变政府管理经济的职能，建立以间接手段为主的完善的宏观调控体系，保证国民经济的健康运行；建立以按劳分配为主体、效率优先、兼顾公平的收入分配制度，鼓励一部分地区一部分人先富起来，走共同富裕的道路；建立多层次的社会保障制度，为城乡居民提供同我国国情相适应的社会保障，促进经济发展和社会稳定。经济法的建设必须围绕这些主要环节，建立相应的法律体系，采取切实措施，积极而有步骤地全面推进改革，促进社会生产力的发展。

（2）保护和促进以公有制为主体的多种经济形式的发展和多种经营方式的实行。社会主义初级阶段的所有制结构是以全民所有制经济为主导的多种经济成分并存的社会主义经济。经济法通过对各种经济成分法律地位的确认和对其合法利益的保护，促进它们的发展。以公有制为主体的现代企业制度是社会主义市场经济的基础。国有大中型企业是国民经济的支柱，推行现代企业制度对于提高其经营管理水平和竞争能力，更好地发挥主导作用，具有重要意义。在积极促进国有经济和集体经济发展的同时，鼓励个体、私营、外资经济的发展，并依法加强管理。经济法把国家赋予全民所有制企业的经营权用法律形式固定下来，并保障其成为享有民事权利、承担民事义务的法人实体，保障劳动群众集体所有制在国家宏观调控下独立自主地进行有利于国计民生的生产经营活动。引导、管理和监督并鼓励私营和个体经济在国家允许的范围内发展，保护外商投资企业的合法利益，改善投资环境，引进先进技术、设备和先进的管理经验，加速我国经济的发展。

（3）推动科学技术的发展，保证科学成果的应用。科学技术是第一生产力，是提高劳动生产率的主要途径，对国民经济的发展和腾飞起着巨大的推动作用。《商标法》和《专利法》的颁布和实施，可以保护和鼓励发明创造，保护知识产权，推动新技术成果的广泛应用，促进科学技术的不断进步。知识产权是人们对自己脑力劳动创造的精神财富所享有的权利，精神财富和物质财富一样，是人类社会赖以生存和发展的基础。运用经济法律手段确认和保护人们对自己脑力劳动创造的精神财富的合法权益，可以保护人们从事智力创作活动的积极性和创造性，给社会创造出更多更好的精神财富，促进科学技术和文化艺术的发展，提高全民族的科学文化和精神文明水平。发展社会主义市场经济，要依靠科学技术转化为物质财富，促进我国市场经济的发展。

（4）维护社会主义市场经济秩序，保障社会主义市场经济的发展。我国实行社会主义市场经济，国家在运用宏观调控手段指导国民经济发展的同时，要充分发挥价值规律调节国民经济的作用。这就决定了我们必须改革过去那种统一得过死、管得过多的僵化的经济体制，建立既要管住又要搞活的经济体制，建立社会主义统一的市场，促进社会主义市场经济的发展。随着市场经济的发展，国民经济各个部门之间，不同所有制之间发生的经济交往日益增多。在这些交往中，必须建立一个良好的经济秩序，必须有一个共同遵守的市场行为规则，否则社会经济秩序就会混乱。国家通过加强经济立法来规范人们的行动，保护合法行为，禁止和制裁违法行为，为维护社会主义市场经济秩序提供有力的法律保障。只有这样，才能保障和促进社会主义市场经济的健康发展。

(5) 扩大对外经济技术合作与交流。实行对外开放是我国长期不变的基本国策，制定市场经济的法律对我们来说是一个新课题，我们还缺乏这方面的经验。旧体制下的某些时期也曾提出过法律调整的要求，制定过一些经济法律、法规，但这些法律、法规依然是行政手段，而不是法律，我们必须大胆借鉴和吸收外国的成功经验，广泛合作与交流。同时，社会主义市场经济法律体系本身也迫切要求符合中国实际和与各国相通。市场经济的客观规律也决定了我们在逐步缩小与其他国家在社会制度、民族、历史、风俗习惯等方面的差异，逐步走向国际化。

1.3 经济法的制定和实施

在学习经济法的制定和实施前，必须首先明确两个问题：一是经济法的制定和经济法的立法之间的关系，即二者是从属关系，经济法的制定包含于经济法的立法之中；二是经济法的制定和经济法之间的关系，即二者也是从属关系，经济法的制定包含于经济法之中。

1.3.1 经济法的制定

经济法的制定是指国家机关依照法定的职权和程序制定经济法律规范的活动。这里的“制定”包括制定新的经济法律规范，也包括废止或修改已有的经济法律规范。这里的“国家机关”是指最高权力机关及其常设机关和其他有关国家行政机关或司法机关，但这些机关在经济法的制定过程中，必须依照法律规定的权限和程序进行。根据我国宪法和有关组织的规定，我国现行经济法制定的体制是：法律由全国人大及其常委会制定；行政法规由国家最高行政机关国务院制定；地方性法规由省、自治区、直辖市以及省会市和较大的市的人大及其常委会制定；自治条例或单行条例由民族自治地方制定；经济特区或特别行政区的法规由经济特区所在市人大或立法委员会制定；国务院各部制定部委规章；省、自治区、直辖市以及省会和较大的市的人民政府制定政府规章。

八届全国人大三次会议批准的《全国人民代表大会常务委员会工作报告》指出：“为了实现本届常委会任期内大体形成社会主义市场经济法律体系框架的目标，要按照五年立法规划的要求，继续抓紧制定一批有关社会主义市场经济方向的法律，如票据法、保险法、国有资产管理法、合同法、担保法、破产法等。”八届全国人大五次会议批准的《全国人民代表大会常务委员会工作报告》指出：“要按照本届内大体形成社会主义市场经济法律体系框架的要求，继续把经济立法放在重要的位置，抓紧制定有关市场经济法律体系框架的要求，继续把经济立法放在重要位置，抓紧制定有关市场经济方面的法律，如国有资产法、证券法、期货交易法等。”九届全国人大一次会议批准的《全国人民代表大会常务委员会工作报告》指出，第八届“任期内制定的有关市场经济方面的法律，连同以前制定的有关市场经济法律，初步构成了社会主义市场经济法律体系框架”。

但是，目前我国经济法的制定，特别是市场经济立法工作还远远不能适应建立社会主义市场经济体制的要求，与构建社会主义市场经济法律体系的要求相比仍有很大差距，与改革开放和现代化建设的要求相比也有一定的差距，表现为该出台的重要的法律没有出台，有相当一部分法律、法规需修改完善而仍然沿用至今，有许多调整和稳定经济关系的规范性文件虽很重要但层次低、权威性差。因此，加快经济立法的步伐，健全社会主义法制，巩固和发展社会主义经济基础，不仅是发展社会生产力、实现社会主义现代化的需要，更是建立和发展社会主义市场经济的迫切要求。1999年3月15日，九届全国人大二次会议通过了《中华人民共和国宪法》修正案。修正案规定："中华人民共和国实行依法治国，建设社会主义法治国家。"中共中央在《关于建立社会主义市场经济体制若干问题的决定》中明确指出，立法要体现改革精神，用法律引导、推进和保障改革顺利进行。要搞好立法规划，抓紧制定规范市场、维护市场秩序、加强宏观调控、完善社会保障、促进对外开放等方面的法律。

党的十五大提出了到2010年形成中国特色社会主义法律体系的目标，党的十六大作了重申，党的十七大提出了完善中国特色社会主义法律体系的任务。吴邦国在第十一届全国人大常委会第一次会议上就提出了明确的立法工作目标，在提高立法质量的前提下，确保到2010年形成中国特色社会主义法律体系并不断加以完善。改革开放30多年来，在中国共产党的领导下，经过各方面坚持不懈的努力，截至目前，已制定《宪法》和现行有效法律共237部、行政法规690部、地方性法规8 600部，我国经济建设、政治建设、文化建设、社会建设以及生态文明建设的各个方面总体上做到了有法可依。一个立足中国国情，适应社会主义初级阶段要求，体现党的主张和人民意志统一，符合改革开放和社会主义现代化建设需要，以《宪法》为统帅的多层次、多部门的中国特色社会主义法律体系即将形成。

1.3.2 经济法的实施

经济法的实施是指经济法主体实现经济法律规范的活动。它包括经济守法、经济执法、经济司法。

经济守法是指经济法主体遵守经济法律规范的活动。经济执法是指国家行政机关依照法定的职权和程序执行经济法律规范的活动。经济司法是指国家司法机关依照法定的职权和程序处理违反经济法律规范的案件的活动。经济守法、经济执法、经济司法是经济法实施的三个重要环节，相互之间有着密切的联系。

经济法的实施比经济法的制定更为重要。经济法的制定是经济法实施的前提，经济法的实施是经济法制定的目的。"法律的生命在于它的实行①"，如果制定了经济法而不能实施或不尽如人意地实施，那么再好的经济法律也会变得毫无意义。只有确实做到有法必依、执法必严、违法必究，才能保证经济法的实施，发挥经济法的作用。但是，要实施好经济法，首先要制定好经济法，过去我们在经济法的实施过程中之所以存在不少问题，其中一个主要原因可能就是没有制定好经济法。比如法律的效益问题，在制定经济法时往往不考虑其实施过程中的成本，只注重制定过程中的周密和文字的严谨。再比如，制定经济法规不适时，不符合客观实际；有的规定太笼统，不配套，不好操作；有的法律条文甚至前后矛盾、不一致，使人无所适从；也有的规定后果不清，不知道是作为之后果还是不作为之后果。因此，我们强调在实施经济法的同时，也要提高立法质量。

---

① 庞德．法理学［M］．邓正来，译．北京：中国政法大学出版社，2004.

我国经济法的实施取得了很大的成绩。随着现代企业制度的建立，企业的经营管理得到了改善，市场主体资格得到了规范，并从源头上建立了严格的市场准入制度。在市场管理方面，打破了地区封锁，制止了不正当竞争，净化了市场内容，维护了市场经济秩序。在宏观调控方面，变直接调控为间接调控，充分利用“国家之手”弥补市场缺陷，优化了资源配置等。但是我们也必须清醒地看到，经济法的实施仍然存在不少问题。比如有法不依、违法不究的现象在一些地区或部门还相当严重，以言代法、以权压法、执法犯法、违法办案等情况还比较突出，大案、要案屡抓不止，贪污受贿动辄几百万、上千万，甚至几个亿。这说明我国经济法的实施存在着漏洞，需要改革和完善。如何保证法律的有效实施，已经成为我国法制建设的关键环节。①

1.4 相关经济法律制度

1.4.1 法人制度

1）法人的概念和条件

法人 是具有民事权利能力和民事行为能力，依法独立享有民事权利和承担民事义务的组织。

法人制度是一项重要的民事主体制度。法人是特定社会组织的人格化，是与自然人相对而言的，是法律拟制的“人”。给予一定的主体资格后，法人就像自然人那样独立地参加经济活动，并享有权利和承担义务。

【小思考 1-1】

一个新上任的总经理对一个上门讨债的客户说：“我是这个企业的法人，我又没有欠你的债，讨债去找老经理去，我们的老法人已退休了。”试问：总经理的这番话是否有道理？

答：没道理。这里有两处错误：一是这位经理不是法人，老经理也不是法人，他们均是法定代表人；二是尽管老经理退休了，但法人所欠债务不能因为人员的变动而有所变更，其债务还是应该清偿的。

根据我国法律的规定，法人必须具备以下条件：①依法成立，包括两种合法的成立程序，即登记程序成立和命令程序成立。②有必要的财产或者经费。法人的财产和经费并不强调归其所有，而是强调能由其独立支配和利用。同时要求法人组织的财产同出资人的其他财产和组织成员的个人财产在法律上能清楚界定，且不能有直接的联系。③有自己的名称、组织机构和场所。法人必须有符合规范化要求的名称，这是企业享有的人身权。法人的组织机构一般由法定代表人及其职能机构所组成。法人的场所是法人进行生产经营的基地。④能够独立承担民事责任。法人对自己的法律行为所产生的法律后果承担全部法律责任。

2）法人的种类

按照我国《民法通则》的规定，法人分为企业法人、机关法人、事业单位法人和社

① 参见第九届全国人民代表大会第一次会议批准的《全国人民代表大会常务委员会工作报告》。

会团体法人，见表1-1。

表1-1 法人的种类

名 称	性质与特征	包括类别
企业法人	企业法人是具备法人条件，以营利为目的，从事生产、贸易、劳务等经济活动，依法自主经营、自负盈亏、独立核算的经济组织。企业法人是我国法人中数量最多、分布最广、民事活动最频繁，并且在经济活动中占主导地位的一种法人	国有企业法人、集体企业法人、私营企业法人、外商投资企业法人、联营企业法人等。公司形式的企业，主要可分为有限责任公司和股份有限公司
机关法人	机关法人是获得法人资格的国家机关。国家机关只有在参加民事活动时才被视为法人，在行使国家权力时就不是法人，而被视为公法主体	国家权力机关、行政机关、军事机关、司法机关等
事业单位法人	事业单位法人是从事社会各种公益事业，拥有独立的经费和财产的具有法人资格的社会组织	各级各类新闻出版单位、科研单位、教育单位、医疗单位等
社会团体法人	社会团体法人是由自然人或法人自愿组成的，拥有独立财产或经费，从事社会公益、文学艺术、学术科研、宗教等活动的具有法人资格的组织	各种学会、协会、研究会、基金会、联谊会、促进会、商会等人民群众团体

资料来源 人民教育出版社政治室．法律基础知识［M］．北京：人民教育出版社，2008.

3）法人的权利能力和行为能力

法人具有民事权利能力和民事行为能力。法人的民事权利能力是指其能以自己的名义独立享受民事权利和承担民事义务的资格。法人的民事行为能力是指其能以自己独立的名义进行民事法律行为，以实现自己民事权利和民事义务的资格。公民的民事权利能力始于出生，终于死亡。其特点是所有公民的民事权利能力一律平等，彼此之间没有任何差别。公民的民事行为能力则有所不同。我国《民法通则》将公民分为完全民事行为能力人、限制民事行为能力人和无民事行为能力人。18周岁以上的公民是成年人，具有完全民事行为能力，可以独立进行民事活动，是完全民事行为能力人。16周岁以上不满18周岁的公民，如果属于以自己的劳动收入为主要生活来源的，则视为完全民事行为能力人。10周岁以上的未成年人和不能完全辨认自己行为的精神病人是限制民事行为能力人，可以进行与其年龄、智力或者与其精神健康状况相适应的民事活动，其他的民事活动分别由其法定代理人代理或者征得其法定代理人的同意后进行。10周岁以下的未成年人和不能辨认自己行为的精神病人是无民事行为能力人，只能由其法定代理人代理民事活动。

【观念应用1-1】 企业法人对其工作人员的经营活动承担民事责任吗

某市洗涤剂厂与市汽车运输公司签订了一份运输合同，由运输公司为洗涤剂厂承运洗衣粉。运输公司司机蒋某在运输途中发生翻车事故，当时天下大雨，给洗涤剂厂造成直接经济损失5.7万元。洗涤剂厂要求运输公司赔偿，运输公司则以“我公司已与蒋某签订了承包合同，一切损失均由蒋某负责”为由，拒绝承担赔偿责任。洗涤剂厂只得要求蒋某赔偿，但蒋某实在拿不出钱来赔偿其损失，洗涤剂厂只得向法院提起诉讼。

请问：洗涤剂厂的损失应由谁来赔偿?

法律分析：法人业务范围内的经营活动所产生的权利和义务应由法人享有和承担。

法人的民事权利能力和民事行为能力同时产生，同时终止，它与公民的民事权利能力、民事行为能力状况有所不同。

法人的民事权利能力有以下特点：①法人的民事权利能力中，不包括享有某些纯属由公民享有的人身权，如生命健康权、肖像权。②法人的民事权利能力，从根本上说虽然是平等的，但不同法人的具体民事权利能力会有所差别。比如，企业法人所享有的从事营利性活动权利的资格，其他几种法人却不具有，而企业法人之间的民事权利能力也有不同。③法人的民事权利能力不受剥夺。

法人的民事行为能力的特点：①民事行为能力与其民事权利能力相符，故不同法人的民事行为能力彼此有别。②国家依法可对法人的民事行为能力给予必要限制，如责令企业法人停业整顿，实际即暂时停止了企业法人享有民事行为能力，但并不禁止其从事必要的经济活动，除非法人资格消灭，其民事行为能力也不能剥夺。

4）法人的成立、变更和终止

（1）法人的成立。它是指社会组织依法取得法人资格。我国法人的成立大致有两种方式：由国家主管机关命令成立，如国家机关及事业单位法人资格的成立；经国家主管机关核准登记成立，如企业法人的成立。

（2）法人的变更。它是指法人的组织结构、性质、业务范围、名称、住所、隶属关系等方面的重大改变和变动。如法人的分立或合并变更，应当向登记机关办理登记并公告。企业法人分立、合并，它的权利和义务由变更后的法人享有和承担。

（3）法人的终止。它是指在法律上终止法人的资格。企业法人由于下列原因之一而终止：歇业、被撤销、宣告破产、其他原因。企业法人终止，应当成立清算组织进行清算。企业法人被撤销、被宣告破产的，应由主管机关或人民法院组织有关机关和有关人员成立清算组织，进行清算。企业法人终止，应当向登记机关办理注销登记并公告。

1.4.2 物权制度

1）物权的概念和特征

物权是指权利主体依法对特定的物享有直接支配和排他的权利。其特征包括：①物权是对世权；②物权的客体是有体物；③物权具有排他性；④物权具有直接支配权；⑤物权具有可享受物之利益的权利。

2）物权的种类

（1）自物权，即所有权。它是指权利人在法律规定的范围内，独占支配其所有物的权利。《中华人民共和国物权法》（以下简称《物权法》）第39条规定：“所有权人对自己的不动产或动产，依法享有占有、使用、收益和处分的权利。”自物权包括国家所有权和集体所有权、私人所有权；业主的建筑物区分所有权；相邻关系权；共有权。

（2）用益物权。它是指对他人所有之物在一定范围内进行占有、使用、收益的权利。《物权法》第117条规定：“用益物权人对他人所有的不动产或者动产，依法享有占有、使用和收益的权利。”用益物权主要包括土地承包经营权、宅基地使用权、地役权。

（3）担保物权。它是指为了担保债的履行，在债务人或第三人的特定财产上设定的物权。《物权法》第170条规定：“担保物权人在债务人不履行到期债务或者发生当事人约定的实现担保物权的情形，依法享有就担保财产优先受偿的权利，但法律另有规定的除外。”担保物权主要包括抵押权、质权、留置权等。

3）物权变动的原则

（1）公示原则。它是指物权的各种变动必须从一种可以公开向社会显示，并能取信于公众的外部表现方式予以展示方能生效的法律原则。作为物权客体的物以“一物一权”为原则的，即“一物不容二主”，这是物权排他性的体现。根据《物权法》的规定，物权变动的公示方式有不动产登记和动产交付。

《物权法》第 9 条规定：“不动产物权的设立、变更、转让和消灭，经依法登记，发生效力；未经登记，不发生效力，但法律另有规定的除外。”第 14 条规定：“不动产物权的设立、变更、转让和消灭，依照法律规定应当登记的，自记载于不动产登记簿时发生效力。”

《物权法》第 23 条规定：“动产物权的设立和转让，自交付时发生效力，但法律另有规定的除外。”交付即转移占有，这是动产物权变动的公示方法。

（2）公信原则。它是指物权变动经过公示之后即可取得的法律上的公信力，当善意第三人出于对物权公示方法的信赖而依法进行交易时，不管是否实际存在与这种公示方法相对应的合法权利，均应加以保护的法律原则。按照公信原则，即使公示与实际权利关系不一致，标的物出让人无处分权时，善意信赖公示的受让人仍能取得物权，法律仍应予以保护。例如，当登记机关误将本属于甲的某处房产登记为乙所有，乙明知自己并非真正的产权人却将该房产转让给丙，而丙根据有关登记误信乙为房屋产权人，便从乙手中买下该房屋，并办理了登记过户手续。此时，由于丙是基于房产登记的公信力，即信赖房产登记这种公示方法才与乙进行交易的。因此，即使登记错误，对丙因善意信赖公示所取得的房屋产权，法律依然应以保护。可见，公信力制度弥补了处分行为的权利瑕疵，可以说公信原则是公示原则的进一步延伸。

【观念应用 1-2】

甲与乙签订房屋买卖合同，将一栋房屋卖与乙。双方同时约定，一方违约应支付购房款 35% 的违约金。但在交房前甲又与丙签订合同，将该房卖予丙，并与丙办理了过户登记手续。下列说法中哪些是正确的？

A. 乙可以自己与甲签订的合同在先，主张甲与丙签订的合同无效

B. 乙有权要求甲收回房屋，实际履行合同

C. 乙不能要求甲实际交付该房屋，但可要求甲承担违约责任

D. 若乙要求甲支付约定的违约金，甲可以请求法院或仲裁机构予以适当减少

答案：C、D。

法律分析：本题考查房屋买卖合同的效力与房屋所有权的变动。根据《中华人民共和国合同法》第 133 条规定：“标的物的所有权自标的物交付时转移，但法律另有规定或者当事人另有约定的除外。”而房屋所有权变动以登记为准。根据债权平等的特点，甲与乙、丙所签订的合同皆有效；任何一方不得以合同成立在先主张另一个合同无效。故 A 项不正确。不动产物权经过户登记，已合法转让与丙，丙对房屋享有所有权，而甲对房屋的所有权消灭，所以乙要求甲收回房屋，使甲履行合同属于法律上不能履行。因此 B 项错误。但甲违反了与乙签订的房屋买卖合同，不能履行交付房屋的义务，甲应承担违约责

任，所以 C 项正确。《合同法》第 114 条规定：“约定的违约金过分高于造成的损失的，当事人可以请求人民法院或者仲裁机构予以适当减少。”故 D 项正确。

1.4.3 代理制度

1）代理的概念和特征

代理就是代理人在代理权限内，以被代理人的名义进行经济活动，法律后果归属于被代理人的一种法律行为。

【观念应用 1-3】 **委托他人订合同，后果应由谁承担**

朱玲的父母亲死亡后，在农村老家留下三间房由朱玲继承。朱玲在城里工作，不在老家住，又无力照顾这三间房，决定将这三间房子卖掉。可是，她不了解当地房价行情，一时又找不到合适的买主，就委托在当地农村的一个亲属林永清替自己卖房。半年后，林永清以每间 1 000 元的价格把这三间房子卖给了同村的刘某，房款如数寄给了朱玲。朱玲接到房款后，傻眼了，三间房子才卖 3 000 元。但也没有办法，只有哑巴吃黄连，有苦说不出。

请问：林永清的代理是否合法？是否具备代理的特征呢？请看代理的特征。

法律分析：代理是代理人在代理权限内，以被代理人的名义进行经济活动，其法律后果由被代理人承担。本案中的代理属于委托代理，其后果由被代理人承担。

（1）代理行为具有法律意义。代理进行的活动本身必须是法律行为，如代订合同、代理诉讼、代办商标注册等。凡不能产生法律后果，只是受人委托而进行的某种具体事务方面的工作，都不属于法律上的代理，如代为请假等。

（2）以被代理人的名义进行活动。代理人的任务就是代替被代理人进行法律行为，而这种法律关系的主体是代理人和被代理人。因此，代理人必须以被代理人的名义进行法律行为，如果以自己的名义进行就不是代理。比如信托公司、寄售商店，虽然接受别人委托销售货物，但不是以委托人的名义，而是以自己的名义进行的。

（3）代理人在授权范围内独立进行意思表示。代理人在被代理人的授权范围内按自己的意志积极地为被代理人的利益进行各项活动。代理的这一特点，使代理人与传达人、居间人的行为区别开来。传达人只是把当事人一方的意思表示机械地传递给对方，自己不作任何意思表示，也不承担任何法律后果。居间人只在当事人之间起媒介作用，无权在当事人之间的法律行为中表示自己的意思。

（4）代理活动的法律后果由被代理人承受。代理人只是代替被代理人从事经济活动，同被代理人直接与第三者进行的活动一样，只要是在授权范围内的活动，其结果必然由被代理人承担。

2）代理的种类

代理关系的产生有被代理人授权、法律规定、一定权力机关指定等。因此，代理可分为委托代理、法定代理和指定代理三种。

（1）委托代理。它是指依照被代理人的授权委托而产生的代理。委托代理可以采用书面形式，也可以采用口头形式。法律规定必须用书面形式的，应当采用书面形式。书面形式的授权委托书应当载明代理人的姓名或者名称、代理事项、权限和时间，并由委托人签名或者盖章。

(2) 法定代理。它是指依照法律的规定直接产生的代理。这种代理不需要被代理人委托，而是直接由法律根据一定社会关系的存在而加以确定。比如，法律规定无行为能力和限制行为能力的人由他们的监护人为其法定代理人；夫妻一方失去行为能力，另一方即为其法定代理人。

(3) 指定代理。它是指因人民法院或者其他部门的指定而产生的代理。比如，人民法院为无行为能力又无法定代理人的诉讼当事人指定其代理人。被指定的人，如无正当理由，一般不得拒绝担任代理人。

3) 委托代理权的终止

委托代理权在下列情形下终止：①代理期间届满或者代理事务完成；②被代理人取消委托或者代理人辞去委托；③代理人死亡；④代理人丧失行为能力；⑤作为被代理人或者代理人的法人终止。

【观念应用 1-4】　　转委托代理，必须委托人同意吗

甲到上海出差，为丙代购羊毛衫。到上海后，甲得了病，就将代购事项交乙完成，并通知了丙。乙经验不足，结果代购羊毛衫尺码不对，价格也高，丙拒收，要求甲自己留用。

请问：乙的代理行为属于何种代理？丙的主张能否成立？为什么？

法律分析：《中华人民共和国民法通则》第 68 条规定：委托代理人为被代理人的利益需要转托他人代理的，应当先取得被代理人的同意。事先没有取得被代理人同意的，应当在事后及时告诉被代理人，如果被代理人不同意，由代理人对自己所转托的人的行为负民事责任。但在紧急情况下，为了保护被代理人的利益转托他人代理的除外。

4) 无权代理

无权代理是指没有代理权或超越代理权限而进行的代理活动。“代理人”应承担一切相应的法律责任。无权代理有三种情况：没有合法授权的行为；代理行为超越了授权范围；代理权已经终止后的行为。

【小思考 1-2】

甲公司未授予王某代理权，王某以甲公司的名义与乙企业实施民事行为，甲公司知道该事项而不作否认表示。王某的代理行为的法律后果应由谁承担？

答：应由甲公司承担。王某虽无权代理，但甲公司知道该事项而没有作否认表示。按规定，在无权代理的情况下，如果经过本人追认或者本人知道他人以本人名义实施民事行为而不作否认表示的，无权代理人的代理行为的法律后果归属于被代理人，视为有权代理，即法律上称为表见代理。其法律后果理应由甲公司承担。

5) 代理权的滥用

代理权的滥用是指代理人利用享有代理权的方便条件，进行损害被代理人利益的行为。代理权的滥用主要有三种情况：①代理人以被代理人的名义与自己进行法律行为；②代理人同时代理双方当事人，进行同一项法律行为；③代理人与第三人恶意串通，进行损害被代理人的法律行为。

1.4.4　债权制度

1）债的概念

债是按照合同或者依据法律的规定，在当事人之间产生的特定权利和义务。债的主体包括债权人和债务人，债的内容就是债权和债务。

2）债的种类

债按照不同的划分标准，可以分为不同的类型，如图 1-1 所示。

- 债的分类
  - 按标的物属性划分
    - 特定物之债——物是特定的，不可替代
    - 种类物之债——物不是特定的，可替代
  - 按主体人数划分
    - 单一之债——债权、债务人为一人
    - 多人之债——债权、债务人为多人
      - 按份之债——按份额
      - 连带之债——不按份额
  - 按内容可否由当事人选择划分
    - 简单之债——只能请求或承担一种行为
      - 行为
      - 不行为
    - 选择之债——不限于请求或承担一种行为
      - 行为
      - 不行为

图 1-1　债的分类

3）债发生的根据

债的发生必须有一定的法律事实，主要有：

（1）合同。它是债发生的最为普遍的根据。任何一种合同的成立，都意味着在当事人之间产生了一债，合同当事人依照合同约定享有权利，履行义务。

（2）侵权行为。它是指非法侵害他人人身权利和财产权利的行为。受害人有权要求加害人赔偿其损失，加害人负有赔偿损失的义务。

（3）不当得利。它是指取得利益没有合法根据，而使他人遭受财产损失的行为。受损失人有权要求受益人返还所得的利益，受益人有义务予以返还。

（4）无因管理。它是指没有法定或约定的义务，而为他人管理事务的行为。在无因管理的情况下，无因管理人有权要求受益人偿付由此而支付的必要费用。

1.4.5　担保制度

担保是指法律为保证特定债权人利益的实现而特别规定的以第三人的信用或者以特定财产保障债务人履行义务、债权人实现权利的制度。在信贷、买卖、货物运输、承揽等经济活动中，债权人需要以担保方式保障其债权实现的，应当遵循平等、自愿、公平、诚实信用的原则，提供保证、抵押、质押、留置和定金等方式作担保或反担保。

1）保证

保证是指保证人和债权人约定，当债务人不履行债务时，保证人按照约定履行债务或者承担责任的行为。

（1）保证人。具有代为清偿债务能力的法人、其他组织或者公民，可以为保证人。国家机关不得为保证人，但经国务院批准为使用外国政府或者国际经济组织贷款进行转贷的除外。学校、幼儿园、医院等以公益为目的的事业单位、社会团体不得为保证人。企业法人的分支机构、职能部门不得为保证人。企业法人的分支机构有法人出面授权的，可以在授权范围内提供保证。保证人与债权人应当以书面形式订立保证合同。

（2）保证方式，即保证人承担保证责任的方式。根据我国《担保法》的规定，保证的基本方式有两种：一般保证和连带责任保证。《担保法》第 19 条规定："当事人对保证方式没有约定或者约定不明确的，按照连带责任承担保证责任。"

所谓一般保证，是指保证人只承担担保上的责任而不承担主债务履行责任的保证。即当事人在合同中约定，债务人不能履行债务时，由保证人承担保证责任的保证。

在一般保证中，保证人享有一项重要的权利，即先诉抗辩权，是指一般保证的保证人在主合同纠纷未经审判或者仲裁，并就债务人财产依法强制执行仍不能履行债务前，对债权人可以拒绝承担保证责任。但根据我国《担保法》的规定，有下列情形之一的，保证人不得行使先诉抗辩权：①债务人住所变更，致使债权人要求其履行债务发生重大困难的；②人民法院受理债务人破产案件，中止执行程序的；③保证人以书面形式放弃先诉抗辩权的。

所谓连带责任保证，根据我国《担保法》的规定，是指当事人在保证合同中约定保证人与债务人对债务承担连带责任的，为连带责任保证。连带责任保证的债务人在主合同规定的债务履行期届满没有履行债务的，债权人可以要求债务人履行债务，也可以要求保证人在其保证范围内承担保证责任。所以，连带责任保证的保证人不享有先诉抗辩权。

【观念应用 1-5】　　还款期限已过，担保人是否担责

法院审理查明：2012 年 6 月 1 日，被告万某从原告许某处借了 4 万元。万某给许某写了借条，借款期限是 1 年。许某为保险起见，特意约定由舒某作这笔借款的保证人。签名书写"保证人：舒某"。然而借款到期后，万某以经济困难为由，迟迟不履行还款义务，许某多次催要无果后诉至法院，请求依法判令万某偿还借款 4 万元，并由舒某承担连带赔偿责任。

法院经审理认为：这笔借款到期日（即 2013 年 6 月）至原告提起诉讼（2014 年 3 月）已超过 6 个月的保证期间，因此舒某免除保证责任。最后，法院依法判决万某偿还许某借款 4 万元，并驳回原告其他诉讼请求。

法律分析：《中华人民共和国担保法》规定，保证分为"一般保证"和"连带责任保证"，前者是指当事人在保证合同中约定，债务人不能履行债务时，由保证人承担保证责任的保证；后者是指当事人在保证合同中约定保证人与债务人对债务承担连带责任的保证。总体来说，"连带责任保证"的法律责任大于"一般保证"的法律责任。

如果是"一般保证"，债权人应在保证期间届满前对债务人起诉或申请仲裁，在债务人不履行义务时方可请求保证人履行还款义务，此时的诉讼时效是 2 年；如果是"连带责任保证"，则债权人在保证期间届满前既可以向债务人请求还款，也可以同时向保证人提出请求。

如果合同双方没有约定保证的种类，则此保证视为"连带责任保证"。如果没有约定保证期间，或者约定的保证期间早于或等于主债务履行期限的，保证期间为主债务履行期届满之日起 6 个月；如果合同约定保证人承担保证责任直至主债务本息还清时为止，视为约定不明，保证期间为主债务履行期届满之日起 2 年。

（3）保证责任。保证担保的范围包括主债权及利息、违约金、损害赔偿金和实现债权的费用。当事人对保证担保的范围没有约定或者约定不明确的，保证人应当对全部债务承担责任。保证期间，债权人依法将主债权转让给第三人的，保证人在原担保的范围内继续承担保证责任；债权人许可债务人转让债务的，应当取得保证人同意，保证人对未经其同意转让的债务，不再承担保证责任。债权人与债务人协议变更主合同的，应当取得保证人的书面同意，未经保证人书面同意的，保证人不再承担保证责任。合同另有约定的，按约定执行。

（4）保证权利。有下列情形之一的，保证人不承担民事责任：主合同当事人双方串通，骗取保证人提供保证的；主合同债权人采取欺诈、胁迫等手段，使保证人在违背真实意思表示的情况下提供保证的。保证人承担保证责任后，有权向债务人追偿。人民法院受理债务人的破产案件后，债权人未申报债权的，保证人可以参加破产财产分配，预先行使追偿权。

【观念应用1-6】　　化工厂承担保证责任吗

某市一家工具厂因缺少资金向某银行申请贷款40万元，由本市一家化工厂提供担保。贷款到期后，工具厂只还了20万元，余下的20万元无力偿还。银行便去找保证人化工厂，哪知化工厂因经营管理不善，债台高筑，已向市法院申请破产，法院已发布破产公告。银行在公告期间未向破产清算组申报债权，却一直紧追工具厂要求还贷，工具厂一拖再拖。后化工厂因整顿成功，未被法院宣告破产。银行又回头向化工厂追偿并向法院起诉，要求化工厂承担保证责任。法院经审理认为，化工厂的保证责任已终止，遂驳回了银行的诉讼请求。

请问：化工厂的保证责任是否终止？

法律分析：化工厂虽因整顿成功而未被法院宣告破产，但由于银行在破产程序中既未向法院申报债权，又未将其不参加破产程序的决定书面通知化工厂，根据最高人民法院的司法解释规定，视为放弃债权，化工厂的保证义务终止。因此，当银行再次要求化工厂代为清偿贷款时，化工厂因不承担保证责任而对抗银行的请求权，并获得了法院判决的支持。

2）抵押

抵押是指债务人或者第三人不转移法律规定财产的占有，将该财产作为债权的一种担保形式。债务人不履行债务时，债权人有权依照《担保法》的规定，以该财产折价或者以拍卖、变卖该财产的价款优先受偿。

（1）抵押物。可以抵押的财产包括：抵押人所有的房屋和其他地上定着物；抵押人所有的机器、交通运输工具和其他财产；抵押人依法有权处分的国有土地使用权、房屋和其他地上定着物；抵押人依法有权处分的国有机器、交通运输工具和其他财产；抵押人依法承包并经发包方同意抵押的荒山、荒沟、荒丘、荒滩等荒地的土地使用权；依法可以抵押的其他财产。抵押人所担保的债权不得超出其抵押物的价值。财产抵押后，该财产的价值大于所担保债权的余额部分可以再次抵押，但不得超过其余额部分。当事人以财产抵押的，应到指定部门办理财产抵押登记，并从登记之日起生效。

（2）抵押的效力。抵押担保的范围包括主债权及利息、违约金、损害赔偿金和实现抵押权的费用。抵押人将已出租的财产抵押的，应当书面告知承租人，原租赁合同继续有效。抵押权不得与债权分离而单独转让或者作为其他债权的担保。抵押权与其担保的债权同时存在，债权消灭的，抵押权也消灭。

（3）抵押权的实现。债务履行期届满，抵押权人未受清偿的，可以与抵押人协议以抵押物折价或者以拍卖、变卖该抵押物所得的价款受偿；协议不成的，抵押权人可以向人民法院提起诉讼。抵押物折价或者拍卖、变卖后，价款超过债权数额的部分归抵押人所有，不足部分由债务人清偿。

【观念应用 1-7】　抵押物都登记的，依抵押登记的先后顺序清偿债务

某厂向 A 银行贷款 400 万元进行技术改造，经协商，该厂以国有土地使用权及地上定着物作抵押，双方签订抵押合同，并到有关部门进行登记。该厂因经济效益不好到期未还贷，A 银行遂起诉要求偿还贷款及利息。A 银行起诉期间，B 银行也因类似情况发生纠纷，要求参与诉讼。经查，该厂向 B 银行贷款 100 万元，抵押登记的日期比 A 银行迟 10 天。法院受理并审理此案，两份抵押合同均合法，遂判拍卖这块国有土地使用权及地上定着物，共得款 520 万元，按照《担保法》的规定，先偿还 A 银行本息 460 万元，后清偿 B 银行 60 万元，还有 40 万元本金及 20 万元利息由 B 银行向该厂追偿。

请问：抵押物都登记的，依什么顺序清偿债务？

法律分析：某厂与 A、B 银行的抵押合同均有效，但由于 A 银行在先，应先受偿，B 银行在后，应后受偿。结果，B 银行得偿 60 万元本金，而另外合计 60 万元本息只能作为无担保债权向借款人某厂追偿了。

3）质押

质押分为动产质押和权利质押。

（1）动产质押。它是指债务人或者第三人将其动产移交债权人占有，将该动产作为债权的担保。债务人不履行债务时，债权人有权依照《担保法》的规定以该动产折价或者以拍卖、变卖该动产的价款优先受偿。债务人或第三人为出质人，债权人为质权人，移交的动产为质物。出质人和质权人应当以书面形式订立质押合同，质押合同自质物移交于质权人占有时生效。

（2）权利质押。它是指以汇票、本票、支票、债券、存款单、仓单、提单，依法可以转让的股份、股票，依法可以转让的商标专用权、专利权、著作权中的财产权等权利作为出质的质押形式。但是以依法可以转让的股票及商标专用权、专利权、著作权中的财产权出质的，应当订立书面合同并向有关管理部门办理出质登记。

4）留置

留置是指因保管合同、运输合同、加工承揽合同以及法律规定的其他合同发生的债权，债权人按照合同约定占有债务人的动产，债务人不按照合同约定的期限履行债务的，债权人有权依法留置该财产，以该财产折价或者以拍卖、变卖该财产的价款优先受偿。

（1）留置担保的范围。它包括主债权及利息、违约金、损害赔偿金、留置物保管费用和实现留置权的费用。

（2）留置权人的义务。留置权人负有妥善保管留置物的义务。因保管不善致使留置物灭失或者毁损的，留置权人应当承担民事责任。

（3）留置权的实现。债权人与债务人应当在合同中约定，债权人留置财产后，债务人应当在不少于两个月的期限内履行债务。合同未约定的，债权人留置财产后，应当确定两个月以上的期限，通知债务人履行债务。债务人逾期仍不履行的，债权人可以与债务人协议以留置物折价，也可以依法拍卖、变卖留置物。留置物折价或者拍卖、变卖后，其价款超过债权数额的部分归债务人所有，不足部分由债务人清偿。

5）定金

当事人可以约定一方向对方给付定金作为债权的担保。债务人履行债务后，定金应当抵作价款或者收回。给付定金的一方不履行约定债务的，无权要求返还定金；收受定金的一方不履行约定债务的，应当双倍返还定金。定金应当以书面形式约定。定金的数额由当事人约定，但不得超过主合同标的额的20%。

本章小结

本章是经济法的基本理论部分，尽管法学界争论的问题很多，但我们通过对经济法产生与发展的考查，认为经济法是调整一定范围内的经济关系的法律规范的总称。一定范围内的经济关系包括企业组织关系、市场管理关系、宏观调控关系。通过对经济法和其他法律部门的比较，认为经济法是一个独立而重要的法的部门。法人制度、代理制度、物权制度、债权制度和担保制度是与经济法密切联系的法律制度。

主要概念和观念

□ 主要概念

经济法　法人　物权　代理　债　担保

□ 主要观念

法人及其条件　债权及其种类　担保及其种类　代理及其种类

基本训练

□ 知识题

1.1　阅读与理解

1）经济法是一门独立的法律部门和法律学科吗？

2）为什么说法人是最活跃、最主要的经济法主体？

3）所有权与物权的关系。

1.2　知识应用

1）判断题

（1）经济法是调整经济关系的法律。　（　）

（2）代理人以自己的意志，自主地决定如何与第三人谈判和决定是否发生法律关系。　（　）

(3) 物权变动的公示方式就是登记。　(　)

2) 选择题

(1) 债是一种(　)关系。

A. 绝对法律　B. 相对法律　C. 买卖　D. 借贷

(2) 相关经济法律制度主要有(　)。

A. 法人制度　B. 代理制度　C. 物权制度　D. 债权制度

(3) 在经济关系中，我国主要采用的代理形式是(　)。

A. 委托代理　B. 指定代理　C. 表见代理　D. 法定代理

□ 技能题

1.1　规则复习

1) 代理的法律特征是什么?

2) 物权的变动原则是什么?

3) 经济法与行政法的区别是什么?

1.2　操作练习

甲向乙借款 20 万元，甲的朋友丙、丁二人先后以自己的轿车为乙的债务设定抵押担保并依法办理了抵押登记，但都未与乙约定所担保的债务份额及顺序，两辆轿车价值均为 15 万元。若甲到期未履行债务，乙认为同时就两辆轿车行使抵押权，各实行 50% 债权的说法正确吗?

资料来源　2003 年国家司法考试试题。

观念应用

□ 案例分析

抵押合同纠纷案

2012 年 1 月 15 日，甲公司从银行贷款 30 万元人民币，约定 2013 年 4 月 15 日还本付息。银行要求甲公司提供担保，甲公司提出以其位于东阳区的一处办事机构的房屋设定抵押作为按期偿还贷款的担保。2012 年 8 月，位于东阳区的甲公司的办事机构因业务需要，紧临原办事机构的房屋又增建了三间平房作为仓库。2013 年 4 月 15 日，甲公司没有偿还 30 万元贷款，银行几次催告，甲公司仍以无力偿还为由不予偿还。

请问：

(1) 甲公司与银行之间签订房屋抵押合同，可否以口头的方式成立? 为什么?

(2) 甲公司与银行之间签订该房屋抵押合同，是否必须进行抵押登记? 为什么?

(3) 甲公司以其办事机构的房屋设定抵押时，该房屋占用范围内的国有土地使用权是否要一并设定抵押? 为什么?

(4) 甲公司紧临原办事机构新建的三间平房是否属于抵押的财产? 为什么?

(5) 在甲公司无力偿还贷款的情况下，银行可以以什么样的方式实现其债权?

(6) 设公司与银行的抵押合同中记载的抵押房屋为八间，而抵押登记簿中记载的抵押房屋为十间，银行实现抵押权时应以哪一个记载为准?

(7) 设甲公司用于抵押的房屋被有关机关确认为违章建筑，银行能否对该建筑行使抵押权？为什么？

（8）设甲公司用于抵押的房屋是正在建造的房屋，当事人办理了抵押登记后，银行能否对该房屋行使抵押权？

（9）设甲公司用于抵押的房屋原有一间车库，该车库属于甲公司的子公司所有，银行能否对该车库行使抵押权？

□ 单元实训

1）在老师的指导下填写或自制一份法人授权委托书。

2）在老师的指导下把学生分成三组，一组代表银行、一组代表贷款企业、一组代表房屋登记机关，就贷款企业向银行申请贷款50万元并以贷款企业的厂房作为抵押的事项，模拟练习，就贷款事项应注意的法律问题和手续进行讨论，最后由指导老师点评。

第2章 经济法律关系

• 学习目标

通过本章学习，你应该达到以下目标：

知识目标：了解法律关系的概念和特征，掌握经济法律关系的概念和特征，理解并掌握经济法律关系的主体、内容和客体的概念及相关内容，理解法律事实及其种类等方面的知识。

技能目标：一是正确区分法律关系与社会关系；二是正确分析经济法律关系的构成要素；三是正确理解经济权利和经济义务的关系。

能力目标：能结合实际案例分析经济法律关系的构成要素，为学习以后各章打下坚实的理论基础。

引例

买卖法律关系及其构成要素

甲公司与乙学院签订了一份买卖合同。合同约定，甲公司卖给乙学院500张课桌，单价为300元，货款共计150 000元。乙学院先支付50 000元货款，其余款项在半年内付清。签订合同的一周后，甲公司将课桌交付乙学院。

经济法律关系是特定的经济关系被经济法调整后形成的经济权利和经济义务关系。本例涉及的经济法律关系及其构成要素，是本章学习和研究的主要内容。

2.1 经济法律关系概述

俗话说，社会是个大舞台，人们在这个舞台上扮演着不同的角色，发生着不同的社会关系，但这些社会关系无论多么纷呈复杂、盘根错节，不外乎属经济基础方面的关系和上层建筑方面的关系，一个是物质的，一个是意识的，如图2-1所示。

- 社会关系
  - 意识关系
    - 艺术关系
    - ⋮
    - 法律关系
      - 刑事法律关系
      - 经济法律关系
      - ⋮
      - 民事法律关系
    - 宗教关系
    - 道德关系
  - 物质关系

图2-1 社会关系示意图

2.1.1 法律关系的概念和特征

1）法律关系的概念

法律关系是一种社会关系，社会关系是人们在社会生活中形成的人与人之间的关系。但是并非一切社会关系都是法律关系，只有受某种法律规范所确认和调整的特定社会关系才能上升为法律关系。所以，**法律关系**是指由法律规范所确认和调整的人与人之间具有权利和义务内容的社会关系。

【观念应用2-1】 **恋爱关系是法律关系吗**

王同学在大二的时候就谈起了恋爱，在校期间与女友形影不离。毕业前夕，王同学为女朋友买了许多礼品，价值2 000多元。女友在拿到派遣证时，突然提出分手，也不归还礼品。王同学不肯，双方僵持一个月，无果。

问：恋爱关系受法律保护吗?

法律分析：恋爱关系不是法律关系，不受法律保护，我们平时说的人情债等均属此类。

不同的社会关系由不同的法律规范来调整，形成了不同的法律关系，包括民事法律关系、婚姻法律关系、刑事法律关系、行政法律关系等。经济法律关系是法律关系的一种。

2）法律关系的特征

首先，法律关系是一种思想社会关系。马克思和恩格斯认为，社会关系分成物质关系和思想关系。物质关系是人们维持生存的活动的形式（结果），是社会的经济基础，主要是指生产关系；思想关系则是不以人们的意志为转移而形成的物质关系的上层建筑，它是由社会的物质关系决定的。因此，法律关系是一种思想社会关系。

其次，法律关系是一种意志关系。一方面，法律关系的形成和存在，依赖于体现在法律、法规中的统治阶级的意志。由于合同的签订而产生的法律关系就是通过签订合同的各方意思表示一致而形成的。

最后，法律关系是一种权利义务关系。任何一种法律关系都是依靠法律关系主体的权利的行使和义务的履行来实现的。权利和义务构成了法律关系的具体内容。

2.1.2　经济法律关系的概念和特征

1）经济法律关系的概念

经济法律关系是经济关系在法律上的表现，但并非所有的经济关系都是法律关系。当某种特定的经济关系为经济法律规范所调整并且以经济权利和义务为内容时，就具有了经济法律关系的性质，如合同法调整的合同关系、税法调整的税收征纳关系等就是经济法律关系。因此，**经济法律关系**是由经济法律规范所确认和调整的经济法主体在经济管理关系和市场运作关系过程中所形成的经济权利和经济义务的关系。

2）经济法律关系的特征

经济法律关系除具备法律关系的一般特征外，还有其特殊性，具体表现为：

（1）经济法律关系主体的特殊性。其表现为国家作为经济法律关系的主体参与并干预和管理经济活动、行使国家管理经济的职能。例如，国家通过税收、预算等方式直接参与国民收入分配和再分配活动；国家通过国家投资方式直接参与社会经济活动，并以财产所有者的身份对国有经济进行管理；国家通过主权者的身份对经济活动进行干预。

（2）经济法律关系内容的特殊性。其表现为经济法律关系主体的经济权利和经济义务的统一性。经济权利的实现以经济义务的履行为条件，而且相对于民事权利可以抛弃和放弃来说，经济权利一般是不能抛弃和放弃的，经济义务一般也是不能规避的。特别是，国家经济管理机关依法享有的经济权利和承担的经济义务直接体现为国家意志，其经济权利不能随意放弃，其经济义务不能随意转让，如国家机关依法拥有的经济管理权利对于国家来说是其应尽的职责，放弃这种权利就是失职行为。

【观念应用 2-2】　国家所有的矿藏，公民应依法开采

2013 年 7 月，某县农民丁某在自己的房前屋后发现很多裸露的矿石，经鉴定属地下煤矿，遂开始开采。县主管部门发现后，作出责令停止开采、没收非法所得，并予以罚款的处罚决定。决定送达丁某的第二天，丁某以自家房产内的煤矿自己有权开采为由向当地人民法院起诉，要求撤销县主管部门的决定，保护自己的合法开采权。

请问：主管部门的处罚决定是否适当？丁某有无开采权？假如事隔多年，丁某的行为才被发现，主管部门是否可以请求法院保护？

法律分析：矿产资源属于国家财产，国家财产被他人非法侵占的，无论经过多长时间，国家相关机构一经发现，随时都可以请求法院予以保护。

（3）经济法律关系客体的特殊性。经济法律关系客体的特殊性表现为经济行为，特别是国家机关在经济管理过程中的行为和国家干预经济的行为，是经济法律关系的重要客体。

2.1.3 经济法律关系的构成要素

任何法律关系都必须具有主体、内容和客体三个要素，经济法律关系也同样由此三个要素构成。经济法律关系的三要素是构成经济法律关系的基本要素。三者紧密相连，缺一不可。

2.2 经济法律关系的主体

经济法律关系的主体，又称经济法主体，它是指参与经济法律关系，依法享有经济权利和承担经济义务的当事人。经济法律关系的主体是构成经济法律关系的最基本的要素，也是最积极和最活跃的因素。

2.2.1 经济法律关系主体的特征

1）经济法主体外延的广泛性

它包括在经济法律关系中处于主导地位的各级国家机关，也包括在经济法律关系中处于基础地位的企业，还涵盖了除国家机关和企业以外的其他社会组织，包括企业内部的组织机构。此外，公民在特定的条件下也是经济法主体。

2）经济法主体之间的关联性

在社会化大生产条件下，由于社会化的分工与协作，经济法主体之间已经形成了一个大系统，彼此之间相互联系、相互依赖、难以分割，具有强烈的关联性。就企业而言，每个企业都必须向其他企业提供商品或服务，同时必须从其他企业中得到自己所需要的商品或服务。

3）经济法主体的灵活性

现代市场经济中，每个市场的经济法主体都要自主地、灵活地随着市场环境的不断变化而调整，只不过这个调整的依赖性不同而已，一个国家机关如此，一个具体的企业也是如此。当市场供求发生变化时，经济法主体一般能自动、及时地作出反应，并根据自身条件，对各种生产要素进行重新组合。

4）经济法主体之间从横向看要求它们是平等的，但从纵向看又要求它们是不平等的

从横向看，一切市场主体依法取得市场主体资格，并享有相应的权利，承担相应的义务。它们在法律上的地位是平等的，性质差别或规模差别不影响它们之间地位的平等。这种平等是通过法人制度予以保护的，只有平等才能谈公平竞争，才能谈市场秩序。

从纵向看，主体之间的关系在很大范围和层面上都存在着一个管理与被管理的关系问题。它们之间的关系不是完全平等的。例如，企业的市场准入制度和生产许可证制度，都存在管理与被管理的关系和监督与被监督的关系。

5）经济法主体资格的法律规范性

所有经济法主体都必须依照法定程序和法定条件来确定主体资格。不经过这样一个法律规范过程，经济法主体便会失去意义。其经济法律关系的主体资格一经确认即受法律的保护，享有法律规定的权利，同时承担相应的义务。

2.2.2 经济法主体资格的取得

经济法律关系的主体资格是指经济法主体应具有的权利能力和行为能力。有时这种权利能力和行为能力可能没有被行使，但我们不能否认它们的这种资格。

1）取得经济法主体资格的依据

（1）宪法是取得经济法主体资格的根本依据。

（2）有关国家机构的组织法是取得经济法主体资格的重要依据。

（3）有关法律，特别是经济法律是取得经济法主体资格的基本依据。

（4）有关行政法规，特别是专项和综合性的经济法规，也是取得经济法主体资格的主要依据。

2）经济法主体资格取得的方式

各类经济法主体由于性质、职能、作用及各自法律地位的差别，在主体资格取得的方式上也是不同的。有的是根据法律、法规的直接规定；有的是根据有关国家机关的决定、命令和特别授权；有的是通过核准登记注册的方式。例如，企业法人和非企业法人的经济组织取得经济法主体资格，必须到工商行政管理部门办理登记注册事项等。有的在获得经济法主体资格前，必须按照法定程序获准从事某种经济活动或必须达到一定的法定条件，如个体工商户和有纳税义务的公民等。有的主机构已设立，其内部组织或者分支机构因派生而取得经济法主体资格，但分支机构的设立应纳入企业章程并在分支机构所在地办理登记注册事宜。

2.2.3 经济法律关系主体的范围

经济法律关系的主体主要包括国家机关、社会组织和公民。

（1）国家机关。国家机关是行使国家职能的各种机关的统称。作为经济法主体的国家机关主要是指国家各级经济管理机关，它担负着组织管理和协调国民经济的重要任务。国家经济管理机关在参与广泛的经济管理中，作为经济法律关系的重要主体，在实现国家经济管理职能的过程中处于重要的法律地位。

（2）社会组织。社会组织是经济法律关系中最广泛、最普遍的主体，按其社会职能的不同可分为经济组织和非经济组织。经济组织是指实行经济核算，以从事生产经营为基本职能的社会组织，如各类企业、农村集体经济组织等。非经济组织是指由国家财政预算拨款或其他形式和渠道筹集资金，以从事科研、教育、文化、卫生或其他社会活动为基本职能的社会组织，如事业单位、社会团体等。

（3）公民（自然人）。公民也是经济法律关系的主体之一，是指参加经济法律关系并享有经济权利和承担经济义务的人。公民要成为经济法主体，首先应具有权利能力，即依法享有权利和承担义务的资格，这是参加经济活动的前提和基础；其次应具有行为能力，即能通过自己的行为去行使权利和履行义务的能力。什么人可以作为经济法律关系的主体是由具体的经济法律规定的。

2.3 经济法律关系的内容

经济法律关系的内容是指经济法主体依法享有的经济权利和承担的经济义务。经济权利和经济义务是经济法律关系的实质要素。在不同的经济法律关系中，法律确认的主体的具体权利和义务是不同的。

2.3.1 经济权利

经济权利是指经济法主体在法律规定的范围内可以实施某种行为或者不为一定行为，或者要求其他主体作为某种行为或者不为一定行为，在必要时有权请求国家机关以强制力保证其权益实现的一种可能或者资格。

以下分析揭示了经济权利的含义：第一，经济法主体权利的可能性或者资格是由法律规定的，并且以其主体的作为或者不作为来实现。例如，公民的某些权利是由民法赋予的，企业的某些权利是由企业法规定的。第二，经济法主体为一定行为或不为一定行为，或者要求其他主体为一定行为或不为一定行为的目的是实现自己的权利或不影响自己权利的实现。比如，财产所有人依法可以对自己的财产进行处分并取得收益，同时也有权禁止所有不特定的义务人实施其财产处分权。第三，当经济法主体的权利不能实现或因其他主体的行为造成权利人的权利不能实现时，经济法主体有权请求国家强制机关给予法律保护。例如，请求对商品损坏给予修补或赔偿损失，请求仲裁机关给予仲裁，以确保其权利顺利实现等。

经济权利包括以下几方面的内容：

(1) 财产所有权。它是指所有人依法对自己的财产享有占有、使用、收益和处分的权利。它是民事权利中最重要也是最普遍的权利之一，是财产所有人进行经营管理活动的物质基础，也是其对自己所负债务承担责任的物质保证。国家法律保护财产所有人的合法财产权益不受他人干涉。

(2) 经济管理权。它是指国家机构依法行使和组织经济建设职能时所享有的经济管理权力和经济管理责任。它的产生是由法律直接规定或由法律直接赋予的。例如，全国人民代表大会及其常务委员会审查和批准国家的预算和预算执行情况报告的权力就是宪法赋予的。经济管理权为国家机构独有，是一种专属的职务权限，只能由国家各级权力机构和各级行政机关及其所属的职能部门行使，因此，它带有鲜明的指令性，既不能任意转让，也不能超越法律规定的限度而滥用，更不能放弃这个权力。经济管理权必须按照法律正确行使，防止独断专行和滥用权力。

(3) 经营权。它是指从财产所有权中派生出来的一种他物权，是任何类型的市场主体都必须享有的一项权利。经营权与财产权的内容相对应，有什么内容的财产权，就有什么性质的经营权。例如，国有企业的经营权是指企业对国家授予其经营管理的财产享有占有、使用、收益和依法处分的权利。《宪法》第16条规定："国有企业在法律规定的范围内有权自主经营。"经营权不是一个经济学的范畴，而是由宪法规定了的法学概念，是一种与产权有关的财产权，是所有权制度的延伸，是对所有权内容的丰富和发展。

经营权是财产所有权的基本权能，它是由所有权派生的相对独立的权利。所有权和经营权是可以分开的。所有权人可以自己行使经营权，也可以委托他人行使经营权。过去我们把国家所有企业同国家机构直接经营企业混为一谈，结果导致政企职责不分，企业实际上成了行政机构的附属物，从而造成企业经营管理上的种种弊端，严重影响了企业的生产积极性和经营效益的提高。

（4）请求权。它是经济法主体在自己的权利不能实现时，请求他人作出一定行为或不作出一定行为的权利。当事人的经济权利不能实现的情况是多种多样的，因而请求权的内容和形式也是不同的，主要包括请求赔偿权、请求复议权、请求调解权、申请仲裁权和起诉权等。

【观念应用2-3】 **村民甲应承担过错责任**

一日，村民甲路过村民乙的家门口，用一个石块儿向乙家门口熟睡的狗打去，该狗立即扑向甲。甲因跑得快而未被狗咬，但狗却咬伤了甲旁边的村民丙。丙为了躲狗踩了丁叫卖的西瓜三个，丙因治伤支付医药费180元，丁的西瓜价值26元。

请问：丙和丁的损失应由谁赔偿呢?

法律分析：丙的损失是因为第三人甲的过错造成的，应由甲负责；丁的损失是丙为紧急避险而造成的，应当由引起险情发生的甲负责。在本案中，虽然丙的伤是由乙饲养的狗咬的，但却是由于甲的挑逗行为所致。因此，应由甲对丙的损失承担责任，而不能由狗的饲养人乙对丙承担责任。丙因紧急避险而踩了丁的西瓜，根据法律规定，紧急避险是由自然原因引起的，不承担或适当承担责任。但紧急避险不当或超过必要的限度，造成的损失应承担。本案中，危险是由甲的故意间接造成的，而非自然之险，因此，丁的损失应由甲承担。

2.3.2 经济义务

经济义务是指经济法主体在法律规定的范围内必须为某种行为或者不为一定行为的一种约束力，其目的是履行自己应尽的义务，使他人的权益和社会利益得以实现。经济法主体因其性质、法律地位的不同，所承担的义务也有所不同。

享有经济管理职权的国家机构的经济义务主要有：正确履行经济管理职权、恪尽职守；积极履行经济职权和做好服务性管理工作，为社会提供经济发展和经济管理信息，预测经济发展趋势和可能出现的问题，维护社会经济秩序，促进经济发展；严格履行经济职权和接受监督。由于国家机构的特殊地位，它的一切活动更要置于法律和社会的严格监督之下，接受社会组织及公民的经常性监督、专业性监督和司法监督。

享有经营自主权的企业的经济义务是：遵守法律、法规，依法进行生产经营活动，以满足人民群众日益增长的物质和文化需求；接受和服从国家有关主管部门的管理和监督；依法纳税，是每个公民和社会组织应尽的义务，也是企业履行经济义务的一项重要内容；对社会发展负责，搞好环境保护，提高产品质量，尊重社会公德，维护公序良俗；对企业职工搞好劳动保护，安全生产、文明生产，提高职工素质和业务水平。

2.3.3 经济权利与经济义务的关系

经济权利和经济义务既对立又统一，又相互区别与联系，共同构成了经济法律关系的内容。在经济法律关系中，经济权利和经济义务是不可分割的，任何一种权利总是伴随着相应的义务，没有相应的义务，权利就不可能实现。从某一具体经济法律关系来说，主体享有的经济权利和承担的经济义务总是对等的。权利和义务不仅同时存在，而且相互适应和制约。一方当事人有了某种权利，就意味着另一方当事人负有相应的义务；同时，当事人所享有的权利与其所承担的义务总是一致的。权利和义务是与一定的主体相联系的，只有权利而无义务，或者只有义务而无权利的情况是不存在的。不履行义务要承担法律责任，侵犯他人的经济权利也应承担法律责任。我国正是通过经济权利与义务这种法律形式建立和维护社会主义经济秩序的。

2.4 经济法律关系的客体

经济法律关系的客体是指经济法律关系主体间经济权利和经济义务所共同指向的对象，包括权利客体和义务客体，是经济法律关系的构成要素之一。

2.4.1 对经济法律关系客体的法学理解

1）客体在不同的学科中具有不同的含义

马克思主义哲学认为，客体是相对主体而言的，是指处于主体之外而被感知的客观实在，不论主体感知或未感知，客观实在仍以它原有的风貌存在着，是主体认识和活动作用的对象。马克思主义法学则认为，客体除哲学上所讲的一般属性外，还具有特殊性，即法学上所称的客体不仅是客观物质世界的现象，而且这种客观现象还以法律规范的形式满足主体的物质和精神需要。也就是说，并非一切独立于主体之外的客体都是经济法律关系的客体，只有那些能够满足主体的物质和精神需求且得到国家法律确认和保护的客观现象才能成为经济法律关系的客体。

2）客体的同一性决定了权利和义务的一致性

法律关系中权利人的权利和义务人的义务所指的对象必须同一的时候，经济法律关系的权利与义务才是统一的、一致的，否则权利人的权利和义务人的义务不是同一物（哲学上的物），必然造成权利与义务张冠李戴，一方面权利得不到实现，另一方面义务的履行也是无功的。

3）同一客体在不同的法律关系中的地位也有所不同或有所侧重

在传统的法理中，对法律关系客体的研究都集中在民事法律关系的客体上，把民事法律关系的客体作为一切法律关系的客体，把民事法律关系客体的属性都归纳为一切法律关系客体的属性。这显然是有悖于马克思主义法哲学观点的。特定物和种类物在同一法律关系中的地位显然是不一样的，经济职权在民事法律关系中与在经济法律关系中的地位和属性也是不一样的。

4）经济法律关系的特殊性决定了它的客体首先是行为，其次才是物或智力成果

比如，国家机关的宏观调控行为和政府规制行为，这些内容也是有别于民事法律关

系的。

2.4.2　经济法律关系客体的范围

（1）财。这里的“财”包括货币和有价证券。货币是财产的价值形态，是一种特殊的商品。我国的法定货币是人民币，是我国国内经济活动中支付、信贷、结算的手段。有价证券是表示某种财产权的文书，券面所表示的权利与该券有不可分离的关系，如股票、本票、支票、汇票、提单等。

（2）物。这里的“物”是指现实存在、可以为人所控制和支配、具有一定经济价值的物质财产。它是经济法律关系中最普遍的客体。按照我国法律规定，物可分为流通物和限制流通物；种类物和特定物；可分物和不可分物；主物和从物；原物和孳息等。

【观念应用2-4】　特定的法律关系决定法定孳息的归属

甲欠乙1 000元，一天甲将4张面值250元的奖券拿给乙说：“本该给你钱的，这4张250元的奖券，一年后可以兑现，利息也比一般的存款要高。”乙表示同意并收下奖券。第二年，这4张奖券中有一张中了特等奖，奖金10 000元。甲得知后，追悔莫及，多次要求乙归还10 000元的奖金，乙不允，甲遂诉至法院。

请问：奖金应该归谁所有？

法律分析：本案所涉及的主要问题是孳息物的归属问题。法院认为：4张奖券的所有权发生了转移，因为甲向乙交付4张奖券是作为债的变更，而并非是债的抵押，奖金应该归乙所有。因为奖金属于奖券的法定孳息，奖金的取得作为从权利依赖于奖券的所有权这一权利，而奖金的所有人应该是乙。本案中，甲不存在重大误解。甲将其奖券交付给乙时，是想了结双方的债务债权关系，法律关系的标的物已发生转移（变更），而非抵押。若是抵押奖券，则10 000元归甲；若是10 000元已到期并且公布，甲无暇顾及而误将未中奖的奖券交给乙，则属重大误解，10 000元归属甲。

（3）经济行为。它是指经济法律关系主体为实现某种经济目的所进行的有意识的活动，包括经济管理行为，如金融管理、税收征收等；生产经营行为，又可分为完成一定的工作和提供一定的劳务，前者如勘察、设计、建筑、安装等，后者如运输、仓储保管等。

（4）智力成果。它是指人的脑力劳动创造的非物质财富，包括商标权、专利权、专有技术和经济信息等。随着经济和科学技术的不断发展，以智力成果作为客体的经济法律关系越来越广泛。

2.5　经济法律关系的确立和保护

经济法律关系的确立首先要以经济法律规范为法律依据，并出现具体的人与人之间符合法律规定的假定事实情况和条件，这样才能引起经济法律关系的产生、变更和消灭。经济法律关系的保护，就其本质来讲，是经济权利的保护，是国家运用法律强制力保护实现国家、集体和个人的物质利益。

2.5.1 法律事实

1）法律事实的概念

法律事实是指能够引起法律关系产生、变更或者终止的客观情况。经济法律关系虽然是经济法律调整的特定的经济关系，但法律规范本身并不能创设法律关系，只有当一定的法律事实出现，才能在经济法主体之间产生一定的经济法律关系或者使原有的经济法律关系发生变更或者终止。

经济法律关系的产生是指经济法主体之间形成了某种经济权利和经济义务关系。例如，依法签订合同，在合同主体之间就形成了一定的经济权利和经济义务关系。

经济法律关系的变更是指经济法律关系三要素中至少有一个发生了变化。例如，合同履行一部分后，合同主体之间的经济权利和经济义务就发生了变化。

经济法律关系的终止是指经济法主体之间的经济权利和经济义务关系的消灭。例如，合同履行完毕，合同主体之间的经济法律关系即宣告终止。

2）法律事实的种类

一般来说，根据法律事实与经济法律关系主体的意志是否有关，可将法律事实分为两大类。

(1）事件。它是指能够引起一定的法律后果，但不以经济法律关系主体的意志为转移的客观事实，如水灾、旱灾、风灾等自然现象和战争的爆发等社会现象。

事件的主要特征表现为其发生不以人们的主观意志为转移，是不可避免也不能抗拒的客观情况。因而，事件在法律上通常称为不可抗力。

【小思考 2-1】

甲爱养花，阳台上养了许多花。一天，刮起大风吹落花盆，掉在途经楼下的乙的头上。乙受重伤，其家属要求甲赔偿损失。甲以花盆是风刮掉，属不可抗力为由拒赔。那么乙的损失由谁来承担呢？

答：我们认为风刮落花盆不属于不可抗力，甲应当赔偿。因为花盆被大风刮掉是可以预见和可以避免的，甲没有采取有力的措施避免危害的发生，花盆被大风吹落属可预见、可克服、可避免的范畴，不属于免责的理由。因此，甲应当承担损害赔偿的责任。

(2）行为。它是指导致法律后果产生的，经济法律关系主体的有意识的活动，如依法签订合同的行为、国家机关依法实施经济管理和经济监督的行为等。

行为按其性质可分为合法的经济行为和违法的经济行为。合法的经济行为是指经济法律关系主体有意识进行的，符合法律规定的行为；违法的经济行为是指法律所禁止的，侵犯其他经济关系主体的经济权利的行为。就其社会危害程度，又可以分为两种，即触犯法律并构成犯罪的严重经济违法行为和触犯经济法规的一般经济违法行为。

2.5.2 经济法律行为

经济法律行为是指经济法主体设立、变更、终止经济权利和经济义务的合法行为。

1）经济法律行为的有效要件

(1）行为人合格。它是指行为人必须具备经济法律关系主体的资格，具有法律规定的权利能力和行为能力。法人的权利能力和行为能力限于法律或章程所规定的经营方式；限制行为能力的公民不能独立实施超越其行为能力的经济行为（见表2-1）。

表2-1 自然人民事行为能力比较

分类	区分标准	方式	法律后果
无民事行为能力	不满10周岁的未成年人或者完全不能辨认自己行为的精神病人	法定代理人代理	经法定代理人追认有效
限制民事行为能力	10周岁以上的未成年人或者完全不能辨认自己行为的精神病人	进行与其智力相适应的活动，其他由法定代理人代理	经法定代理人追认有效
完全民事行为能力	18周岁以上的成年人或者16至18周岁，以自己的劳动收入为主要生活来源的公民	独立进行民事活动	直接生效

（2）行为人的意思表示真实。它是指行为人的内在意愿和外在表示一致。只有意思表示真实的法律行为才能产生预期的法律后果，以欺诈、胁迫或乘人之危等手段进行的经济行为不是行为人的真实意思表示，因此不产生法律效力。

（3）行为的内容必须合法。它是指行为的内容必须符合法律、法规的规定，并不得损害国家利益和社会公共利益。

（4）行为必须符合法定形式。法律行为可以采取书面形式、口头形式或其他形式，如批准、公证、鉴证等。法律规定用特定形式的应当依其规定。

凡是不符合上述有效要件的经济行为，都是无效的经济行为，无效的经济行为从行为开始就没有法律约束力。

2）经济法律行为的分类

（1）单方经济法律行为和双方经济法律行为。单方经济法律行为是指仅由一方当事人的意思表示而成立的经济法律行为。这种行为不需要另一方的同意即能发生法律效力，如撤销委托代理。双方经济法律行为是指双方当事人的意思表示一致才能成立的行为，如签订购销合同。

（2）无偿经济法律行为和有偿经济法律行为。无偿经济法律行为是指当事人一方给对方以利益，对方不需要给付报酬的经济法律行为，如赠与财产、无息贷款等。有偿经济法律行为是指当事人一方给对方以利益，对方必须支付报酬的经济法律行为，如加工承揽、租赁财产等。

（3）诺成性经济法律行为和实践性经济法律行为。诺成性经济法律行为是指一方的意思表示一经他方同意就成立的经济法律行为，如签订购销合同。实践性经济法律行为是指不仅双方当事人意思表示一致，还需要交付实物才能成立的经济法律行为，如保管行为、货物运输行为等。

【观念应用2-5】 **诺成性法律行为**

某学校为了迎接评估团的到来，派人到花卉养殖基地订购花卉，此人选订了各品种的鲜花共500盆及盆景20株。双方交易的有关事宜很快达成了协议，协议还规定，花卉养殖基地随鲜花赠送花盆100个供学校移植其他花卉。学校工作人员回来后即将原花卉的花盆弃置不用。然而，花卉养殖基地送货时只送了学校选订的鲜花和盆景，当时允诺赠送的花盆因暂时无货未送，致使学校100株花草无处摆放。学校认为花卉养殖基地的行为给学校造成了极大的损失，所以拒绝付款，双方发生纠纷。

请问：随鲜花赠送花盆的行为是诺成性法律行为吗?

法律分析：本案涉及的100个花盆表面上看属于实践性法律行为，但作为协议的一部分则属于诺成性法律行为。花卉养殖基地的做法属于违约行为，应承担相应的法律责任。

（4）要式经济法律行为和不要式经济法律行为。要式经济法律行为是指法律规定或当事人约定必须采取某种特定形式的法律行为。对于要式经济法律行为，当事人必须依照法律规定或约定采取某种特定形式，否则该行为就不成立或无效。不要式经济法律行为是指法律未规定，当事人也未约定必须采取某种特定方式的法律行为。

【观念应用2-6】　代女领取结婚证，这种做法太荒唐

王老汉在自己的女儿高职还没毕业的时候，就为其订了婚事。女儿高职毕业后，有了自己的意中人，坚决不同意父亲订的那门婚事。婚期临近，女儿外逃。王老汉大为恼火，在家拍桌又打凳，一气之下带着“女婿”到民政部门领证，结果挨了乡干部一顿训。王老汉代女领取结婚证一事，一时成为人们的笑闻。王老汉也总是纳闷，自己女儿的婚事，父亲怎么不能做主呢?

请问：领取结婚证属于什么法律行为?

法律分析：领取结婚证的行为是要式经济法律行为，男女双方必须亲自到场才行，谁也代替不了。收养行为、立遗嘱行为、同某一演员签订演出合同行为等，均属此类。

2.5.3　经济法律关系的保护

国家对经济法律关系的保护，就是严格监督经济法律关系的主体正确行使经济权利和切实履行经济义务，以及发生经济纠纷时采取的法定处理方式。这对于维护经济法主体的法律地位和合法权益、督促经济法主体切实履行经济义务、维护市场经济秩序等，具有十分重要的意义。

1）经济法律关系的保护机构

国家对经济法律关系的保护是通过有关职能机关实现的，这些机关主要是：

（1）国家经济管理机关。它包括计划、财政、税务、银行、物价、工商行政管理、审计、计量、技术监督以及国务院各主管部门等。这些部门依据其职权范围对全国的或者所属经济部门和经济组织进行监督，对违背国家计划和对经济建设造成损害的单位，依法进行处理，以保证市场经济秩序健康有序地发展。

（2）仲裁机关。根据我国《仲裁法》的规定，对于平等主体的公民、法人和其他经济组织之间发生的合同纠纷和其他财产权益纠纷，可以依据当事人的协议进行仲裁。

（3）司法机关。它主要包括人民法院和人民检察院。人民检察院独立行使检察权，对国家工作人员在经济领域内的违法犯罪活动进行侦查、起诉。人民法院独立行使审判权，对当事人提起诉讼的经济纠纷案件和人民检察院依法提起公诉的经济犯罪案件进行审理判决。

2）经济法律关系的保护方式

经济法主体违反经济法律规范或者未履行经济义务，应相应地承担经济责任、行政责任或刑事责任。与此相适应，经济法律关系的保护可采取经济制裁、行政制裁和刑事制裁等形式。

（1）经济制裁。它是指对违反经济法的单位和个人依法采取的一种财产性处罚措施。常用的经济制裁形式有支付违约金、支付赔偿金、罚款、强制收购、没收财产。

（2）行政制裁。它是指对违反经济法的单位和个人依法采取的一种行政处罚措施。其主要形式包括：对违法单位可以采取通报批评、警告、限期停业整顿、吊销营业执照、吊销许可证等方式；对违法个人可以采取批评、警告、记过、记大过、降职、降薪、撤职、留用察看、开除等方式。

（3）刑事制裁。它是指国家司法机关对严重违反经济法，触犯刑律、构成犯罪的直接责任者个人给予刑事处罚的措施。其主要形式包括：主刑有管制、拘役、有期徒刑、无期徒刑、死刑；附加刑有罚金、剥夺政治权利、没收财产。

本章小结

本章是经济法的基础理论部分。通过对法律关系的研究和学习，读者应明确法律关系是社会关系，但社会关系不一定是法律关系，只有被法律规范调整的社会关系才是法律关系。经济法律关系是法律关系的一种，它和其他法律关系一样，都是由主体、客体和内容三个要素构成。经济法律关系主体是指参与经济法律关系，依法享有权利和承担义务的当事人。经济法律关系客体是指经济法主体依法享有的经济权利和承担的经济义务。经济法律关系的内容是指经济法主体间经济权利和经济义务所共同指向的对象，其范围是财、物、行为和智力成果。经济法律关系的产生、变更或者终止是由法律事实引起的，包括行为和事件两类。其中，经济法律行为必须具备一定的条件，由国家有关机关通过一定的方式予以保护。

主要概念和观念

□ 主要概念

法律关系　经济法律关系　法律事实

□ 主要观念

法律关系及其特征　经济法律关系主体及其范围　经济法律行为的有效要件

基本训练

□ 知识题

2.1　阅读与理解

1）法律关系与社会关系的区别是什么？请举例说明。

2）为什么国家对经济法主体作了限制性规定？

3）国家管理机关的行政管理职权为什么不可放弃？

2.2　知识应用

1）判断题

（1）朋友关系是法律关系，受法律保护。　　（　　）

（2）经济行为即经济法律行为。　　（　　）

（3）货物运输发生的法律关系，其客体是货物。　　（　　）

2）选择题

（1）经济法主体有（　　）。

A. 国家机关　　B. 社会组织　　C. 公民个人　　D. 个体户

（2）经济法律关系客体的种类主要有（　　）。

A. 有形财产　　B. 人身权　　C. 经济行为　　D. 无形财产

（3）法律事实的种类有（　　）。

A. 行为　　B. 完成一定的劳务　　C. 事件　　D. 不可抗力

□ 技能题

2.1　规则复习

1）简述经济法律关系及其构成要素。

2）经济法律关系的客体有哪些？

3）什么是法律事实？有哪几类？

2.2　操作练习

试举例说明买卖法律关系的构成要素。

观念应用

□ 案例分析

人的死亡属于法律事实

在本章【观念应用2-6】中，王老汉一直对乡政府某干部的行为百思不得其解。女儿外逃后带着有关证件和心爱的男友结了婚。王老汉认为自己的女儿丢人现眼，一气之下，自杀身亡。独生女儿办完丧事，继承其财产后又去打工了。

请问：王老汉死亡会引起什么法律关系？

第3章

企业法

• 学习目标

通过本章学习，你应该达到以下目标：

知识目标：了解个人独资企业和合伙企业的设立条件，理解个人独资企业和合伙企业的概念、特征，把握个人独资企业和合伙企业事务执行的模式，理解破产的界限及破产还债程序。

技能目标：一是正确掌握个人独资企业和合伙企业的特征及设立条件；二是正确理解破产的含义。

能力目标：熟悉合伙企业与个人独资企业的出资方式及事务执行的有关规定，大致掌握企业破产程序。

引例

合伙人应承担无限连带责任

2013年1月，甲、乙、丙三人共同设立一家合伙企业。合伙协议约定：甲以现金人民币5万元出资，乙以房屋作价人民币8万元出资，丙以劳务作价人民币4万元出资；各合伙人按相同比例分配盈利、分担亏损。合伙企业成立后，为扩大经营，于2013年6月向银行贷款人民币10万元，期限为1年。2013年8月，甲提出退伙，鉴于当时合伙企业盈利，乙、丙表示同意。同月，甲办理了退伙结算手续。2013年9月，丁入伙。丁入伙后，因经营环境发生变化，企业严重亏损。2014年5月，乙、丙、丁决定解散合伙企业，并将合伙企业现有财产人民币3万元予以分配，但对未到期的银行贷款未予清偿。2014年6月，银行发现该企业已经解散，遂向甲要求偿还全部贷款，甲称自己早已退伙，不负责清偿债务。银行向丁要求清偿全部贷款，丁称该笔贷款是在自己入伙前发生的，不负责清偿。银行向乙要求偿还全部贷款，乙表示只能按照合伙协议约定的比例清偿自己应当负担的数额。银行向丙要求偿还全部贷款，丙表示自己是以劳务出资的，不承担清偿贷款的义务。

企业是国民经济的基本细胞，是现代社会中最常见、最基本的经济组织。在本例中，银行能否要求合伙人提前清偿债务，合伙人拒绝还款的理由是否成立，如何清偿银行贷款，都是我们这一章要研究的法律问题。

3.1 企业法概述

3.1.1 企业的概念与特征

1）企业的概念

纵观历史长河，企业随着社会的发展而不断变化。“企业”一词源于英语中的“Enterprise”一词，日本人将其译为汉字“企业”，并传入中国。“Enterprise”的原意是企图冒险从事某项事业，且有持续经营的意思。后来引申为经营组织或经营体。《辞源》中将其解释为以营利为目的的组织。

一般而言，**企业**是指依法设立的，从事生产、流通或服务等经济活动，并具有独立或相对独立的法律人格的营利性经济组织。

2）企业的特征

（1）企业的组织性。这就意味着企业是一个组织体，在这种组织体内凝聚了人与物的要素，具有一定的组织形式；而且这种组织体有较长的存续期限，具有连续性和独立性。

所谓连续性，是指在特定的时期内，企业的活动处于持续状态，而不是一次性的生产经营或服务性活动，这样才能保证国民经济活动的稳定性和持续、有秩序的发展。所谓独立性，是指企业对外的活动是以企业的名义发生的，企业内部的分支机构对外活动时一般要取得企业的授权或认可，除非该分支机构已获得独立的营业资格。另外，独立性还体现在企业享有经营管理的自主权和对外独立承担民事责任等方面。作为法人企业，企业的决策权集中在法人机关，而非法人企业的决策权则掌握在投资者手中。在企业的民事责任方面，法人企业以其经营管理的财产或所有的财产对外承担民事责任，具有完全的独立性；而非法人企业的债务则要由投资者以其共有的企业财产和所有的个人财产承担无限或连带的责任，表现为相对的独立性。

（2）企业的营利性。企业生存和发展的目的就是通过其具体的经营活动，以较少的投入取得较大的收益，并以利润的最大化为目标。投资者在把消费资金转入生产资金时，一般都期望资本的增值，这种期望通过企业去实现，这就是企业活动的营利性。这使得企业区别于其他社会组织。其他社会组织虽然为了其自身的运转，也必须参与一定的经济活动，但由于它们不以营利为目的，所以不是企业。

（3）企业的法定性。企业只有具备了法律规定的要件，并履行了法定的程序，才可以取得相应类型的企业资格，才能进行营业活动，才能得到法律的确认和保护，享有独立的企业权益，并承担相应的义务。

（4）企业法律人格的独立性。企业包括法人企业和非法人企业。就法人企业而言，它具有完全独立的法律人格，有独立的财产，独立进行经济活动，以自己的财产独立承担责任。就非法人企业而言，虽然它的财产与投资者的个人财产不完全分离，也不能独立承担责任，但在存续期间，非法人企业也可以自己的名义开展经济活动，有自己的名称，具有相对独立的法律地位。

3.1.2 企业的类型

企业从不同角度，依据不同的标准可进行不同的分类。

（1）依所有制性质划分，包括国有企业、集体企业、私营企业。

国有企业又称全民所有制企业，是指所有权为国家所有，依法登记注册，自主经营、自负盈亏、独立核算的生产经营组织。国有企业具有法人资格，以国家授予其经营管理的财产承担民事责任。国有企业财产属于国家所有，对国家负责，经营目标是确保国有资产保值增值。

集体企业即集体所有制企业，是指所有权属于人民群众集体所有，依法登记注册的生产经营性组织。它目前在我国主要分为农业中的集体所有制和工商业中的集体所有制，其中农业中的集体所有制主要是指家庭联产承包责任制。

私营企业是指生产资料属于私人所有，依法登记注册的生产经营性组织。私营企业的所有权由于属于私人企业主，因此其资金规集一般不大。

（2）依资本来源的国别划分，包括中资企业、外资企业、中外合资经营企业、中外合作经营企业。

中资企业是指资本来源于我国境内，所有者为中国公民或法人的生产经营性组织。我国绝大多数企业属于中资企业。

外资企业亦称外商独资经营企业。它是指外国的企业、其他经济组织或者个人，依照中国的法律和行政法规，经中国政府批准，设在中国境内，由外国投资者投资的企业。

中外合资经营企业是指由外国投资者和中方投资者，依照中国的法律和行政法规，经中国政府批准，设在中国境内的由双方共同投资、共同经营，按照各自的出资比例共担风险、共负盈亏的企业。中外合资经营企业一般采取股权式方式组成，其组织形式多为有限责任公司。

中外合作经营企业是指契约式的中外合营企业，它是由外国企业、其他经济组织或者个人同中国的企业和其他经济组织，依照中国的法律和行政法规，设在中国境内的，由双方用契约确定各自的权利和义务的企业。合作经营企业可以依法取得中国的法人资格，也可以不具备法人资格。具备法人资格的合作企业，一般采取有限责任公司的形式，投资者以其投资或者提供的合作条件为限对企业承担责任；不具备法人资格的合作企业，合作双方依照中国民事法律的有关规定承担民事责任。

（3）依组织形式划分，包括个人独资企业、合伙企业、公司。

个人独资企业是指由一人投资经营，企业财产及收益由投资者一人所有，投资者对债务承担无限责任的企业。

合伙企业是指由各合伙人订立合伙协议，共同出资、合伙经营、共享收益、共担风险，并对合伙企业债务承担连带责任的营利性组织。合伙企业可分为普通合伙企业和有限合伙企业。

我国的公司可分为有限责任公司和股份有限公司。有限责任公司是指依照公司法设立的，由符合法定人数的股东组成的，股东以其认缴的出资额为限对公司负责、公司以其全部资产对公司债务承担责任的企业法人。股份有限公司是指注册资本由等额股份构成，股东以其认购的股份对公司负责，公司以其全部资产对公司债务承担责任的企业法人。

此外，企业还可依从事的业务性质划分为工业企业、农业企业、交通运输企业、建筑企业、金融企业等；依企业规模划分为大型企业、中型企业、小微企业等；依企业的法律地位划分为法人企业和非法人企业等。

3.1.3 企业法的概念

企业法是指调整企业在设立、变更、终止及其经营活动中发生的社会关系的法律规范的总称。企业法的调整对象是企业这种组织或者主体，它规定或调整企业的设立、变更、终止，企业的法律地位、能力，企业的资本，出资者相互之间及其与企业的关系，企业的内部组织机构、企业与其他组织之间的控制与被控制的关系等。

本章将介绍《合伙企业法》、《个人独资企业法》和《企业破产法》的有关内容，对《外商投资企业法》和《公司法》将作专章进行介绍。

3.2 合伙企业法

合伙企业设立简单、经营灵活，适应多数人共同投资的需要，是法人制度出现以前最重要的企业形式。

3.2.1 合伙企业法概述

（1）合伙企业法的概念。合伙企业法可以广义地理解为调整合伙企业和合伙关系的各种法律规范的总称，也可以狭义地理解为1997年2月23日第八届全国人民代表大会常务委员会第二十四次会议通过，并于1997年8月1日起施行的《中华人民共和国合伙企业法》（以下简称《合伙企业法》）。2006年8月27日第十届全国人民代表大会常务委员会第二十三次会议修订了该法，自2007年6月1日起施行。

（2）合伙企业的概念和形式。合伙企业是指自然人、法人和其他组织依照法律在中国境内设立的普通合伙企业和有限合伙企业。

合伙企业包括三种形式：普通合伙企业、有限合伙企业和特殊的普通合伙企业。

3.2.2 普通合伙企业

普通合伙企业是指由普通合伙人组成，合伙人对合伙企业债务承担无限连带责任的营利性组织。

1）合伙企业的设立

根据《合伙企业法》的规定，设立合伙企业应当具备下列条件：

（1）有两个以上合伙人，合伙人为自然人的，应当具有完全民事行为能力。合伙人可以是自然人，也可以是法人或其他经济组织。但是，法律、法规禁止从事营利性活动的人，不得成为合伙人。国有独资公司、国有企业、上市公司以及公益性的事业单位、社会团体不得成为普通合伙人。合伙人依法对合伙企业的债务承担无限连带责任。

（2）有书面合伙协议。合伙协议经全体合伙人签名、盖章后生效，是合伙企业设立的必备文件。合伙协议应当载明下列事项：①合伙企业的名称和主要经营场所的地点；②合伙目的和合伙经营范围；③合伙人的姓名或者名称、住所；④合伙人的出资方式、数额和缴付期限；⑤利润分配、亏损分担方式；⑥合伙事务的执行；⑦入伙与退伙；⑧争议解决办法；⑨合伙企业的解散与清算；⑩违约责任。

（3）有合伙人认缴或者实际缴付的出资。合伙人可以用货币、实物、知识产权、土地使用权或者其他财产权利出资，也可以用劳务出资。合伙人以实物、知识产权、土地使用权或者其他财产权利出资，需要评估作价的，可以由全体合伙人协商确定，也可以由全体合伙人委托法定评估机构评估。合伙人以劳务出资，其评估办法由全体合伙人协商确定，并在合伙协议中载明。合伙人以非货币财产出资，依照法律、法规的规定，需要办理财产权转移手续的，应当依法办理。

（4）有合伙企业的名称和生产经营场所。合伙企业的名称中应当标明“普通合伙”字样。

（5）法律、行政法规规定的其他条件。设立合伙企业，应当向企业登记机关申请设立登记，申请时应提交全体合伙人签署的合伙申请书、全体合伙人的身份证明、合伙协议、出资权属证明、经营场所证明以及其他文件。法律、法规规定须报经有关部门审批的，还应提交有关批准文件。经登记机构登记，企业即成立。合伙企业的营业执照签发日期，为合伙企业的成立日期。

2）合伙企业的财产及转让和出质

（1）合伙企业的财产。合伙企业存续期间，合伙人的出资、以合伙企业名义取得的收益和依法取得的其他财产，均为合伙企业的财产，由全体合伙人共同管理和使用。合伙人在合伙企业清算前，不得请求分割合伙企业的财产（法律另有规定的除外）。合伙人在合伙企业清算前私自转移或者处分合伙企业财产的，合伙企业不得以此对抗善意第三人。

（2）合伙人出资份额的转让。除合伙协议另有约定外，合伙人向合伙人以外的人转让其在合伙企业中的全部或者部分财产份额时，须经其他合伙人一致同意，并且在同等条件下，其他合伙人有优先受让权。合伙人相互转让其全部或部分财产份额，应当通知其他合伙人。

（3）合伙人出资份额的担保。在合伙企业存续期间，合伙人以其在合伙企业中的财产份额出质的，须经其他合伙人一致同意。否则，出质行为无效，由此给善意第三人造成损失的，行为人还应当承担赔偿责任。

【观念应用 3-1】　　以合伙企业财产出质，应经全体合伙人同意

某合伙企业有五名合伙人，共出资 400 万元，包括一个货仓、4 辆货车和 100 万元流动资金，经营业务为货物运输。其中，合伙人之一田某的出资中包括一辆“东风 141”汽车。2013 年 8 月 15 日，田某朋友刘某为做生意，和银行签订了一份借款合同，该借款合同借款数额为 5 万元，期限 6 个月，刘某请田某为其担保，田某以该汽车为刘某作了抵押。借款到期后，由于生意亏损，刘某不能还贷，银行要求将汽车变卖并优先受偿。但合伙企业不同意，因为该财产是合伙企业的财产，没有经过全体合伙人的同意，该财产不能为他人作抵押，田某自己的处分不具有法律效力。银行因此起诉到法院，请求法院判令，就该辆汽车行使抵押权人的权利。

请问：该抵押合同是否有效？银行能否行使抵押权？

法律分析：从本例看，合伙人田某在没有得到全体合伙人同意的情况下以合伙人企业的财产进行抵押，该抵押行为应当无效，但由于抵押权人是不知情的善意第三人，因此，银行是可以行使优先权的，由此给合伙企业造成的损失应当由田某负责。

3）合伙企业事务的执行

（1）合伙企业事务的决策方式：①由全体合伙人决定。合伙人对合伙企业的有关事务作出决议，按照合伙协议约定的表决办法办理。合伙协议未约定或者约定不明确的，实行合伙人一人一票并经全体合伙人过半数通过的表决办法。②由全体合伙人一致同意。除合伙协议另有约定外，合伙企业的下列事项应当经全体合伙人一致同意：改变合伙企业的名称；改变合伙企业的经营范围、主要经营场所的地点；处分合伙企业的不动产；转让或者处分合伙企业的知识产权和其他财产权利；以合伙企业的名义为他人提供担保；聘任合伙人以外的人担任合伙企业的经营管理人员。

（2）合伙企业事务的执行方式：①共同执行。各合伙人对执行合伙企业的事务有同等的权利，可以由全体合伙人共同执行合伙企业事务。②委托执行。由合伙协议约定或者全体合伙人决定，委托一个或者数个合伙人对外代表合伙企业，执行合伙事务。执行事务合伙人应当定期向其他合伙人报告事务执行情况以及合伙企业的经营和财务状况。合伙人有权查阅合伙企业会计账簿等财务资料。不执行事务的合伙人有权监督执行事务的合伙人，检查其执行合伙企业事务的情况。③分别执行。合伙人分别执行合伙事务的，执行事务合伙人可以对其他合伙人执行的事务提出异议。如发生异议，可由全体合伙人共同决定。④聘任执行。经全体合伙人同意，合伙企业可以聘任合伙人以外的人担任合伙企业的经营管理人员，执行合伙企业的事务。

合伙人不得自营或者同他人合作经营与本合伙企业相竞争的业务；不得从事损害本合伙企业利益的活动；除合伙协议另有约定或者经全体合伙人一致同意外，合伙人不得同本合伙企业进行交易。

【观念应用 3-2】 **合伙企业的事务执行**

甲、乙、丙、丁四人设立一家合伙企业，但是针对合伙企业的事务执行提出了不同意见。乙认为其平时经常出差在外，没有时间对企业进行管理；丙认为其家离合伙企业营业地很远，交通不便利，只能偶尔前来；丁提出其身体不佳，疾病缠身，几乎无法执行合伙企业事务。但是这三人都信任和推荐甲来代为执行，只要甲定期向他们报告企业状况即可，甲本人也表示愿意。

请问：该合伙企业是否可以协商约定由甲执行合伙企业的事务，其余三人不再执行合伙企业的事务？

法律分析：合伙人对执行合伙事务享有同等的权利。按照合伙协议的约定或者经全体合伙人决定，可以委托一个或者数个合伙人对外代表合伙企业，执行合伙事务。作为合伙人的法人、其他组织执行合伙事务的，由其委派的代表执行。由一个或者数个合伙人执行合伙事务的，执行事务合伙人应当定期向其他合伙人报告事务执行情况以及合伙企业的经营和财务状况，其执行合伙事务所产生的收益归合伙企业，所产生的费用和亏损由合伙企业承担。合伙人为了解合伙企业的经营状况和财务状况，有权查阅合伙企业会计账簿。

4）合伙企业与第三人的关系

合伙企业对合伙人执行合伙事务以及对外代表合伙企业权利的限制，不得对抗善意第三人。

合伙企业对其债务，应先以企业全部财产进行清偿，企业财产不足清偿到期债务的，各合伙人应当承担无限连带清偿责任。某一合伙人的清偿数额超过其应当承担的份额时，有权向其他人追偿。

合伙人发生与合伙企业无关的债务，相关债权人不得以其债权抵消对合伙企业的债务，也不得代位行使合伙人在合伙企业中的权利。

合伙人个人财产不足清偿其与合伙企业无关的债务时，该合伙人只能将其从合伙企业中分取的收益用于清偿，债权人也可以依法请求人民法院强制执行该合伙人在合伙企业中的财产份额用于清偿。

5）入伙与退伙

（1）入伙。它是指在合伙企业存续期间，合伙人以外的第三人加入合伙企业，从而取得合伙人资格。《合伙企业法》规定，新合伙人入伙，除合伙协议另有约定外，应当经全体合伙人一致同意，并依法订立书面入伙协议；入伙的新合伙人与原合伙人享有同等权利，承担同等责任，入伙协议另有约定的，依其约定；新合伙人对入伙前合伙企业的债务承担无限连带责任。

（2）退伙。它是指在合伙企业存续期间，合伙人退出合伙企业，从而丧失合伙人资格。

第一，协议退伙。《合伙企业法》规定，合伙协议约定合伙期限的，在合伙企业存续期间，有下列情形之一的，合伙人可以退伙：合伙协议约定的退伙事由出现；经全体合伙人一致同意；发生合伙人难以继续参加合伙的事由；其他合伙人严重违反合伙协议约定的义务。

第二，声明退伙。合伙协议未约定合伙期限的，合伙人在不给合伙企业事务执行造成不利影响的情况下，可以退伙，但应当提前30日通知其他合伙人。合伙人违反上述规定退伙的，应当赔偿由此给合伙企业造成的损失。

第三，当然退伙。《合伙企业法》规定，合伙人有下列情形之一的，可以退伙：死亡或者被依法宣告死亡；被依法宣告为无民事行为能力人；个人丧失偿债能力；作为合伙人的法人或者其他组织依法被吊销营业执照、责令关闭、撤销或者被宣告破产；法律规定或者合伙协议约定合伙人必须具有相关资格而丧失该资格；合伙人在合伙企业中的全部财产份额被人民法院强制执行。

第四，除名退伙。合伙人有下列情形之一的，经其他合伙人一致同意，可以决议将其除名：未履行出资义务；因故意或者重大过失给合伙企业造成损失；执行合伙企业事务时有不正当行为；发生合伙协议约定的事由。被除名人对除名决议有异议的，可以自接到除名通知之日起30日内，向人民法院起诉。

3.2.3 有限合伙企业

有限合伙企业是指由普通合伙人和有限合伙人组成，普通合伙人对合伙企业债务承担无限连带责任，有限合伙人以其认缴的出资额为限对合伙企业债务承担责任的营利性组织。

1）有限合伙企业的设立

（1）有限合伙企业由2个以上50个以下合伙人设立，且至少应当有1个普通合伙人，法律另有规定的除外。

（2）有限合伙企业名称中应当标明“有限合伙”字样。

（3）合伙协议除符合普通合伙企业的规定外，应当载明：①普通合伙人和有限合伙人的姓名或者名称、住所；②执行事务合伙人应具备的条件和选择程序；③执行事务合伙人权限与违约处理办法；④执行事务合伙人的除名条件和更换程序；⑤有限合伙人入伙、退伙的条件、程序以及相关责任；⑥有限合伙人和普通合伙人相互转变程序。

（4）有限合伙人可以用货币、实物、知识产权、土地使用权或者其他财产权利作价出资，但不得以劳务出资。

（5）有限合伙企业由普通合伙人执行合伙企业事务。

2）有限合伙企业的入伙与退伙

（1）新入伙的有限合伙人对入伙前的有限合伙企业的债务，以其认缴的出资额为限承担责任。

（2）有限合伙人退伙后，对基于其退伙前发生的有限合伙企业债务，以其退伙时从有限合伙企业中取回的财产为限承担责任。

（3）作为有限合伙人的自然人在有限合伙企业存续期间丧失民事行为能力的，其他合伙人不得因此要求其退伙。

3）合伙人地位的变更

除合伙协议另有约定外，普通合伙人转变为有限合伙人，或者有限合伙人转变为普通合伙人，应当经全体合伙人一致同意。有限合伙人转变为普通合伙人的，对其作为有限合伙人期间有限合伙企业发生的债务承担无限连带责任。普通合伙人转变为有限合伙人的，对其作为普通合伙人期间合伙企业发生的债务承担无限连带责任。

3.2.4 特殊的普通合伙企业

【补充阅读资料3-1】

特殊的普通合伙企业在国外被称为“有限责任合伙”（Limited Liability Partnership, LLP），是20世纪90年代以后国际上出现的一种新的责任形式，它主要适用于专业服务机构，比较典型的就是注册会计师事务所、律师事务所。例如，很多外资律师事务所的名称就是以LLP结尾。我国《合伙企业法》中新增了相关规定，但采用的名字是“特殊的普通合伙企业”。

引入特殊的普通合伙企业制度可以更好地推动我国专业服务机构的发展。普通合伙作为一种传统的组织形式，其基本特点是合伙人共同出资、共同经营、共享收益、共但风险，合伙人对合伙债务负无限连带责任。很多会计师事务所、律师事务所等专业服务机构采用这种组织形式。随着社会对各项专业服务需求的迅速增长，专业服务机构的规模扩大，合伙人数目大增，导致合伙人之间并不熟悉甚至不认识，各自的业务也不重合，这与传统普通合伙中合伙人人数较少、共同经营的模式已有不同，因而让合伙人对其并不熟悉的合伙人的债务承担无限连带责任，有失公平。许多国家进行专门立法，规定采用普通合伙形式的专业服务机构的普通合伙人可以对特定的合伙债务承担有限责任，以使专业服务机构的合伙人避免承担过度风险。

资料来源 刘建民．新编经济法教程［M］．上海：上海复旦交通大学出版社，2011.

以专业知识和专门技能为客户提供有偿服务的专业服务机构，可以设立为特殊的普通合伙企业。此规定主要适用于注册会计师事务所、律师事务所等专业服务机构。

特殊的普通合伙企业名称中应当标明“特殊普通合伙”字样。特殊的普通合伙企业及其合伙人在设立、合伙财产、管理等方面除有专门规定的以外，均适用普通合伙企业的相关规定。

在特殊的普通合伙企业中，当一个合伙人或者数个合伙人在执业活动中因故意或者重大过失造成合伙企业债务的，应当承担无限责任或者无限连带责任，其他合伙人以其在合伙企业中的财产份额为限承担责任。合伙人执业活动中因故意或者重大过失造成的合伙企业债务，以合伙企业财产对外承担责任后，该合伙人应当按照合伙协议的约定给合伙企业造成的损失承担赔偿责任。为了保护债权人利益，《合伙企业法》还规定特殊的普通合伙企业应当建立执业风险基金、办理职业保险。从本质上说，特殊的普通合伙企业属于普通合伙企业的一种类型，只是对普通合伙人的风险作了更灵活的规定。

3.2.5 合伙企业的解散和清算

1）合伙企业的解散

合伙企业有下列情形之一的，应当立即解散：①合伙期限届满，合伙人决定不再经营；②合伙协议约定的解散事由出现；③全体合伙人决定解散；④合伙人已不具备法定人数满30天；⑤合伙协议约定的合伙目的已经实现或者无法实现；⑥依法被吊销营业执照、责令关闭或者被撤销；⑦法律、行政法规规定的其他原因。

2）合伙企业的清算

清算人由全体合伙人担任；经全体合伙人过半数同意，可以自合伙企业解散事由出现后15日内指定一个或者数个合伙人，也可委托第三人担任清算人。未确定清算人的，合伙人或者其他利害关系人可以申请人民法院指定清算人。

清算人自被确定之日起10日内，将合伙企业解散事项通知债权人，并于60日内在报纸上公告。债权人应当自接到通知书之日起30日内，未接到通知书的自公告之日起45日内，向清算人申报债权。

合伙企业财产的清偿顺序：①清算费用；②所欠职工工资、社会保险费用和法定补偿金；③所欠税款；④企业的债务；⑤返还合伙人的出资。

合伙企业的利润分配、亏损分担，按照合伙协议的约定办理；合伙协议未约定或者约定不明确的，由合伙人协商决定；协商不成的，由合伙人按照实缴出资比例分配、分担；无法确定出资比例的，由合伙人平均分配、分担。

清算结束后，清算人应当编制清算报告，经全体合伙人签名、盖章后，在15日内向企业登记机关报送清算报告，办理合伙企业注销登记。合伙企业注销后或依法被宣告破产的，普通合伙人对合伙企业的债务仍应承担无限连带责任。

3.3 个人独资企业法

个人独资企业是所有企业法律形态中最简单、最古老的一种。现代公司制企业的繁荣发展并没有给这种古老的企业形态带来丝毫削弱，它仍然以其独有的生存方式和空间，一如既往地显示出旺盛的活力。然而，由于市场主体的趋利性，个人独资企业同其他企业形态一样，也会使其利己目标膨胀，破坏公平竞争和市场秩序，损害国家或他人利益。因此，国家必须以法律对个人独资企业加以规范。

3.3.1 个人独资企业法概述

1）个人独资企业的概念和特征

个人独资企业是指依照《中华人民共和国个人独资企业法》在中国境内设立，由一个自然人投资，财产为投资人个人所有，投资人以其个人财产对企业债务承担无限责任的经营实体。

个人独资企业是与合伙合业、公司制企业并行的企业法律形态。在我国，个人独资企业主要具有以下法律特征：

（1）从组织结构上看，个人独资企业是由一个自然人出资设立的，当然这里的自然人是有完全行为能力的人，这一点明显区别于合伙企业或公司制企业，同时也表明它区别于其他独资企业的形式，如国有独资公司、国有企业等，因为它们的投资主体为国家而非自然人。

（2）从财产上看，个人独资企业的出资人享有对企业的全部权利，并直接控制和支配企业的经营，从而区别于公司的股东和合伙企业的合伙人。

（3）从责任形态上看，个人独资企业的全部债务和经营风险由其出资人承担无限责任。投资人以其家庭共有财产作为个人出资的，以共有财产对企业债务承担无限责任。这是个人独资企业区别于有限责任公司和股份有限公司等企业形式的基本特征。

2）个人独资企业法

个人独资企业法是规定个人独资企业的设立、事务管理、解散和清算以及投资人及其委托和聘用人权利义务的法律规范的总称。

《中华人民共和国个人独资企业法》（以下简称《个人独资企业法》）于1999年8月30日在第九届全国人大常委会第十一次会议上通过，并于2000年1月1日起施行。《个人独资企业法》是继《公司法》和《合伙企业法》之后，我国颁布的调整企业组织的又一部重要法律，它填补了我国企业立法的空白，使我国的企业立法进一步得到完善。

3.3.2 个人独资企业的设立

1）设立条件

根据《个人独资企业法》的规定，在中国境内设立个人独资企业，必须具备下列条件：①投资人为一个自然人；②有合法的企业名称；③有投资人申报的出资；④有固定的生产经营场所和必要的生产经营条件；⑤有必要的从业人员。

【小思考3-1】

在工商行政管理局工作近30年的李某退休了，2012年4月的一天，他突然萌发了做生意的念头，于是便到工商局领表准备注册一家名为“祥和”的公司。可是老领导却遇到了新问题，他提拔的一位科长说什么也不给他注册登记。李某因此对这位科长大发雷霆，便起诉工商局，要求撤销其行为。

该科长为什么不给老领导李某的“祥和”公司注册？

答：老领导李某作为完全行为能力人，办理注册个人独资企业是可以的，但因个人独资企业不具有法人资格，因此不能注册所谓的“公司”企业。

2）设立程序

申请设立个人独资企业，应当由投资人或者其委托的代理人向个人独资企业所在地的登记机关提交设立登记申请书（表3-1）、投资身份证明、生产经营场所使用证明等文件。委托代理人申请设立登记时，应当出具投资人的委托书和代理人的合法证明。个人独资企业不得从事法律、行政法规禁止经营的业务。从事法律、行政法规规定必须报经有关部门审批的业务，应当在申请设立登记时提交有关部门的批准文件。

表3-1 **个人独资企业设立登记申请表**

企业名称			
企业住所		邮政编码	
		联系电话	
经营范围及方式			
出资额			
出资方式	1. 以个人财产出资	2. 以家庭共有财产作为个人出资 家庭成员签名：	
从业人数			
有关部门意见			

谨此确认，本申请表所填内容真实无误。

投资人签名 年 月 日

向登记机关提交的个人独资企业设立登记申请表，应当载明下列事项：①企业的名称和住所；②投资人的姓名和居所；③投资人的出资额和出资方式；④经营范围及方式。其中，个人独资企业的名称应当与其责任形式及经营项目相符合。

登记机关在收到设立申请文件之日起 15 日内，应当对符合《个人独资企业法》规定条件的，予以登记，并发给营业执照；对不符合法律规定条件的，不予登记，但应当给予书面答复，说明其不予登记的理由。

个人独资企业营业执照的签发日期，为个人独资企业成立日期。在领取个人独资企业营业执照前，投资人不得以个人独资企业的名义从事经营活动。

3）分支机构

个人独资企业设立分支机构，也应当由投资人或者其委托代理人向分支机构所在地的登记机关申请登记，领取营业执照。分支机构经核准登记后，应将登记情况报该分支机构隶属的个人独资企业的登记机关备案。分支机构的民事责任由设立该分支机构的个人独资企业承担。

个人独资企业存续期间登记事项发生变更的，应当在作出变更决定之日起 15 日内，依法向登记机关申请办理变更登记。

3.3.3 个人独资企业的投资人及事务管理

1）个人独资企业的投资人

《个人独资企业法》对投资人的资格作了明确规定：法律、行政法规禁止从事营利性活动的人，不得作为投资人申请设立个人独资企业。

关于投资人的财产权利，《个人独资企业法》规定，个人独资企业的投资人对本企业的财产依法享有所有权，其有关权利可以依法进行转让或继承。个人独资企业在申请企业设立登记时明确以其家庭共有财产作为个人出资的，应当依法以家庭共有财产对企业债务承担无限责任。

2）个人独资企业的事务管理

依照法律的规定，个人独资企业投资人可以自行管理企业事务，也可以委托或者聘用其他具有民事行为能力的人负责企业的事务管理。

投资人委托或者聘用的管理个人独资企业事务的人员不得有下列行为：①利用职务上的便利，索取或者收受贿赂；②利用职务或者工作上的便利侵占企业财产；③挪用企业的资金归个人使用或者借贷给他人；④擅自将企业奖金以个人名义或者以他人名义开立账户储存；⑤擅自以企业财产提供担保；⑥未经投资人同意，从事与本企业相竞争的业务；⑦未经投资人同意，同本企业订立合同或者进行交易；⑧未经投资人同意，擅自将企业商标或者其他知识产权转让给他人使用；⑨泄露本企业的商业秘密；⑩法律、行政法规禁止的其他行为。

【观念应用 3-3】　　聘用人员违法，自己承担责任

某个人独资企业投资人王某由于另有业务发展，便将原企业委托给张某管理。2012 年 3 月 15 日，张某购买了住房，并从银行贷款 10 万元，在和银行签订合同时，以该独资企业的财产作抵押。贷款到期后，张某没有还清全部贷款，银行要求处分抵押权却遭到投资人王某的拒绝，最后银行以张某为被告到法院起诉。

请问：张某的抵押行为合法吗？

法律分析：从本案看，张某作为个人独资企业的聘用人员违反了《个人独资企业法》第 20 条的规定，在没有得到投资人同意的情况下，以个人独资企业的财产为自己购买住房进行抵押，侵犯了个人独资企业的财产权益，张某应当自己承担责任。

3）个人独资企业的权利和义务

个人独资企业可以依法申请贷款、取得土地使用权，并享有法律、行政法规规定的其他权利。任何单位和个人不得违反法律、行政法规的规定，以任何方式强制个人独资企业提供财力、物力、人力的行为，个人独资企业有权拒绝。个人独资企业应当依法设置会计账簿，进行会计核算。个人独资企业招用职工的，应当依法与职工签订劳动合同，保障职工的劳动安全，按时、足额发放职工工资。个人独资企业应当按照国家规定参加社会保险，为职工缴纳社会保险费。

3.3.4　个人独资企业的解散和清算

1）个人独资企业的解散

我国《个人独资企业法》规定，个人独资企业有下列情形之一时，应当解散：①投资人决定解散；②投资人死亡或者被宣告死亡，无继承人或者继承人决定放弃继承；③被依法吊销营业执照；④法律、行政法规规定的其他情形。

2）个人独资企业的清算

个人独资企业解散后，由投资人自行清算或者由债权人申请人民法院指定清算人进行清算。投资人自行清算的，应当在清算前 15 日内书面通知债权人；无法通知的，应当予以公告。债权人应当在接到通知之日起 30 日内，未接到通知的应当在公告之日起 60 日内，向投资人申报其债权。个人独资企业解散后，原投资人对个人独资企业存续期间的债务仍应承担偿还责任，但债权人在 5 年内未向债务人提出偿债请求的，该责任消灭。

个人独资企业解散的，财产应当按照下列顺序清偿：①所欠职工工资和社会保险费用；②所欠税款；③其他债务。

清算期间，个人独资企业不得开展与清算目的无关的经营活动。

3.3.5　个人独资企业的法律责任

1）个人独资企业及其投资人的法律责任

《个人独资企业法》规定，个人独资企业或其投资人违反法律规定，应当承担相应的法律责任：

（1）提交虚假文件或采取其他欺骗手段，取得企业登记的，责令改正，并处以 5 000 元以下罚款；情节严重的，吊销其营业执照。

（2）个人独资企业使用的名称与其在登记机关登记的名称不相符的，责令限期改正，并处以 2 000 元以下罚款。

（3）涂改、出租、转让营业执照的，责令改正，没收违法所得，并处以 3 000 元以下罚款；情节严重的，吊销其营业执照。伪造营业执照的，责令停业，没收违法所得，并处以 5 000 元以下罚款；构成犯罪的，依法追究刑事责任。

（4）个人独资企业成立后无正当理由超过6个月未开业的或者开业后自行停业连续6个月以上的，吊销其营业执照。

（5）未领取营业执照，以个人独资企业名义从事经营活动的，责令停止经营活动，并处以3 000元以下罚款。

（6）个人独资企业登记事项发生变更时，未按法律规定办理有关变更登记的，责令限期办理变更登记；逾期不办理的，并处以2 000元以下罚款。

（7）投资人委托或者聘用的人员在管理个人独资企业事务时违反双方订立的合同，给投资人造成损害的，应承担民事赔偿责任。

（8）个人独资企业违反法律规定，侵犯职工合法权益，未保障职工劳动安全，未缴纳社会保险费用的，按照有关法律、行政法规予以处罚，并追究有关人员的责任。

（9）投资人委托或者聘用的人员违反《个人独资企业法》第20条的规定，侵犯个人独资企业财产权益的，责令退还侵占的财产；给企业造成损失的，依法承担赔偿责任；有违法所得的，没收违法所得；构成犯罪的，依法追究刑事责任。

（10）个人独资企业及其投资人在清算前或者清算期间隐匿或者转移财产，逃避债务的，依法追回其财产，并按照有关规定予以处罚；构成犯罪的，依法追究刑事责任。

在承担责任的先后顺序上，《个人独资企业法》规定，投资人依法应当承担民事赔偿责任和缴纳罚款、罚金，其财产不足以支付的或者被判没收财产的，应当先承担民事赔偿责任。

2）登记机关及其他人员的法律责任

（1）对不符合法律规定条件的个人独资企业予以登记，或者对符合法律规定条件的个人独资企业不予登记的，对直接责任人员依法给予行政处分；构成犯罪的，依法追究刑事责任。

（2）登记机关上级部门的有关主管人员强令登记机关对不符合法律规定条件的个人独资企业予以登记，或者对符合规定条件的个人独资企业不予登记，或者对登记机关的违法登记行为进行包庇的，对直接责任人员依法给予行政处分；构成犯罪的，依法追究刑事责任。

（3）登记机关对符合法定条件的申请不予登记或者超过法定时限不予答复的，当事人可依法申请行政复议或提起行政诉讼。

（4）违反法律、行政法规的规定，强制个人独资企业提供财力、物力、人力的，按照有关法律、行政法规予以处罚，并追究有关人员的责任。

3.4 企业破产法

在商品经济条件下，“欠债还钱”是天经地义的事。然而，当债务人因经营失败或其他原因无力清偿到期债务，即处于破产状态时，应如何处理其债务清偿问题，以保护债权人的利益呢？破产法就是解决债务人破产时的债务清偿问题的专门法律。

3.4.1 企业破产法概述

1）破产和企业破产法

法律意义上的破产是指债务人处于法院依法定条件和程序所确认的已不能以现有财产

清偿到期债务的状态。如果债务人为企业，则为企业破产。

企业破产法是调整企业破产及其财产处理过程中所产生的各种社会关系的法律规范的总称。2006 年 8 月 27 日第十届全国人民代表大会常务委员会第二十三次会议通过了《中华人民共和国企业破产法》（以下简称《破产法》），自 2007 年 6 月 1 日起施行。

《破产法》适用于企业法人；企业法人以外的组织的破产清算，参照该法执行。

2）企业法人的破产原因

破产原因，也称破产界限，是指企业在何种情况下被申请破产或者自己申请破产。《破产法》第 2 条规定："企业法人不能清偿到期债务，并且资产不足以清偿全部债务或者明显缺乏清偿能力的，依照本法规定清理债务。企业法人有前款规定情形，或者有明显丧失清偿能力可能的，可以依照本法规定进行重整。"

据此，《破产法》对于破产界限规定了可供选择的两个原因：①企业法人不能清偿到期债务，并且资产不足以清偿全部债务。②企业法人明显缺乏清偿能力的。但是，达到破产界限的企业，并不一定立即被宣告破产，可以依照本法的程序进行重整，以使企业起死回生。

3）破产案件的管辖

（1）地域管辖。《破产法》规定，破产案件由债务人住所地人民法院管辖。住所地指债务人的主要办事机构所在地。无办事机构的，由其注册地人民法院管辖。

（2）级别管辖。基层人民法院一般管辖县、县级市或者区的工商行政管理机关核准登记的企业的破产案件；中级人民法院一般管辖地区、地级市（含本级）以上工商行政管理机关核准登记的企业的破产案件；纳入国家计划调整的企业破产案件，由高级人民法院管辖。

破产案件的审理是一审终结。民事诉讼法有关审判监督程序的规定，不适用于破产案件的审理。

3.4.2 申请和受理

1）破产申请的提出

破产申请是指破产申请人请求人民法院受理破产案件的意思表示。提出破产申请的主体有：

（1）债务人。债务人不能清偿到期债务，并且资产不足以清偿全部债务时，其可以向人民法院提出重整、和解或者破产清算的申请。

（2）债权人。债务人不能清偿到期债务时，债权人可以向人民法院提出对债务人进行重整或者破产清算的申请。

（3）清算组织。企业法人已解散但未清算或者未清算完毕，资产不足以清偿债务的，依法负有清算责任的人应当向人民法院申请破产清算。

破产申请人向人民法院提出破产申请，应当提交破产申请书和有关证据。人民法院受理破产申请前，申请人可以请求撤回申请。

2）破产案件的受理

破产案件的受理，又称立案。它是指人民法院在收到破产案件申请后，经审查认为申请符合法定条件而裁定予以接受，并开始破产程序的司法行为。

（1）受理通知和公告。人民法院受理破产申请的，应当自裁定作出之日起5日内送达申请人；债权人提出申请的，人民法院应当自裁定作出之日起5日内送达债务人；人民法院应当自裁定受理破产申请之日起25日内通知已知债权人，并予以公告。

（2）受理的效果。法院受理破产申请，意味着破产程序的开始，产生以下法律效力：

第一，债务人的有关人员承担法定义务，包括妥善保管其占有和管理的财产、印章和账簿、文书等资料；根据人民法院、管理人的要求进行工作并如实回答询问；列席债权人会议并如实回答债权人的询问；未经人民法院许可，不得离开住所地；不得新任其他企业的董事、监事、高级管理人员。

第二，债务人对个别债权人实施的债务清偿无效。

第三，有关债务人财产的保全措施应当解除。

第四，债务人财产的执行程序应当中止。

第五，尚未终结的民事诉讼或者仲裁应当中止。

3.4.3 破产案件中的特别主体

1）管理人

管理人是指法院受理破产申请后指定的接管债务人的财产并予以占有和处分的人员。管理人可以由有关部门、机构的人员组成的清算组或者依法设立的律师事务所、会计师事务所、破产清算事务所等社会中介机构担任，也可以由有关社会中介机构中具备相关专业知识并取得执业资格的人员担任。

管理人依法执行职务，向人民法院报告工作，并接受债权人会议和债权人委员会的监督，履行以下职责：①接管债务人的财产、印章和账簿、文书等资料；②调查债务人财产状况，制作财产状况报告；③决定债务人的内部管理事务；④决定债务人的日常开支和其他必要开支；⑤在第一次债权人会议召开之前，决定继续或者停止债务人的营业；⑥管理和处分债务人的财产；⑦代表债务人参加诉讼、仲裁或者其他法律程序；⑧提议召开债权人会议；⑨人民法院认为管理人应当履行的其他职责。

2）债权人会议

债权人会议是全体破产债权人参加的，在破产程序中代表债权人共同意志的决议机构。债权人会议设主席，由人民法院从有表决权的债权人中指定，主持债权人会议。

债权人会议行使下列职权：①检查债权；②申请人民法院更换管理人，审查管理人的费用和报酬；③监督管理人；④选任和更换债权人委员会成员；⑤决定继续或者停止债务人的营业；⑥通过重整计划；⑦通过和解协议；⑧通过债务人财产的管理方案；⑨通过破产财产的变价方案；⑩通过破产财产的分配方案；⑪人民法院认为应当由债权人会议行使的其他职权。

债权人会议的第一次会议由人民法院召集，自债权申报期限届满之日起15日内召开。以后的会议，由人民法院决定召开或者由管理人、债权人委员会、占债权总额1/4以上的债权人提议召开。

债权人会议的决议，由出席会议的有表决权的债权人过半数通过，并且其所代表的债权额占无财产担保债权总额的1/2以上，但和解协议草案必须由所代表债权额占无财产担保债权总额2/3以上的出席会议的有表决权的债权人通过。其他特别决议的形成，依照法律规定处理。

【观念应用3-4】 债权人会议应依法召开

2013年8月6日，国有企业A市糖厂由于经营管理不善，不能清偿到期债务，糖厂厂长向本企业所在地的人民法院申请宣告破产。法院在征得其上级主管部门同意并受理后，决定由糖厂厂长召集并主持债权人会议。糖厂最大的债权人是B市的捷讯公司，法院指定有财产担保未放弃优先受偿权的债权人潘某担任债权人会议主席，并裁定糖厂所有的债务保证人均为债权人会议成员，享有表决权。后经占无财产担保债权总额的1/5以上的债权人的请求，法院召开了第二次债权人会议。此后经过一段时间的审理，法院作出裁定，宣告该企业破产，后由其上级主管部门接管并进行清算。

请问：该国有企业破产过程中，有哪些违法之处？

法律分析：该国有企业破产过程中有以下几处不合法：①厂长自行申请企业破产不合法；②由糖厂厂长召集并主持债权人会议不合法；③由潘某担任债权人会议主席不合法；④所有的保证人均为债权人会议成员，享有表决权不合法；⑤法院召开第二次债权会议的程序不合法；⑥由破产企业上级主管部门主持清算活动不合法。

3）债权人委员会

债权人委员会是由债权人会议选任的，在破产程序中代表债权人全体利益，监督破产程序进行的机构。

债权人委员会不是法定的必设机构，“债权人会议可以决定设立债权人委员会”。债权人委员会成员人数不得超过9人，即最多由债权人会议选出8名债权人代表和1名职工或工会代表组成。

债权人委员会行使下列职权：①监督债务人财产的管理和处分；②监督破产财产分配；③提议召开债权人会议；④债权人会议委托的其他职权。

3.4.4 重整与和解

1）重整

重整是指对已经具备或者可能具备破产条件而又有再生希望的债务人保护其继续营业并挽救其生存的程序。

（1）重整申请。债务人或者债权人可以依照《破产法》的规定，直接向人民法院申请对债务人进行重整。

债权人申请对债务人进行破产清算的，在人民法院受理破产申请后、宣告破产前，债务人或者出资额占债务人注册资本1/10以上的出资人，可以向人民法院申请重整。

（2）重整计划。它也称重整方案，是指为了维持债务人继续营业，由管理人或者债务人提出、债权人会议认可并经人民法院批准，以谋求债务人通过重整获得重生并清理债权债务关系的方案。

提出重整计划草案的期限，为人民法院裁定债务人重整之日起6个月内。特殊情况经人民法院裁定可延长3个月。

重整计划草案采用分组表决制。分组办法由法律规定，一般分为有担保债权人组、无担保债权人组、职工特别债权组、投资人组。出席会议的同一表决组的债权人过半数同意重整计划草案，并且其代表的债权额占债权总额的2/3以上的，即为该组通过重整计划草案。

（3）重整计划的通过。各表决组均通过重整计划草案时，为表决通过；虽然重整计划表决未通过，但人民法院可根据债务人或者管理人的申请，在满足法定条件的情况下批准重整计划草案，此为批准通过。

（4）重整计划的执行。人民法院裁定批准重整计划后，重整计划由债务人负责执行，并由管理人负责监督。债务人应当向管理人报告计划执行情况和债务人财务状况。

（5）重整计划的终止。债务人不能执行重整计划，或者不执行重整计划的，管理人或者利害关系人有权向人民法院提出申请，请求人民法院依法裁定终止重整计划的执行。人民法院经审查，认定债务人不能执行或者不执行重整计划的，裁定终止重整计划的执行，并宣告债务人破产。

自重整计划执行完毕时起，对于按照重整计划减免的债务，债务人不再承担清偿责任。

2）和解

和解是指债务人在进入破产程序以后，在法院的主持下，债务人和债权人就延长债务人清偿债务的期限、减免部分债务等事项达成协议，从而中止企业破产的程序。

（1）和解申请的提出。提出和解申请的主体是债务人，即不能清偿到期债务，并且资产不足以清偿全部债务或者明显缺乏清偿能力的企业法人。

（2）和解协议的通过和认可。债务人还应当提交和解协议。和解协议应当经过债权人会议的讨论和通过，其通过采用表决的方式。债权人会议通过和解协议的决议，由出席会议的有表决权的债权人过半数同意，并且其所代表的债权额占无财产担保债权总额的2/3以上。

人民法院应当依照法律规定，对和解协议进行审查，认为和解协议符合法律规定的，应当裁定认可，同时终止和解程序，并予以公告。人民法院不予认可和解协议的，应当裁定终止和解程序，并宣告债务人破产。和解协议草案经债权人会议表决，没有获得通过的，人民法院应当裁定终止和解程序，并宣告债务人破产。

（3）和解协议的执行与不执行。和解协议生效后，债务人应当按照和解协议规定的时间、数额、方式等履行自己的义务，向和解债权人清偿债务。债务人也因此而恢复权利能力和行为能力。债务人不能执行和解协议或不执行和解协议，人民法院经和解债权人请求，应当裁定终止和解协议，并宣告债务人破产。

3.4.5 破产清算

1）破产宣告

破产宣告是指人民法院以裁定方式作出的认定债务人已缺乏清偿债务的能力，应当依照破产程序进行破产清算的法律判定。

债务人出现《破产法》第2条规定的破产原因，依债权人或者债务人申请（包括破产清算申请、重整申请及和解申请），人民法院受理破产申请后，裁定宣告债务人破产，具体有以下三种情况：因申请破产宣告；重整期间或者重整计划执行期间出现的破产宣告；债务人提出和解申请后出现的破产宣告。

破产宣告前，有下列情形之一的，人民法院应当裁定终结破产程序，并予以公告：第三人为债务人提供足额担保或者为债务人清偿全部到期债务；债务人已清偿全部到期债务。

2）破产财产

债务人被宣告破产后，债务人称为破产人，债务人财产称为破产财产。

破产申请受理时属于债务人的全部财产，以及破产申请受理后至破产程序终结前债务人取得的财产，为债务人财产。

在确定破产财产范围时要注意以下问题：①债务人与他人共有的财产，应当进行分割或转让，该项所得属于破产财产。②出资不足的，应当由出资义务人补足，补足部分属于破产财产。③司法程序中，尚未执行、未执行完毕、执行回转的财产属于破产财产。④债务人依法取得代位权的，依该权利享有的债权属于破产财产。⑤因债务人的可撤销行为或无效行为而由破产管理人追回的财产属于破产财产。⑥因其他原因在破产程序终结前，由破产管理人追回的财产属于破产财产。

3）破产债权

债务人被宣告破产后，在人民法院受理破产申请时对债务人享有的债权称为破产债权。

（1）债权申报。债权人应当在人民法院确定的债权申报期限内向管理人申报债权。申报债权的期限自人民法院发布受理破产申请公告之日起计算，最短不得少于30日，最多不得超过3个月。

（2）申报范围。未到期的债权，在破产申请受理时视为到期；附利息的债权自破产申请受理时起停止计息。申报破产债权具体包括：①无特别限制的债权；②附条件、附期限的债权；③诉讼、仲裁未决的债权；④保证人、连带债务的求偿权；⑤因解除合同的损害赔偿请求权；⑥受托人的请求权；⑦付款人的请求权。

债务人所欠职工的工资和医疗费、伤残补助、抚恤费用，所欠的应当划入职工个人账户的其他养老保险费用、基本医疗保险费用，以及法律、法规规定应当支付给职工的补偿金，不必申报，由管理人调查后列入清单并予以公示。职工对清单记载有异议的，可以要求管理人更正；管理人不予更正的，职工可以向人民法院提起诉讼。

需要注意的是，超过诉讼时效的债权、未依法申报的债权，以及尚未执行的滞纳金、罚款、罚金等，不得作为破产债权。

【小思考3-2】

皇都大酒店于2013年9月20日宣告破产。在破产程序中提出的下列给付请求，能够成为破产债权的有（　　）。

A. 某女士于2012年3月在该酒店被酒店保安人员殴打致伤，住院治疗8个月，要求赔偿医疗费8 730元

B. 因该酒店歌舞厅提供色情服务，市公安局于2013年8月26日对其罚款10 000元，限7日内缴纳

C. 某旅行社与该酒店签订的合同，因酒店被宣告破产而终止，旅行社要求赔偿由此造成的损失18 000元

D. 该酒店经理以酒店名义借用某公司小轿车一辆供其亲属使用，现该公司要求返还

答案：AC

4）破产财产的分配

破产财产的分配是指管理人将破产财产，依照法定程序和分配方案，对全体债权人进行平等清偿的程序。

（1）破产财产的分配顺序。破产财产在优先清偿破产费用和共益债务后，依照下列顺序清偿：①破产人所欠职工的工资和医疗费、伤残补助、抚恤费用，所欠的应当划入职工个人账户的基本养老保险费用、基本医疗保险费用，法律、法规规定应当支付给职工的补偿金；②破产人欠缴的除前项规定以外的社会保险费用和破产人所欠税款；③普通破产债权。

破产财产不足以清偿同一顺序的清偿要求的，按照比例分配。

（2）破产财产的分配方案。破产财产分配方案由管理人拟定，应载明下列事项：①参加破产财产分配的债权人名称或姓名及住所；②参加破产财产分配的债权额；③可供分配的破产财产数额；④破产财产分配的顺序、比例及数额；⑤实施破产财产分配的方法。

债权人会议通过破产财产分配方案后，由管理人将该方案提请人民法院裁定认可。

5）破产程序的终结

破产程序的终结是指破产程序开始后，发生法律规定的使得破产程序继续已无必要的原因，由法院裁定终结破产程序，结束破产案件。破产程序终结的原因包括：破产人无可供分配的财产而终结；因破产财产分配完毕而终结。人民法院裁定终结破产程序后，管理人应当按照法律规定，及时向破产人的原登记机关办理注销登记。

本章小结

本章是经济法的主体法部分。合伙企业是指依法在中国境内设立的由合伙人共同出资、合伙经营，共享收益、共担风险，并对合伙企业的债务承担无限连带责任的营业性组织。合伙企业的设立、财产和事务的执行都有严格的规定。合伙企业的入伙、退伙、解散和清算，都必须按照法律规定的条件和程序进行。个人独资企业是依照法律在中国境内设立的，由一个自然人投资，财产为投资人个人所有，投资人以其个人财产对企业债务承担无限责任的经营实体。个人独资企业与合伙企业既有联系，又有区别。本章介绍的两种企业法律形态和第4章的公司企业法律形态、第5章的外商投资企业法律形态构成了我国市场经营主体的企业法律形态。

主要概念和观念

☐ 主要概念

企业　普通合伙企业　有限合伙企业　个人独资企业　管理人　破产宣告

☐ 主要观念

个人独资企业及其设立条件　普通合伙企业及其设立条件

基本训练

□ 知识题

3.1 阅读与理解

1）普通合伙企业退伙的情形有哪些?

2）怎样理解破产原因?

3）个人独资企业的特征有哪些?

3.2 知识应用

1）判断题

（1）个人独资企业具有法人资格。 （ ）

（2）普通合伙企业应当有自己的名称，但名称中不得使用“有限”字样。 （ ）

（3）合伙企业对合伙人执行合伙事务及对外代表合伙企业权利的限制，不得对抗善意第三人。 （ ）

2）选择题

（1）普通合伙企业的退伙情形有( )。

A. 协议退伙　B. 声明退伙　C. 当然退伙　D. 除名退伙

（2）( )不得成为普通合伙人。

A. 国有独资公司　B. 国有企业　C. 自然人　D. 上市公司

（3）提出重整计划的期限为人民法院裁定债务人重整之日起( )内，特殊情况经人民法院裁定可延长3个月。

A. 3个月　B. 6个月　C. 9个月　D. 1年

□ 技能题

3.1 规则复习

1）破产财产的分配顺序是怎样的?

2）合伙企业财产的清偿顺序是怎样的?

3）一家独资企业，投资时是以个人出资注册的，赚钱后盖了房子，买了许多红木家具供家人享受。3年后，生意不景气，欠了许多单位的钱，讨债的人天天上门。

问：家里的房子和家具能否作为个人独资企业的财产变卖还债呢?

3.2 操作练习

甲从某厂退休返乡后，决定利用曾在红星公司工作多年的优势，与村民乙、丙商量合伙开办台布加工企业。约定甲出资1万元，负责联系业务；乙、丙各出资4 000元，负责组织村民干活并进行技术指导。3人起草了一份协议，但尚未签字。当年底，完成多批加工任务，获得利润5万余元，3人按约定比例进行了分配。次年，由于赶上农活忙季，人手少，台布出现质量问题，因此给购置方红星公司造成了3万余元的经济损失。红星公司要求甲、乙、丙赔偿，乙、丙称自己受雇于甲，不能承担责任，于是甲向红星公司赔偿了全部损失。

问：针对本案的情况，你的观点是什么?

观念应用

□ 案例分析

管理人履行的职责

甲企业与乙企业签订了买卖合同，约定于2013年6月30日前交货，货到7日内甲企业付款。2013年6月10日，法院裁定受理对甲企业的破产申请，并指定了丙律师事务所为管理人。丙律师事务所接管甲企业的财产和营业事务后，即决定解除与乙企业的买卖合同。乙企业不服，认为丙律师事务所并非该合同当事人，无权决定解除合同，并诉至法院。

请问：乙企业的理由是否成立？

□ 单元实训

甲以个人资产创立独资企业，病故后其妻和幼女不愿继承该企业资产，该企业只得解散。

问：企业解散时由谁来进行清算？

第4章

公司法

• 学习目标

通过本章学习，你应该达到以下目标：

知识目标：了解公司的概念和分类、公司的设立登记；熟悉公司的财务会计以及国有独资公司、一人公司；熟悉公司的合并、分立、解散与清算；掌握有限责任公司与股份有限公司设立的条件与组织机构；掌握股份有限公司股份发行与转让等方面的知识。

技能目标：一是正确理解并掌握公司的组织机构；二是熟悉有限责任公司与股份有限公司设立的条件。

能力目标：正确区分有限责任公司和股份有限公司的异同；正确区分股东（大）会与董事会的职权；能理论联系实际，解决公司在设立经营过程中发生的有关实际问题。

引例

有限责任公司的设立

甲、乙、丙、丁四位自然人签订协议，投资设立A有限责任公司，注册资本为人民币45万元。甲、乙、丙三人均以货币出资，出资额分别为10万元、10万元、5万元；丁以专利技术出资，该项专利目前已经向国家专利局作了申报，但尚未取得专利证书，作价20万元，同时协议还规定：①公司章程由丁独自起草，无须股东会审议通过；②公司不设董事会，只设执行董事，甲为执行董事，并担任法定代表人和公司总经理；③由甲提议乙担任公司财务负责人并兼任公司监事；④公司修改章程或与其他公司合并时，须经全体股东半数以上通过。以上协议有哪些不当之处呢？

公司是社会生产力发展到一定历史阶段而出现的一种企业组织形式。公司制度是有效实现出资者所有权与公司法人财产权分离、产权关系明晰、管理体制科学的企业法人的典型形式，是现代市场经济中最普遍、最重要的企业制度，是现代企业制度的典型代表。

4.1 公司法概述

4.1.1 公司的概念与分类

1）公司的概念

公司是依照公司法设立的以营利为目的的企业法人。一般说来，公司具有如下法律特征：

（1）公司必须依照公司法设立。评判一个企业是不是公司，不能只看其名称，还要看它是不是按照公司法的规定设立，只有符合公司法规定的经济组织才能成为公司。

（2）公司必须以营利为目的。所谓以营利为目的，是指公司从事生产、经营或者提供劳务都是为了获取利润。对于某些法人团体来说，他们在业务活动中虽然也可能取得一定的收入并且实现盈余，但如果不以营利为目的，则不能将其看做公司。

（3）公司必须是法人企业。企业的形态在法律上可分为两种：一种是法人企业，另一种是非法人企业。法人企业是指具有民事权利能力和民事行为能力、依法独立享有民事权利和承担民事责任的组织。法人企业是指依法成立的，有必要的财产或经费，有自己的名称、组织机构和场所，能够独立承担民事责任的组织。非法人企业与法人企业最大的区别在于，它不独立承担民事责任。

2）公司的分类

根据不同的标准，公司有不同的分类。

（1）按照股东对公司所负责任的不同，公司可分为无限责任公司、有限责任公司、两合公司、股份有限公司、股份两合公司等类型。无限责任公司又称无限公司，是指股东对公司的债务承担无限连带责任的公司。有限责任公司，是指股东对公司的债务仅以其出资额为限承担有限责任的公司。两合公司，是指由一个以上的无限责任股东和一个以上的有限责任股东组成，无限责任股东对公司债务负无限连带的清偿责任，有限责任股东仅就其出资额为限对公司债务承担清偿责任的公司。股份有限公司，是指将公司全部资本分为等额股份，股东以其所持股份为限对公司债务承担清偿责任的公司。股份两合公司，是指由一个以上的无限责任股东和一个以上的有限责任股东组成，公司的资本分为等额股份的公司。

（2）按照公司对外信用基础的不同，公司可分为人合公司、资合公司和人合兼资合公司三种。人合公司是以股东个人信用为基础的公司，无限责任公司是最典型的人合公司。资合公司是以公司资本信用为基础的公司，股份有限公司是最典型的资合公司。人合兼资合公司是指公司的信用基础兼具股东个人信用和公司资本信用两个方面，如有限责任公司。

（3）按照公司之间控制和依附关系的不同，公司可分为母公司和子公司。母公司是指拥有另一公司一定数额的股份，并控制其经营的公司。子公司是指一定数额的股份被另一公司持有，并受其控制的公司。子公司具有企业法人资格，独立承担法律责任。

（4）按照公司内部组织关系的不同，公司可分为总公司和分公司。总公司是管辖其全部组织的总机构；分公司是总公司所辖的分支机构或附属机构。分公司不具有企业法人资格，其民事责任由总公司承担。

（5）按照公司注册地的不同，公司可分为本国公司和外国公司。

我国《公司法》规定的公司形式为有限责任公司和股份有限公司。

4.1.2 公司法的概念和适用范围

1）公司法的概念

公司法是规定公司的设立、组织、活动和解散，以及股东权利、义务关系的法律规范的总称。1993年12月29日，第八届全国人民代表大会常务委员会第五次会议通过了《中华人民共和国公司法》（以下简称《公司法》），于1994年7月1日起施行。1999年12月25日，第九届全国人民代表大会常务委员会第十三次会议第一次修订《公司法》；2004年8月28日，第十届全国人民代表大会常务委员会第十一次会议第二次修订《公司法》；2005年10月27日，第十届全国人民代表大会常务委员会第十八次会议第三次修订《公司法》；2013年12月28日，第十二届全国人民代表大会常务委员会第六次会议第四次修订《公司法》，共有13章，218条。新修订的《公司法》自2014年3月1日起实施。

2）我国《公司法》的适用范围

《公司法》规定，《公司法》中所称的公司是指依照《公司法》在中国境内设立的有限责任公司和股份有限公司。因此，《公司法》只适用于有限责任公司和股份有限公司。

在我国，外商投资企业基本都采取公司形式，在公司的设立、组织机构等方面与《公司法》的规定基本一致，但也有一些特殊规定。我国《公司法》规定："外商投资的有限责任公司适用本法，有关中外合资经营企业、中外合作经营企业、外资企业的法律另有规定的，适用其规定。"外商投资企业适用《公司法》的一般规定，有关外商投资企业的法律如另有规定，适用该法律的规定。

4.2 有限责任公司

4.2.1 有限责任公司的概念及特征

有限责任公司也称有限公司，是指依照公司法设立的，由符合法定人数股东组成的，股东以其认缴的出资额为限对公司承担责任、公司以其全部资产对公司债务承担责任的企业法人。

有限责任公司具有以下特征：①股东人数的限定性。有限责任公司应由50个以下的股东组成。②股东出资的非股份性。公司资本不分股份，每个股东只有一份出资，其出资额可以不同。③股东责任的有限性。股东仅以出资额为限对公司债务承担责任。④公司资本的封闭性。公司的资本只能由全体股东认缴，不能向社会公开募集股份，不能发行股票。⑤公司组织的简便性。⑥资合与人合的统一性。

4.2.2 有限责任公司的设立

1）设立条件

根据《公司法》的规定，设立有限责任公司应具备下列条件：

（1）股东符合法定人数。有限责任公司由50个以下的股东出资设立。中国的自然人或者法人均可以设立"一人公司"。

（2）有符合公司章程规定的全体股东认缴的出资额。有限责任公司的注册资本为在公司登记机关登记的全体股东认缴的出资额。法律、行政法规以及国务院决定对有限责任公司的注册资本实缴、注册资本最低限额另有规定的，从其规定。股东可以用货币出资，也可以用实物、知识产权、土地使用权等可以用货币估价并可以依法转让的非货币财产作价出资；但是，法律、行政法规规定不得作为出资的财产除外。对作为出资的非货币财产应当评估作价，核实财产，不得高估或者低估作价。法律、行政法规对评估作价有规定的，从其规定。股东应当按期足额缴纳公司章程中规定的各自认缴的出资额。股东以货币出资的，应当将货币出资足额存入有限责任公司在银行开设的账户；以非货币财产出资的，应当依法办理其财产权的转移手续。股东不按照前款规定缴纳出资的，除应当向公司足额缴纳外，还应当向已按期足额缴纳出资的股东承担违约责任。

【观念应用4-1】　　有限责任公司的出资方式

A、B、C共同出资设立一个注册资本为100万元的有限责任公司。其中，A以货币20万元出资；B以房产出资，自报价30万元；C以土地使用权出资，作价50万元。

请问：上述出资方式及做法是否正确？

法律分析：根据《公司法》的规定，股东可以用货币出资，也可以用实物、土地使用权等非货币财产出资，但应当评估作价、核实财产。因此，上述出资方式符合规定。对非货币财产不能自报价或估价，应当评估作价、核实财产。

（3）股东共同制定公司章程。公司章程是记载公司组织及其活动规则的法律性书面文件。有限责任公司的章程由全体股东共同制定，所有股东都应当在公司章程上签名、盖章。

有限责任公司的章程应当载明下列事项：①公司名称和住所；②公司经营范围；③公司注册资本；④股东的姓名或名称；⑤股东的出资方式、出资额和出资时间；⑥公司的机构及其产生办法、职权、议事规则；⑦公司法定代表人；⑧股东会会议认为需要规定的其他事项。

【观念应用 4-2】　　公司章程的约束力

依据《公司法》的规定，公司的股东、监事、全体员工以及公司本身均受公司章程约束的说法正确吗?

法律分析：根据《公司法》第 11 条的规定，公司章程对公司、股东、董事、监事、高级管理人员具有约束力。因此，认为公司章程对全体员工都具有约束力的说法是不正确的。

(4) 有公司名称，建立符合有限责任公司要求的组织机构。公司名称是公司的标志。有限责任公司在设定自己的名称时，必须符合法律、法规的规定，必须在公司名称中标明“有限责任公司”或“有限公司”字样。

(5) 有公司住所。有限责任公司以其主要办事机构所在地为住所。

2) 设立程序

(1) 签订发起人协议。发起人协议是发起人之间就公司事项所达成的明确彼此之间权利、义务关系的书面协议。

(2) 订立公司章程。订立公司章程是公司设立的必经程序。

(3) 申请公司名称预先核准。

(4) 报经主管部门审批。只有法律、法规规定必须报经审批的，才有此程序。

(5) 股东缴纳出资并验资。

(6) 确定公司机构。

(7) 申请设立登记。股东认足公司章程规定的出资后，由全体股东指定的代表或者共同委托的代理人向登记机关申请设立登记，提交公司登记申请书、公司章程等文件。登记机关对符合《公司法》规定条件的，予以登记，发给公司营业执照；对不符合《公司法》规定条件的，不予登记。公司营业执照的签发日期为有限责任公司的成立日期。

4.2.3　有限责任公司的组织机构

有限责任公司的组织机构主要包括股东会、董事会，或者执行董事、监事会，或者监事及高级管理人员。

1) 股东会

(1) 股东会的性质和职权。有限责任公司的股东会由全体股东组成，是公司的权力机构和最高决策机关，对公司的重大问题进行决策。

有限责任公司的股东会行使下列职权：①决定公司的经营方针和投资计划；②选择和更换非由职工代表担任的董事、监事，决定有关董事、监事的报酬事项；③审议批准董事会或执行董事的报告；④审议批准监事会或者监事的报告；⑤审议批准公司的年度财务预算、决算方案；⑥审议批准公司的利润分配方案和弥补亏损方案；⑦对公司增加或者减少注册资本作出决议；⑧对发行公司债券作出决议；⑨对公司合并、分立、解散和清算、变更公司形式等事项作出决议；⑩修改公司章程；公司章程规定的其他职权。

(2) 股东会会议。有限责任公司股东会会议分为首次会议、定期会议和临时会议。有限责任公司股东会的首次会议由出资最多的股东召集和主持，并依《公司法》的规定行使职权。定期会议按照公司章程的规定按时召开。临时会议是在公司章程规定的会议时间以外召开的会议。代表 1/10 以上表决权的股东、1/3 以上的董事、监事会或者不设监事会的公司的监事提议召开临时会议的，应当召开临时会议。股东会会议应当于会议召开 15 日以前通知全体股东。股东会应把所议事项的决定做成会议记录，出席会议的股东应当在会议记录上签名。

有限责任公司设立董事会的，股东会会议由董事会召集，董事长主持；董事长因特殊原因不能履行职务时，由董事长指定的副董事长主持；副董事长不能履行职务或者不履行职务的，由半数以上董事共同推举一名董事主持。有限责任公司不设董事会的，股东会会议由执行董事召集和主持。

董事会或者执行董事不能履行或者不履行召集股东会会议职责的，由监事会或者不设监事会的公司的监事召集和主持；监事会或者监事不召集和主持的，代表 1/10 以上表决权的股东可以自行召集和主持。

股东会会议由股东按照出资比例行使表决权，一般事项只需由代表 1/2 以上表决权的股东通过。对某些涉及股东根本利益事项的表决，《公司法》作了特别规定。例如，股东会作出修改公司章程、增加或者减少注册资本以及公司分立、合并、解散和变更公司形式的决议，必须经代表 2/3 以上表决权的股东通过。

【观念应用 4-3】 首次股东会的召开

甲、乙、丙三人合计出资 10 万元设立 A 有限责任公司，其中甲出资 2 万元、乙出资 3 万元、丙出资 5 万元。

请问：首次股东会会议应由谁召集和主持？

法律分析：《公司法》第 39 条规定："首次股东会会议由出资最多的股东召集和主持。"因此，本例中的首次股东会会议应由股东丙召集和主持。

2）董事会和高级管理人员

（1）董事会的性质及职权。有限责任公司的董事会是依照法定程序产生的，由全体董事组成的公司执行机构。董事会一般由 3～13 人组成。董事会设董事长 1 人，可以设副董事长。董事长、副董事长的产生办法由公司章程规定。董事长为公司的法定代表人。

《公司法》第 50 条规定，股东人数较少或者规模较小的有限责任公司，可以设 1 名执行董事，不设董事会；执行董事可以兼任公司经理，也是公司的法定代表人。

董事任期由公司章程规定，但每届任期不得超过 3 年。董事任期届满，连选可以连任。

董事会行使下列职权：①召集股东会会议，并向股东会报告工作；②执行股东会的决议；③决定公司的经营计划和投资方案；④制订公司的年度财务预算、决算方案；⑤制订公司的利润分配和弥补亏损方案；⑥制订公司增加或者减少注册资本以及发行债券的方案；⑦拟订公司合并、分立、解散或变更公司形式的方案；⑧决定公司内部管理机构的设置；⑨决定聘任或者解聘公司经理及其报酬的事项，并根据经理的提名决定聘任或者解聘公司副经理、财务负责人及其报酬事项；⑩制定公司的基本管理制度；⑪公司章程规定的其他职权。

（2）董事会会议。它由董事长召集和主持；董事长不能或不履行职责的，由副董事长召集和主持；副董事长不能或不履行职责的，由半数以上董事共同推选 1 名董事召集和主持。董事会应当把所议事项的决定作成会议记录，出席会议的董事应当在会议记录上签名。

董事会的议事方式和表决程序除《公司法》有规定的以外，由公司章程规定。董事会会议的表决实行一人一票。

（3）经理的设立及职权。有限责任公司的经理由董事会聘任或者解聘。经理负责公司的日常经营管理工作，对董事会负责。

经理行使下列职权：①主持公司的生产经营和管理工作，组织实施董事会决议；②组织实施公司年度经营计划和投资方案；③拟订公司的内部管理机构设置方案；④拟定公司的基本管理制度；⑤制定公司的具体规章；⑥提请聘任或者解聘公司副经理、财务负责人；⑦决定聘任或者解聘除应由董事会决定聘任或者解聘以外的管理人员；⑧董事会授予的其他职权。

3）监事会或者监事

（1）监事会的性质与组成。有限责任公司的监事会是公司的内部监督机构，其成员不得少于 3 人。《公司法》规定，股东人数较少和规模较小的有限责任公司可以只设 1 ~ 2 名监事，不设监事会。监事会由股东代表和适当比例的公司职工代表组成，其中职工代表的比例不得低于 1/3，具体比例由公司章程规定。监事会中的职工代表由公司职工通过职工代表大会、职工大会或者其他形式民主选举产生。

监事的任期为每届 3 年。监事任期届满，连选可以连任。董事、高级管理人员不得兼任监事。

（2）监事会或者监事的职权。其包括：①检查公司财务；②对董事、高级管理人员执行公司职务的行为进行监督，对违反法律、行政法规、公司章程或者股东会决议的董事、高级管理人员提出罢免的建议；③当董事、高级管理人员的行为损害公司的利益时，要求董事、高级管理人员予以纠正；④提议召开临时股东会，在董事会不履行《公司法》规定的召集和主持股东会会议职责时召集和主持股东会会议；⑤向股东会会议提出提案；⑥依照《公司法》第 152 条的规定，对董事、高级管理人员提起诉讼；⑦公司章程规定的其他职权。

4.2.4　一人公司的特别规定

《公司法》允许设立一人公司。所谓**一人公司**，是指只有一个自然人股东或者一个法人股东的有限责任公司。

一个自然人只能投资设立一家一人有限责任公司，该一人有限责任公司不能投资设立新的一人有限责任公司。一人有限责任公司不设股东会，在公司登记中注明自然人独资或者法人独资，并在公司营业执照中载明。

一人公司应当在每一会计年度终了时编制财务会计报告，并经会计师事务所审计。一人公司的股东不能证明公司财产独立于股东自己财产的，应当对公司债务承担连带责任。这样规定是为了防止一人公司的股东滥用公司法人人格与有限责任公司制度，将公司财产混同于个人财产，抽逃资产，损害债权人的利益。

4.2.5 国有独资公司的特别规定

1）国有独资公司的概念和特征

国有独资公司，是指国家单独出资，由国务院或者地方人民政府委托本级人民政府国有资产监督管理机构履行出资人职责的有限责任公司。它具有以下特征：①国有独资公司是特殊的一人公司；②国有独资公司是特殊的有限责任公司。

2）国有独资公司的组织机构

（1）国有独资公司不设股东会，由国有资产监督管理机构代表国家履行出资人职责。国有资产监督管理机构授权公司董事会行使董事会的部分职权，决定公司的重大事项，但公司的合并、分立、解散、增减注册资本和发行公司债券，必须由国有资产监督管理机构决定。其中，重要的国有独资公司合并、分立、解散、申请破产的，应由国有资产监督管理机构审核后，报本级人民政府批准。

（2）董事会成员由国有资产监督管理机构委派。董事会成员中的职工代表由公司职工代表大会选举产生。董事每届任期不超过 3 年。董事会设董事长一人，可以设副董事长。董事长、副董事长由国有资产监督管理机构从董事会成员中指定。

（3）经理由董事会聘任或者解聘。经国有资产监督管理机构同意，董事会成员可以兼任经理。

（4）监事会成员不得少于 5 人。监事会应当由股东代表和适当比例的职工代表组成，其中职工代表不得少于 1/3，具体比例由公司章程规定。监事会中的职工代表由公司职工通过职工代表大会选举产生。监事会设主席，由国有资产监督管理机构从监事会成员中指定。

4.3 股份有限公司

4.3.1 股份有限公司的概念及特征

股份有限公司又称股份公司，是指注册资本由等额股份构成，股东以其认购的股份为限对公司承担责任，公司以其全部资产对公司债务承担责任的企业法人。

股份有限公司具有以下特征：①公司的资合性。股份有限公司是一种完全而纯粹的资合性公司，对股东的身份无特殊要求，股份可以在法律规定的范围内自由转让。②资本募集的公开性。具备一定条件的股份有限公司可以通过发行股票的方式筹集社会资金。③资本的股份性。股份有限公司的资本划分为等额股份，并以股票这种有价证券的形式加以表示，每个股东持有的股份可以不同，但每股代表的金额必须相等。④股东的广泛性。我国《公司法》要求股份有限公司的发起人人数应在 2 人以上 200 人以下。⑤充分的法人性。股份有限公司具有最完备的组织机构和最为独立的财产，充分体现了法人组织的基本特征。

4.3.2　股份有限公司的设立

1）股份有限公司设立的条件

（1）发起人符合法定人数。《公司法》规定，股份有限公司的发起人应当在 2 人以上 200 人以下，其中必须有半数的发起人在中国境内有住所。

（2）有符合公司章程规定的全体发起人认购的股本总额或者募集的实收股本总额。股份有限公司的设立可以采取发起设立或者募集设立的方式。发起设立是指由发起人认购公司应发行的全部股份而设立公司。募集设立是指由发起人认购公司应发行股份的一部分，其余股份向社会公开募集或者向特定对象募集而设立公司。

采取募集方式设立的股份有限公司，注册资本为在公司登记机关登记的实收股本总额。发起人认购的股份不得少于公司股份总数的 35%；法律、行政法规另有规定的，从其规定。

采取发起方式设立的股份有限公司，注册资本为在公司登记机关登记的全体发起人认购的股本总额。在发起人认购的股份缴足前，不得向他人募集股份。发起人应当书面认足公司章程规定其认购的股份，并按照公司章程的规定缴纳出资。以非货币财产出资的，应当依法办理其财产权的转移手续。

发起人不依照规定缴纳出资的，应当按照发起人协议承担违约责任。

（3）股份发行、筹办事项符合法律规定。股份有限公司的发起人必须按照《公司法》的规定认购其应认购的股份，必须承担公司的筹办事务。

（4）发起人制定公司章程，采用募集方式设立的须经创立大会通过。股份有限公司的章程由发起人制定，它应当载明下列事项：①公司名称和住所；②公司经营范围；③公司设立方式；④公司股份总数、每股金额和注册资本；⑤发起人的姓名或者名称、认购的股份数、出资方式和出资时间；⑥董事会的组成、职权和议事规则；⑦公司法定代表人；⑧监事会的组成、职权和议事规则；⑨公司利润分配办法；⑩公司的解散事由与清算办法；⑪公司的通知和公告办法；⑫股东大会认为需要规定的其他事项。

（5）有公司名称，建立符合股份有限公司要求的组织机构。设立股份有限公司必须选定公司的名称，必须在公司的名称中标明“股份有限公司”字样，同时应依法建立法定的组织机构。股份有限公司采取发起设立方式的，应选举董事会和监事会。股份有限公司采取募集设立方式的，应依法召开创立大会，选举董事会、监事会。

（6）有公司住所。

2）股份有限公司设立的程序

（1）发起设立程序。根据《公司法》及有关法律的规定，以发起方式设立的股份有限公司，应当经过如下法律程序：①发起人发起；②公司名称的预先核准；③制定公司章程，公司章程应当由全体发起人共同同意通过，并由全体发起人在章程上签名、盖章；④发起人认购股份；⑤缴纳股款及验资；⑥选举董事会和监事会成员；⑦申请设立登记；⑧登记机关签发营业执照。

（2）募集设立程序。根据《公司法》及有关法律的规定，以募集方式设立的股份有限公司，应当经过如下法律程序：①发起人发起；②公司名称的预先核准；③制定公司章程并经创立大会通过；④发起人认购股份；⑤向社会募集股份；⑥股份认购；⑦缴纳股款及验资；⑧召开创立大会；⑨申请设立登记；⑩登记机关签发营业执照。

4.3.3 股份有限公司的组织机构

1）股东大会

股份有限公司的股东大会是由公司全体股东组成的公司权力机构。

（1）股东大会的形式和召集。股份有限公司股东大会的形式分为股东大会年会和临时股东大会两种。年会即每年按时召开一次的大会；临时会是指在年会以外有特殊情况依法召开的大会。我国《公司法》规定，有下列情形之一的，应当在两个月内召开临时股东大会：①董事人数不足《公司法》规定的人数或者公司章程所定人数的2/3时；②公司未弥补的亏损达股本总额的1/3时；③持有公司股份10%以上的股东请求时；④董事会认为必要时；⑤监事会提议召开时；⑥其他情形。

【观念应用4-4】　　召开临时股东大会的情形

股份有限公司发生的下列情形中，哪些应当在两个月内召开临时股东大会？

A. 董事人数不足公司章程所定人数的1/2时

B. 公司未弥补亏损达股本总额的1/3时

C. 持有公司股份5%的股东请求时

D. 监事会提议召开时

法律分析：本例的正确答案是A、B、D。根据《公司法》的规定，有下列情形之一的，应当在两个月内召开临时股东大会：①董事人数不足公司章程所定人数的2/3时；②公司未弥补的亏损达股本总额的1/3时；③持有公司股份10%以上的股东请求时；④董事会认为必要时；⑤监事会提议召开时。因此A、B、D选项正确，C项不正确。

股份有限公司股东大会会议由董事会负责召集，董事长主持。董事长因特殊原因不能履行职责时的处理办法与前面有限责任公司的规定相同。召开股东大会会议，应当将会议召开的时间、地点和审议的事项于会议召开20日前通知各股东，临时股东大会应当于会议召开15日以前通知各股东；发行无记名股票的，应当于会议召开30日前发布公告。

（2）股东大会的职权与表决。根据《公司法》的规定，股东大会行使11项职权，其具体内容与前面有限责任公司的内容相同，这里不再说明。

股东出席股东大会，所持每一股份有一表决权。股东可以自己出席股东大会，也可以委托代理人出席股东大会。代理人受托出席股东大会时，应当向公司提交股东授权委托书，并只能在授权范围内行使表决权。股东大会应当将所议事项的决定做成会议记录。会议记录由出席会议的股东签名，并应当与出席股东会议的股东的签名册及代理出席的委托书一并保存。

2）董事会和经理

（1）董事会的性质、组成及职权。股份有限公司的董事会是公司股东大会的执行机构，对公司股东大会负责。董事会由5～19人组成，设董事长1人，可以设副董事长。董事会成员中应有公司职工代表。

根据《公司法》的规定，有限责任公司董事会职权的规定，也适用于股份有限公司董事会，这里不再列举。

根据公司需要，董事会可以授权董事长在董事会闭会期间行使董事会的部分职权。董事会还可以决定由董事会成员兼任公司经理。

（2）董事和董事长。

其一，董事。股份有限公司的董事由股东大会按照法律和公司章程规定的决议程序选举产生。对于股份有限公司第一届董事的产生方式，《公司法》规定以发起设立方式设立的，其第一届的董事由发起人选举产生；以募集设立方式设立的，其第一届的董事由创立大会选举产生。董事任期由公司章程规定，但每届任期不得超过 3 年。董事任期届满，连选可以连任。董事在任期届满前，股东大会不得无故解除其职务。股份有限公司董事资格的限制以及董事的责任与义务，适用于有限责任公司董事的有关规定。

其二，董事长。股份有限公司董事会的董事长和副董事长由董事会以全体董事的过半数选举产生。董事长为公司的法定代表人，副董事长协助董事长工作。董事长不能履行职务时，由董事长指定的副董事长代行其职权。《公司法》规定，董事长行使下列职权：主持股东大会和召集、主持董事会会议；检查董事会决议的实施情况；签署公司股票、公司债券。

其三，董事会会议。《公司法》规定，股份有限公司的董事会每年度至少召开两次会议。除这两次法定应召开的会议外，董事会还可以根据需要随时决定召开董事会会议。董事会会议由董事长召集并主持，董事长因特殊原因不能履行职权时，由董事长指定的副董事长召集、主持。召集董事会会议，应当于会议召开 10 日以前通知全体董事；但因紧急事项召开临时董事会会议的，可以另定召集董事会的通知方式和通知时限。

董事会开会时，董事应亲自出席，董事因故不能亲自出席的，可以书面委托其他董事代为出席，委托书中应载明授权范围。董事会应当将会议所议事项做成会议记录，出席会议的董事应当在会议记录上签名。

《公司法》规定，股份有限公司的董事会须由 1/2 以上的董事出席方可举行。董事会决议必须经全体董事过半数通过，董事应当对董事会的决议承担责任。董事会决议违反法律、行政法规或者公司章程，致使公司遭受严重损失的，参与决议的董事对公司负赔偿责任，但能证明在表决时曾表明异议并记载于会议记录的，该董事可以免除责任。

（3）经理。股份有限公司的经理由董事会聘任或者解聘。经理依据法律、行政法规和公司章程的规定，负责公司的日常经营管理工作。根据《公司法》的规定，经理对董事会负责，行使与有限责任公司经理相同的职权，这里不再说明。

3）监事会

（1）监事会的性质。股份有限公司的监事会是股份有限公司依照《公司法》以及公司章程设立的，是对公司各项事务进行监督的机构。设立监事会的目的就是对董事及经理的活动实施监督，保证董事和经理正当和诚信地履行职责。

（2）监事会的组成。《公司法》规定，监事会设主席 1 人。监事会成员不得少于 3 人，其产生程序及职工代表的比例、监事任期等与前面有限责任公司的要求相同。

（3）监事会的职权。其职权与有限责任公司的相同。

【观念应用 4-5】　股份有限公司董事会的职权

某上市公司召开董事会会议，下列各项中，哪几项符合公司法律制度的规定？

A. 董事长因故不能出席会议，会议由董事长指定的副董事长甲主持

B. 通过了有关公司董事报酬的决议

C. 通过了免除乙的经理职务的决议

D. 会议记录由主持人甲和记录员丙签名后存档

法律分析：本例的正确答案是A、C。根据《公司法》的规定，董事长不能履行职权时，由董事长指定的副董事长代行其职权，故A项正确；决定董事报酬事项属于公司股东大会的职权，不属于董事会的职权，故B项错误；聘任或者解聘公司经理属于董事会职权，故C项正确；董事会应当将会议所议事项做成会议记录，由出席会议的董事和记录员在会议记录上签名，故D项错误。

4.3.4 股份有限公司的股份发行与转让

1）股份与股票

股份有限公司的股份，是指公司股东持有的公司资本或股东权益的等值份额。我国《公司法》规定，股份有限公司的资本划分为股份，每一股的金额相等，采取股票的形式。股票采用纸面形式或国务院证券管理部门规定的其他形式。作为股东所持股份的法律证明，股票应当载明公司名称，公司登记成立的日期，股票种类、票面金额及代表股份数，股票的编号等事项。股票由董事长签名、公司盖章。发起人的股票应当标明“发起人股票”字样。股份常见的分类有以下几种：

（1）根据股东承担的风险和享有的权益大小不同，股份分为普通股和特别股。普通股是股份有限公司设立的基础性股份，为股份有限公司发行股份时必须发行的股份。普通股股东在股份有限公司事务上具有平等的权利和相同的法律地位，如出席股东大会的权利、行使公司事务表决权和剩余财产分配权等。特别股是有某种特别权利或者特别义务的股份，包括优先股和后配股。

（2）根据股票票面上是否记载股东的姓名，股份分为记名股和不记名股。记名股是指股票票面上记载股东姓名的股份；不记名股是指股票票面上不记载股东姓名的股份。

《公司法》规定，公司向发起人、国家授权投资的机构、法人发行的股票，应当为记名股票，并应当记载该发起人、机构或者法人的名称，不得另立户名或者以代表人的姓名记名。对社会公众发行的股票，可以为记名股票，也可以为不记名股票。公司发行记名股票的，应当置备股东名册，并记载股东的姓名或者名称及住所、各股东所持股份数、各股东所持股票的编号、各股东取得其股份的日期等事项。公司发行不记名股票的，应当记载其股票的数量、编号及发行日期等。

（3）根据股票票面上是否记载金额，股份分为面额股与无面额股。面额股是指股票票面上记载股份金额的股份或股票；无面额股是指股票票面上不记载股份金额的股份或股票。目前，我国法律不允许发行无面额股票。

除了上述通行的股份分类外，我国现行法律中最为典型的分类方法是将股份分为国家股、法人股、个人股和外资股。国家股是指有权代表国家投资机构或者部门向股份公司出资形成或依法定程序取得的股份。法人股是指具有法人资格的企业、事业及其他单位以其依法占有的法人资产向独立于自己的股份公司出资形成或依法定程序取得的股份。个人股是指社会个人或者本公司内部职工以个人合法财产投入公司形成的股份。外资股是指由境

外投资者以购买人民币特种股票的形式向我国公司投资形成的股份，按上市地的不同分为境内上市外资股（如以人民币标明股票面值，以外币认购、买卖的 B 股）和境外上市外资股。

2）股份发行

股份发行是指股份有限公司以筹集资本为目的，分配或出售其股份的行为。

（1）股份发行的原则。我国股份有限公司股份的发行实行公平、公正的原则，同股同权、同股同利。

（2）股份发行的一般规则。无论是设立发行还是新股发行，股份发行除应符合法定条件并履行法定程序外，还应当遵守下列规定：

第一，股份发行不得折价发行。按照股份发行价格与股票票面金额的关系，股份发行有平价发行、溢价发行和折价发行三种。平价发行也称面额发行，是指按照股票的票面金额发行股份；溢价发行是指按照高于股票票面金额的价格发行股份；折价发行是指按照低于股票票面金额的价格发行股份。我国《公司法》规定，股份发行价格可以按票面金额，也可以超过票面金额，但不得低于票面金额。

第二，股份发行必须同股同价发行。所谓同股同价发行，是指同次发行的股份，其每股发行条件和价格应当相同，不得在股份的同次发行中采用不同的发行价格和条件。

依照《公司法》的规定，股份有限公司登记成立后，即向股东正式交付股票；公司登记成立前，不得向股东交付股票。

3）股份的转让

股份转让是指股份有限公司的股东依照一定的程序将自己的股份转让他人，从而使他人成为公司股东的行为。

我国《公司法》对股份有限公司的股份转让作了以下规定：

（1）股东转让股份，必须在依法设立的证券交易所或者以国务院规定的其他方式进行。

（2）记名股票，由股东以背书方式或者法律、行政法规规定的其他方式转让，转让后由公司将受让人的姓名或者名称及住所记载于股东名册。股东大会召开前 20 日内或者公司决定分配股利的基准日前 5 日内，不得进行前款规定的股东名册的变更登记。但是，法律对上市公司股东名册变更登记另有规定的，从其规定。

（3）无记名股票的转让，由股东将该股票交付给受让人后即发生转让的效力。

（4）发起人持有的本公司股份，自公司成立之日起 1 年内不得转让。公司公开发行股份前已发行的股份，自公司股票在证券交易所上市交易之日起 1 年内不得转让。

（5）公司董事、监事、高级管理人员应当向公司申报所持有的本公司的股份及其变动情况，在任职期间每年转让的股份不得超过其所持有本公司股份总数的 25%；所持本公司股份自公司股票上市交易之日起 1 年内不得转让。上述人员离职后半年内，不得转让其所持有的本公司股份。

（6）公司不得收购本公司股份，但有下列情形之一的除外：减少公司注册资本；与持有本公司股份的其他公司合并；将股份奖励给本公司职工；股东因对股东大会作出的公司合并、分立决议持异议，要求公司收购其股份。

（7）公司不得接受本公司的股票作为抵押权的标的。

4.4 公司债券与财务会计

4.4.1 公司债券

1）公司债券的概念和种类

公司债券 是指公司依照法定程序发行的约定在一定期限内还本付息的有价证券。

依照不同的标准，公司债券可作不同的分类。

（1）记名公司债券和无记名公司债券。记名公司债券是指在公司债券上记载债权人姓名或者名称的债券。无记名公司债券是指在公司债券上不记载债权人姓名或者名称的债券。

（2）可转换公司债券与不可转换公司债券。可转换公司债券是指可以转换为公司股票的公司债券。这种公司债券在发行时规定了转换为公司股票的条件与办法。当条件具备时，债券持有人拥有将公司债券转换为公司股票的选择权。不可转换公司债券是指不能转换为公司股票的公司债券。凡在发行债券时未作出转换约定的公司债券，均为不可转换公司债券。

2）公司债券的发行和转让

我国《公司法》规定，公司为筹集生产经营资金，可以依照本法发行公司债券。因此，股份有限公司和有限责任公司都可以发行公司债券。公司发行债券必须符合《中华人民共和国证券法》规定的条件与程序。

我国《公司法》规定，公司债券可以转让，转让价格由转让人与受让人约定。公司债券在证券交易所上市交易的，按照证券交易所的交易规则转让。

根据公司债券的种类的不同，公司债券的转让有两种不同的方式。记名公司债券，由债券持有人以背书方式或者法律、行政法规规定的其他方式转让，转让后由公司将受让人的姓名或者名称及住所记载于公司债券存根簿。无记名公司债券的转让，由债券持有人将该债券交付给受让人后即发生转让的效力。

4.4.2 公司财务会计

公司应当按照国家法律、行政法规和国务院财政部门的规定，建立本公司的财务会计制度。

1）公司的财务会计报告

公司应当在每一会计年度终了时编制财务会计报告，并依法经会计师事务所审计。公司的财务会计报告主要包括：①资产负债表；②利润表；③现金流量表；④财务情况说明书；⑤利润分配表。对于上市公司，在每一会计年度的上半年结束之日，还应制作中期财务会计报告。

公司向外报送的年度会计报告必须依法经注册会计师验证，并由公司法定代表人、主管会计工作的负责人、总会计师、会计机构负责人和主管会计人员签署。有限责任公司应当按照公司章程规定的期限，将公司财务会计报告及时送交公司的各个股东。股份有限公司的财务会计报告应当在召开股东大会年会的20日以前置备于本公司，供股东查阅。公开发行股票的股份有限公司必须公告其财务会计报告。

2）公司的利润分配

（1）利润分配的顺序。公司利润是指公司在一定时间（1年）内从事经营活动的财务成果，包括营业利润、投资净收益以及营业外收支净额。公司应按如下顺序进行利润分配：①弥补以前年度的亏损，但不得超过税法规定的弥补期限；②缴纳所得税；③弥补在税前利润弥补亏损之后仍存在的亏损；④依法提取法定公积金；⑤提取任意公积金；⑥向股东分配利润。

股东会或者董事会违反规定，在弥补亏损和提取法定公积金之前向股东分配利润的，必须将违反规定分配的利润退还给公司。

（2）公积金。它分为盈余公积和资本公积两类。盈余公积是从公司税后利润中提取的公积金，分为法定盈余公积和任意盈余公积两种。法定盈余公积按照税后利润（减弥补亏损）的10%提取，当公司法定公积累计额已达到注册资本50%时可不再提取。任意盈余公积按照公司章程规定或者股东会决议，从税后利润中提取。资本公积包括资本溢价、法定财产重估增值、接受捐赠的资产价值等。

公司的公积金应当按照规定的用途使用。公司公积金的主要用途包括：一是弥补亏损。公司的亏损按照国家税法规定可以用缴纳所得税前的利润弥补，超过用所得税前的利润弥补亏损的期限后仍未补足的亏损，可以用公司税后利润抵补；发生特大亏损，税后利润仍不足抵补的，可以用公司的公积金抵补。二是转增资本。公司为实现增加资本的目的，可以将公积金的一部分转为资本，但用法定公积金转增资本时，所留存的该项公积金不得少于转增前公司注册资本的25%。三是扩大公司生产经营。

【观念应用4-6】　　法定公积金的用途

公司提取的法定公积金可以用于下列哪些项目？

A. 扩大公司生产经营　　B. 弥补公司亏损

C. 转增公司资本　　D. 改善职工福利

法律分析：本例的正确答案是A、B、C。根据《公司法》第168条的规定，公司的法定公积金可以用于选项A、B、C。

4.5 公司的合并、分立、解散和清算

4.5.1 公司合并

1）公司合并的概念和分类

公司合并是指两个或者两个以上的公司依照法定程序变更为一个公司的法律行为。

我国《公司法》明文规定，公司合并包括新设合并和吸收合并。所谓新设合并，是指两个或者两个以上的公司合并成立为一个新公司，各个合并公司同时消灭的法律行为，如甲、乙、丙三个公司合并成为一个新公司丁，甲、乙、丙同时消灭。

所谓吸收合并，又称兼并或购并，是指两个或者两个以上的公司合并时，其中一个公司吸收其他公司后继续存在，被兼并的公司消灭的法律行为，即一个公司吸收另一个或几

个公司的合并方式，如甲、乙、丙三家公司合并，甲吸收乙、丙后继续存在，而乙、丙因被吸收而消灭。

2）公司合并的程序

（1）提出并制订合并方案。公司合并必须由董事会或者执行董事制订出详细的合并方案。

（2）通过合并决议。根据我国《公司法》的规定，董事会作出的合并方案，只有经股东会通过，才能最终具有法律效力。有限责任公司和股份有限公司都要经代表2/3以上表决权的股东通过。

（3）签订合并协议。

（4）编制资产负债表和财产清单。

（5）通知并公告债权人。公司应当自作出合并决议之日起10日内通知债权人，并于30日内在报纸上公告。债权人自接到通知书之日起30日内，未接到通知书的自第一次公告之日起45日内，有权要求公司清偿债务或者提供相应的担保。公司合并时，合并各方的债权、债务，应当由合并后存续的公司或者新设的公司承继。

（6）办理公司变更或者设立登记。

4.5.2 公司分立

1）公司分立的概念和分类

公司分立是指一个公司依法分为两个或者两个以上的公司的法律行为。公司分立分为以下两种形式：一是新设分立，是指一个公司分解成两个或者两个以上的公司，原公司解散，新分立的公司成为新的公司法人。二是派生分立，是指一个公司分为一个或者几个部分，成立新的公司，新的公司取得法人资格，原公司继续存在。

2）公司分立的程序

公司分立的程序与公司合并的程序基本一致：①拟订分立方案；②通过分立协议；③编制资产负债表和财产清单；④达成债务承担的协议；⑤向债权人发出通知和公告；⑥办理相关登记手续。

4.5.3 公司解散与清算

1）公司解散的原因

《公司法》规定，公司解散的原因有以下五种情况：①公司章程规定的营业期限届满或者其他解散事由出现；②股东会或股东大会决议解散；③因公司合并或分立需要解散；④依法被吊销营业执照、责令关闭或被撤销；⑤人民法院依法予以解散。

2）公司解散时的清算

公司解散时，除因合并或者分立之外，应当依法进行清算。公司应当在解散事由出现之日起15日内成立清算组，开始清算。有限责任公司的清算组由股东组成，股份有限公司的清算组由董事或者股东大会确定的人员组成。清算组在公司清算期间代表公司进行一系列民事活动，全权处理公司经济事务和民事诉讼事务。

清算工作的程序一般如下：

（1）登记债权。清算组应当自成立之日起10日内通知债权人，并于60日内在报纸上公告。债权人应当自接到通知书之日起 30 日内，未接到通知书的自公告之日起 45 日内，向清算组申报债权。清算组应当对债权进行登记，在申报债权期间，清算组不得对债权人进行清偿。

（2）清理公司财产，制订清算方案。

3）清偿债务

在分别支付清算费用，职工的工资、社会保险费用和法定补偿金，缴纳所欠税款，清偿公司债务后，有限责任公司按照股东的出资比例分配剩余财产，股份有限公司按照股东持有的股份比例分配剩余财产。

公司被依法宣告破产的，依照有关企业破产的法律实施破产清算。

本章小结

公司是指依照公司法设立的以营利为目的的企业法人。本章阐述了有限责任公司和股份有限公司设立的条件和程序、组织机构、变更和解散，以及股份发行和转让、公司债券和公司财务会计等内容。

主要概念和观念

□ 主要概念

公司　有限责任公司　股份有限公司　国有独资公司　公司债券　一人公司　公司合并　公司分立

□ 主要观念

有限责任公司及其特征　股份有限公司及其特征　公司的合并与分立及其形式

基本训练

□ 知识题

4.1　阅读与理解

1）股东的出资有何规定？

2）有限责任公司和股份有限公司的区别是什么？

3）公司股份发行的原则和规则是什么？

4.2　知识应用

1）判断题

（1）有限公司可以不设董事会，由执行董事担任公司法定代表人。（　　）

（2）公司不得收购本公司的股票，但为减少资本而注销股份或与持有本公司股票的其他公司合并时除外。（　　）

（3）国家公务员不得兼任公司董事、监事、经理。（　　）

2）选择题

（1）有限责任公司有关（　　）的决议，必须经代表 2/3 以上表决权的股东通过。

A. 增资、减资　　B. 公司的合并、分立
C. 变更公司形式　　D. 修改公司章程

(2) 公司向(　　)发行的股票应为记名股票。
A. 发起人　　B. 社会公众
C. 法人　　D. 国家授权投资的机构

(3) 股份有限公司的监事会由(　　)组成。
A. 股东代表　　B. 经理　　C. 财务负责人　　D. 职工代表

□ 技能题

4.1 规则复习

1) 试述股份转让的限制。
2) 有限责任公司设立的条件有哪些?
3) 股份有限公司设立的条件有哪些?

4.2 操作练习

某股份有限公司由4位发起人共同发起成立，成立后的股份有限公司的总股本为人民币6 000万元，其中4位发起人共认购4 000万元，剩余2 000万元拟向社会公开发行。公司章程规定：①公司成立后，由股东大会选举董事、董事长；②由董事长指定公司总会计师；③董事、监事都必须由股东担任；④董事长为公司法定代表人。

根据以上材料，分析说明该公司的设立过程及公司章程有哪些不符合《公司法》的规定。

观念应用

□ 案例分析

股份有限公司董事会的召开

飞云股份有限公司的董事会召开年会。该公司有董事15人，本人亲自出席会议的有5人，有3人因故不能出席而电话委托他人参加会议，其中甲委托董事长代为出席，乙委托某监事代为出席，丙委托其担任董事长的另外一家公司的经理代为出席。董事会的议事日程有：决定公司的投资方案；讨论决定发行公司债券；决定公司内部机构的调整；制定公司有关具体规章。上述事项均经过出席会议的董事的过半数通过。

请问:

(1) 甲、乙、丙3名董事因故不能亲自参加此次会议，他们的委托是否合法?
(2) 此次会议的召开是否合法?
(3) 此次会议的四项议事日程中，哪些是董事会无权决定的事项?
(4) 此次会议所作出的决议，其效力如何? 为什么?

□ 单元实训

根据老师提供的有关素材，自己下载申报有限责任公司的有关表格，模拟实训申报有限责任公司的程序。

第5章

外商投资企业法

• 学习目标

通过本章学习，你应该达到以下目标：

知识目标：了解外商投资企业的概念和特征，理解合营企业、合作企业、外资企业的含义、特征，掌握外商投资企业设立的条件、程序、出资方式、组织机构、经营管理等方面的知识。

技能目标：一是正确区分合营企业与合作企业的异同；二是理解并掌握合营企业的出资方式、投资总额与注册资本的法定比例；三是掌握外资企业的出资方式及期限。

能力目标：熟悉外商投资企业的设立条件及程序；熟悉“三资”企业的组织形式、组织机构、出资方式等具体内容，并能进行比较；能理论联系实际，解决合营企业、合作企业在设立过程中的有关实际问题。

引例

合营企业各方的出资义务

2010 年 2 月，中国内地 A 公司与中国香港 B 公司经友好协商达成协议，共同投资兴办房地产合资经营企业。合同约定：A 公司以其所有的土地使用权、厂房及附属设施作价 300 万美元出资，B 公司以 600 万美元现金出资，双方应在营业执照副本批准的有效期内投入资本，足额缴纳认缴的出资额。2010 年 4 月，合资公司取得企业法人营业执照，正式成立。2011 年 5 月，合资公司取得企业法人营业执照副本，该副本的有效期为 2011 年 5 月 8 日至 2012 年 5 月 7 日。公司成立后，B 公司按时缴付了出资额，而 A 公司直至 2014 年仍未办理作为其出资的厂房及附属设施的过户手续，也未支付违约金。A 公司认为，土地使用权的过户手续应当根据房地产项目的开发情况办理过户，而房产虽未过户，但未影响合资公司的运作，因此，不能视为违约。

合营企业的合同是合营企业设立的基本法律文件。本例中，A 公司应当同步履行出资义务，其不办理土地使用权、厂房及附属设施过户手续的行为，已违反了合资合同中中国现行法律、法规对出资义务的规定，损害了 B 公司和合资公司的合法权益，A 公司应继续履行出资义务，并承担违约责任。

5.1 外商投资企业法概述

外商投资企业，即中外合资经营企业、中外合作经营企业和外资企业，是我国经济法中一个重要的经济主体，其法律形式表现为《中华人民共和国中外合资经营企业法》、《中华人民共和国中外合作经营企业法》和《中华人民共和国外资企业法》。

5.1.1 外商投资企业的概念和特征

外商投资企业，是指依照中华人民共和国法律的规定，在中国境内设立的，由中国投资者和外国投资者共同投资或者仅由外国投资者投资的企业。外商投资企业一般有以下特征：

第一，外商投资企业是中国投资者和外国投资者共同投资设立的企业，或者是仅由外国投资者投资设立的企业。前者是指中外合资经营企业、中外合作经营企业，后者是指外资企业。根据《宪法》和有关法律的规定，中国投资者包括中国的企业或者其他经济组织，外国投资者包括外国的企业和其他经济组织或个人。由于公司是企业的一种组织形式，因此，中国的企业和外国的企业当然分别包括中国的公司和外国的公司。

第二，外商投资企业是依照中国有关法律规定设立的企业。无论是企业的设立还是企业的整个经营活动都应当按照中国法律的规定进行。外商投资企业根据中国法律的规定享受权利，同时必须遵守中国法律。这一点就把它与依照外国法律设立的，在我国境内从事一定生产经营活动的外国企业的分支机构区分开来。

第三，外商投资企业是在中国境内举办的具有中国国籍的企业。无论是否具有法人资格，外商投资企业都具有中国国籍，只能受中国法律管辖。

第四，外商投资企业是外国投资者以私人直接投资的方式设立的企业，即既不是政府投资，也不是间接投资。

5.1.2 外商投资企业法的概念

外商投资企业法，是确认外商投资企业的法律地位，调整外商投资企业在设立、变更、终止和经营管理过程中发生的经济关系的法律规范的总称。

随着我国投资环境的改善、投资领域的拓宽和开放地区的扩大，外商投资企业获得了空前发展。与之相适应，我国的外商投资企业法也获得了迅速发展，形成了一个比较完善的体系。它主要包括《中华人民共和国中外合资经营企业法》（1979 年 7 月 1 日通过，1990 年 4 月 4 日修正，2001 年 3 月 15 日第二次修正），《中华人民共和国外资企业法》（1986 年 4 月 12 日通过，2000 年 10 月 31 日修正），《中华人民共和国中外合作经营企业法》（1988 年 4 月 13 日通过，2000 年 10 月 31 日修正），以及国务院制定的有关法规。

5.1.3 外商投资企业法的基本原则

1）维护国家主权原则

国家主权是一个国家所固有的处理其国内和国际事务而不受他国干预和限制的一种最高权力，是国家独立自主的具体体现。任何形式的外商投资企业都必须遵守我国的法律，维护我国主权。这一原则在外商投资企业活动中的具体体现是：外商投资企业的设立必须经中国政府审批机关的批准并依法办理登记注册手续；外商投资企业均为中国国籍的企业；外商投资企业必须接受中国法律的管辖，遵守中国法律、法规，维护中国的社会公共利益等。维护国家主权是我国外商投资企业法的最基本的原则。

2）贯彻平等互利原则

平等互利既是商品经济的内在要求，又是国际经济贸易所公认的基本原则。这一原则是我国对外开放的基本前提，也是外商来我国投资办厂的法律基础。这一原则在外商投资企业活动中的具体体现是：举办合营、合作企业必须经过合营、合作双方充分协商，达成协议；合营企业或合作企业按比例或合同约定分享利润、分担风险及亏损；组织管理机构人员由各方协商确定或选举产生等。只有坚持平等互利原则，才能吸引外商投资，办好“三资”企业。

3）参照国际惯例原则

国际惯例是在国际交往中逐渐形成的不成文的原则、准则和规则，并被世界各国公认具有法律效力。我国的对外开放表明我国已经加入到国际经济贸易的大循环之中，这就要求我国不仅要考虑本国的客观实际，而且还要充分考虑国际投资中那些行之有效、普遍公认的习惯做法，以丰富和完善我国的外商投资立法。这一原则在外商投资企业活动中的具体体现是：我国给予外商投资企业在开始获利的前几年减免所得税的优惠待遇；合营企业的管理机构采用董事会形式，合作企业则可因组织形式不同分别采用董事会或联合管理机构等不同形式；对外国投资者的合法权益依法给予保护等。这对于鼓励外国投资者来中国投资起到了积极的促进作用。

5.2 中外合资经营企业法

中外合资经营企业 是指中国合营者与外国合营者依照中华人民共和国法律的规定，

在中国境内共同投资、共同经营，并按投资比例分享利润、分担风险及亏损的企业，简称合营企业。

从广义上讲，中外合资经营企业法是指调整中外合资经营企业的设立、变更、终止和经营管理过程中发生的经济关系的法律规范的总称。从狭义上讲，中外合资经营企业法是指《中华人民共和国中外合资经营企业法》（以下简称《合营企业法》）及其《实施条例》（1983 年 9 月 20 日国务院发布，2011 年 1 月 8 日《国务院关于废止和修改部分行政法规的决定》第四次修订）。

5.2.1 合营企业的设立

1）设立合营企业的条件

在中国境内设立的合营企业，应当能够促进中国经济的发展和科学技术的提高，有利于社会主义现代化建设。国家鼓励、允许、限制或者禁止设立合营企业的行业，按照国家指导外商投资方向的规定及外商投资产业指导目录执行。

《实施条例》第 4 条规定，申请设立合营企业有下列情况之一的，不予批准：①有损中国主权的；②违反中国法律的；③不符合中国国民经济发展要求的；④造成环境污染的；⑤签订的协议、合同、章程显属不公平，损害合营一方权益的。

2）设立合营企业的申请

要在中国境内设立合营企业，应由中国合营者向企业主管部门呈报拟与外国合营者设立合营企业的项目建议书和初步可行性研究报告。该建议书和可行性研究报告经企业主管部门审查同意并转报审批机关批准后，合营各方才能进行以可行性研究报告为中心的各项工作，并在此基础上签订合营企业的协议、合同和章程。

合营企业协议是指合营各方对设立合营企业的某些要点和原则达成一致意见而订立的文件；合营企业合同是指合营各方为设立合营企业就相互权利、义务关系达成一致意见而订立的文件；合营企业章程是指按照合营企业合同规定的原则，经合营各方一致同意，规定合营企业的宗旨、组织原则和经营管理方法等事项的文件，合营企业章程是合营企业的行为准则。

合营企业协议、合同和章程经审批机构批准后生效，其审批机构和登记管理机构对合营企业合同、章程的执行负有监督检查的责任。

申请设立合营企业，由中外合营者共同向审批机构报送以下文件：①设立合营企业的申请书；②合营各方共同编制的可行性研究报告；③由合营各方授权代表签署的合营企业协议、合同和章程；④由合营各方委派的合营企业董事长、副董事长、董事人选名单；⑤审批机构规定的其他文件。

3）设立合营企业的审批与登记

中华人民共和国对外经济贸易主管部门及其委托的有关省、自治区、直辖市、人民政府或国务院有关部、局是合营企业的审批机关，审批机关自接到全部申请文件之日起，3 个月内决定是否批准，审批机构如发现报送文件有不当之处，应要求限期修改，否则不予批准。

申请者应在收到批准证书后 1 个月内到国家工商行政管理局或其授权的地方工商行政管理局办理登记手续。合营企业的营业执照签发日期，即为该合营企业的成立日期。合营企业成立后，取得中国法人资格，其合法权益受中国法律保护。

5.2.2 合营企业的组织形式、权力机构和经营管理机构

1）合营企业的组织形式

《合营企业法》第 4 条规定："合营企业的形式为有限责任公司。"合营各方对合营企业的责任以各自认缴的出资额为限。作为有限责任公司股东的合营各方以其认缴的出资额为限对企业承担有限责任，合营企业以其全部资产对其债务承担责任。

【观念应用 5-1】 筹建的服装厂属于什么性质

中国内地某厂与中国香港某公司经多次接触和洽谈，双方有意共同建立服装厂，为此签署了意向书。意向书中写明：由港方提供技术、设备和大部分资金，内地某厂提供厂房和小部分资金，双方共同经营、共负盈亏。

请问：该服装厂属于哪一种类型外商投资企业？

法律分析：筹建的服装厂属于中外合资经营企业。中外双方共同投资、共同经营、共负盈亏是合营企业的本质特征。

2）合营企业的权力机构

董事会是合营企业的最高权力机构，决定合营企业的一切重大事项。董事会由合营各方参照出资比例协商确定的董事组成，成员不得少于 3 人。董事长和副董事长由合营各方协商确定或由董事会选举产生，中外合营者的一方担任董事长的，另一方担任副董事长。董事长是合营企业的法定代表人。董事由合营各方委派，任期 4 年，经合营各方继续委派可以连任。

董事会会议每年至少召开 1 次。经 1/3 以上的董事提议，可以由董事长召开董事会临时会议。董事会会议有 2/3 以上的董事出席方能举行。下列事项由出席董事会会议的董事一致通过方可作出决议：合营企业章程的修改；合营企业的终止、解散；合营企业注册资本的增加、减少；合营企业合并、分立。关于其他事项，可以根据合营企业章程载明的议事规则作出决议。

3）合营企业的经营管理机构

合营企业的经营管理机构负责企业的日常经营管理工作，是合营企业的执行机构。经营管理机构设总经理 1 人，副总经理若干人，其他高级管理人员若干人。总经理执行董事会的各项决议，组织领导企业的日常经营管理工作。在董事会的授权范围内，总经理对外代表合营企业，对内任免下属人员，行使董事会授予的其他职权。副总经理协助总经理工作。

总经理、副总经理由董事会聘请，可以由中国公民担任，也可以由外国公民担任。经董事会聘请，董事长、副董事长、董事可以兼任总经理、副总经理或者其他高级管理人员。

合营企业可以根据生产经营需要，自行确定其机构设置和人员编制。

合营企业需要在国外和港澳地区设立分支机构（含销售机构）时，应报国家对外经济贸易主管部门批准。

【小思考 5-1】

外商投资企业的组织形式可以是股份有限公司吗?

答：我国《合营企业法》有关合资企业的组织形式只规定了有限责任公司，但 1995 年 1 月原外经贸部下发了《关于设立外商投资股份有限公司若干问题的暂行规定》(以下简称《暂行规定》)，其中明确“为进一步扩大国际经济技术合作和交流，引进外资，促进社会主义商品经济的发展，外国的公司、企业和其他经济组织或个人，按照平等互利的原则，可与中国的公司、企业或其他经济组织在中国境内共同举办外商投资股份有限公司”。《暂行规定》把股份有限公司设立分为发起设立和募集设立，对公司的注册资本、改制为股份公司的条件等都作了规定，已有的中外合资经营企业、中外合作经营企业、外资企业符合规定的也可以申请转变为股份有限公司。对外商投资的股份有限公司而言，则要符合《公司法》与外商投资企业法的有关规定。

5.2.3 合营企业的投资

1）合营企业的注册资本与投资总额

合营企业的注册资本是指为设立合营企业在登记管理机构登记的资本总额，应为合营各方认缴的出资额之和。合营企业的注册资本一般应以人民币表示，也可以用合营各方约定的外币表示，其注册资本不同于投资总额。**合营企业的投资总额**是指按照合营企业合同、章程规定的生产规模、需要投入的基本建设资金和生产流动资金的总和，包括注册资本和企业借款。

为保证合营企业获得合理的股本利润率，避免承受过多的举债负担，防止合营企业利用小额注册资本逃避大量资金投入带来的风险，促使合营企业各方更多地投入资本，国家工商行政管理局在 1987 年 3 月 1 日公布了《关于中外合资经营企业注册资本与投资总额比例的暂行规定》。该规定对合营企业的注册资本与投资总额比例作了如下具体要求：①投资总额在 300 万美元以下（含 300 万美元）的，其注册资本至少应占投资总额的 7/10。②投资总额在 300 万美元以上至 1 000 万美元（含 1 000 万美元）的，其注册资本至少应占投资总额的 1/2；其中投资总额在 420 万美元以下的，注册资本不得低于 210 万美元。③投资总额在 1 000 万美元以上至 3 000 万美元（含 3 000 万美元）的，其注册资本至少应占投资总额的 2/5；其中投资总额在 1 250 万美元以下的，注册资本不得低于 500 万美元。④投资总额在 3 000 万美元以上的，其注册资本至少应占投资总额的 1/3；其中投资总额在 3 600 万美元以下的，注册资本不得低于 1 200 万美元。

合营企业的注册资本在企业合营期内不得减少，确需减少的，须经审批机构批准。其中，外国合营者的投资比例一般不低于 25%。合营一方在征得合营他方同意的情况下，可以将其全部或部分出资额向第三人转让。同等条件下，合营他方有优先购买权。合营企业注册资本的增加、转让或以其他方式处置，应由董事会会议通过，并报原审批机构批准，向原登记机构办理变更登记手续。

2）合营企业的出资方式

合营企业各方都可以用下列方式出资：一是用货币出资，即用现金出资；二是用实物出资，即用建筑物、厂房、机器设备或其他物料作价出资；三是用工业产权、专有技术、场地使用权等作价出资。

以实物、工业产权、专有技术作价出资的，其作价由合营各方按照公平合理的原则协商确定，或聘请合营各方认可的第三者评定。不管合营各方出资方式是什么，都必须折合成同一种货币，以便确定合营各方的出资比例。作为外国合营者出资的机器设备或者其他物料，应当是合营企业生产所必需的，其作价不得高于同类机器设备或者物料的当时的国际市场价格。

作为外国合营者出资的工业产权或专有技术，必须符合下列条件之一：①能显著改进现有产品的性能、质量，提高生产效率的；②能显著节约原材料、燃料、动力的。

作为外国合营者出资的机器设备或其他物料、工业产权或专有技术应经中国合营者的企业主管部门审查同意，报审批机构批准。合营各方缴付出资额后应由中国注册的会计师验资，出具验资报告，由合营企业据以发给出资证明书。

3）合营企业的出资期限

合营合同中规定一次缴清出资的，合营各方应从营业执照签发之日起 6 个月内缴清。合营合同中规定分期缴付出资的，合营各方第一期出资不得低于各自认缴出资额的 15%，并应在营业执照签发之日起 3 个月内缴清。合营企业投资者分期出资的总期限如下：

（1）注册资本在 50 万美元以下（含 50 万美元）的，最后缴付时限为营业执照核发之日起 1 年内。

（2）注册资本为 50 万 ~100 万美元（含 100 万美元）的，最后缴付时限为营业执照核发之日起 1.5 年内。

（3）注册资本为 100 万 ~300 万美元（含 300 万美元）的，最后缴付时限为营业执照核发之日起 2 年内。

（4）注册资本为 300 万 ~1 000 万美元（含 1 000 万美元）的，最后缴付时限为营业执照核发之日起 3 年内。

（5）注册资本在 1 000 万美元以上的，最后缴付时限由审批机构按实际情况确定。

合营各方未能在上述期限内缴付出资的，视作合营企业自动解散，合营企业批准证书自动失效。

合营各方缴付第一期出资的，超过合营合同规定的其他任何一期出资期限 3 个月，仍未出资或出资不足时，由工商行政管理机关会同原审批机关发出通知，要求合营各方在 1 个月内缴清出资。未按上述通知期限缴清出资的，原审批机关有权撤销对该合营企业的批准证书。

合营一方未按照合营合同的规定如期缴付或缴清其出资的，即构成违约。守约方应当催告违约方在 1 个月内缴付或缴清出资。逾期仍未缴付或缴清的，视同违约方自动退出合营企业，守约方可以依法要求违约方赔偿因未缴付或缴清出资造成的经济损失。

5.2.4　合营企业的经营管理工作

1）物资购买

合营企业所需的机器设备、原材料、燃料、配套件、运输工具和办公用品等物资，有权自行决定在中国购买或向国外购买。

2）产品销售

国家鼓励合营企业向中国境外销售产品。出口产品可由合营企业直接或与其有关的委托机构向国外市场出售，也可通过中国的外贸机构出售。合营企业的产品也可在中国市场销售。

3）合营企业的财务会计制度与利润分配

合营企业的财务会计制度，应根据中国有关法律和财务会计制度的规定，结合合营企业的实际情况加以制定，并报当地财政部门、税务部门备案。合营企业会计采用国际通用的权责发生制和借贷记账法记账。一切自制凭证、账簿、报表必须用中文书写，也可以同时用合营各方商定的一种外文书写。合营企业原则上采用人民币为记账本位币，但经合营各方商定，也可以采用某一种外币为本位币。以外币记账的合营企业，除编制外币的会计报表外，还应另编折合人民币的会计报表。

合营企业的利润包括营业利润、投资净收益和营业外收支净额。合营企业缴纳所得税后的利润按下列顺序分配：①支付各项赔偿金、违约金、滞纳金、罚息、罚款；②弥补企业以前年度亏损；③提取储备基金、企业发展基金和职工奖励及福利基金；④向投资人分配利润。

合营企业的税后利润中可向投资人分配的利润，按照投资人的实际出资比例进行分配。合营企业以前年度尚未分配的可向投资人分配的利润，可并入本年度的可向投资人分配的利润进行分配。

4）劳动管理和工会

合营企业职工的招收、招聘、辞退、辞职、工资、福利、劳动保险、劳动保护、劳动纪律等事宜，按照国家有关劳动和社会保障的规定办理。合营企业的工资、奖励制度必须符合按劳分配、多劳多得的原则。合营企业职工有权按照《工会法》和《中国工会章程》的规定，建立基层工会组织，开展工会活动。合营企业工会是职工利益的代表，有权代表职工同合营企业签订劳动合同，并监督合同的执行。合营企业董事会会议讨论合营企业的发展规划、生产经营活动等重大事项时，工会的代表有权列席会议，反映职工的意见和要求。董事会会议研究决定有关职工奖惩、工资制度、生活福利、劳动保护和保险等问题时，工会的代表有权列席会议，董事会应当听取工会的意见，取得工会的合作。合营企业应当积极支持本企业工会的工作。合营企业应当按照《工会法》的规定为工会组织提供必要的房屋和设备，用于办公、会议、举办职工集体福利、文化、体育事业。合营企业每月按企业职工实际工资总额的2%拨交工会经费，由本企业工会按照中华全国总工会制定的有关工会经费管理办法使用。

5.2.5 合营企业的期限、解散与清算

1）合营企业的期限

《合营企业法》第13条规定："合营企业的合营期限，按不同行业、不同情况，作不同的约定。有的行业的合营企业，应当约定合营期限；有的行业的合营企业，可以约定合营期限，也可以不约定合营期限。"那么，什么样的合营企业应当约定合营期限呢？根据《中外合资经营企业合营期限暂行规定》第3条的规定，举办合营企业，属于下列行业或者情况的，合营各方应当依照国家有关法律、法规的规定，在合营合同中约定合营期限：

一是服务性行业的，如饭店、公寓、写字楼、娱乐、饮食、出租汽车、彩扩洗相、维修、咨询等；二是从事土地开发及经营房地产的；三是从事资源勘查开发的；四是国家规定限制投资项目的；五是国家其他法律、法规规定需要约定合营期限的。

约定合营期限的合营企业，合营各方同意延长合营期限的，应当在距合营期满6个月前向审批机关提出申请。审批机关应自接到申请之日起1个月内决定批准或不批准。

2）合营企业的解散

合营企业的解散，是指合营企业基于法定或约定事由的出现而归于终止。已开业的合营企业，具有下列情况之一时解散：①合营期限届满；②合营企业发生严重亏损，无力继续经营；③合营一方不履行合营企业协议、合同、章程规定的义务，致使企业无法继续经营；④合营企业因自然灾害、战争等不可抗力遭受严重损失，无法继续经营；⑤合营企业未达到其经营目的，同时又无发展前途；⑥合营企业合同、章程所规定的其他解散原因已经出现。

在发生上述第②④⑤⑥种情况时，由董事会提出解散申请书，报审批机关批准。第③种情况发生时，由履行合同的一方提出申请，报审批机关批准。不履行合营企业协议、合同、章程规定的义务的一方，应对解散合营企业造成的损失负赔偿责任。

3）合营企业的清算

合营企业清算的内容主要是企业债务的清偿与剩余财产的分配。合营企业以其全部资产对其债务承担责任。

合营企业宣告解散时，董事会应提出清算的程序、原则和清算委员会人选，报企业主管部门审核并监督清算。清算委员会的成员一般应在合营企业的董事中选任，董事不能担任或不适合担任清算委员会成员时，合营企业可聘请在中国注册的会计师、律师担任。审批机关认为必要时，可派人进行监督。

清算期间，清算委员会代表合营企业进行民事活动和参加诉讼。清算委员会的任务是对合营企业的财产、债权、债务进行全面清查，编制资产负债表和财产目录，提出财产作价和计算依据，制订清算方案，提请董事会会议通过后执行。

合营企业进行清算时，其资产净额或者剩余财产减去企业未分配利润、各项基金和清算费用后的余额，超过实缴资本的部分为清算所得，应当缴纳所得税。税后剩余财产按照合营各方的出资比例进行分配，但合营企业协议、合同、章程另有规定的除外。

合营企业的清算工作结束后，由清算委员会提出清算结束报告，提请董事会会议通过后，报告原审批机关，并向原登记主管机关办理注销登记手续，缴销营业执照。该合营企业归之于终止。

5.3 中外合作经营企业法

中外合作经营企业 *是指中国合作者与外国合作者依照中华人民共和国法律的规定，在中国境内共同举办的，按合作企业合同的约定分配收益或者产品，并分担风险和亏损的企业，简称合作企业。*

合作企业属于契约式的合营企业。中外合作者的投资或者提供的合作条件，并不折算成股份。因此，也就不存在按持有股份和比例分配收益或者产品、分担风险和亏损的问题。中外合作者按何种比例进行收益或者产品的分配、风险和亏损的分担，是在合作企业合同中约定的，这同中外合资经营企业这种股权式的合营企业是有明显区别的。两者的另一个显著区别是：中外合作者可以共同举办具有中国法人资格的合作企业，也可以共同举办不具有中国法人资格的合作企业，而依法在中国境内设立的中外合资经营企业都是中国法人。

从广义上讲，中外合作经营企业法是调整中外合作经营企业设立、变更、终止和经营管理过程中发生的经济关系的法律规范的总称。从狭义上讲，它是指《中华人民共和国中外合作经营企业法》（以下简称《合作企业法》）及其《实施细则》。

5.3.1 合作企业的设立

1）设立合作企业的条件

在中国境内举办合作企业，应当符合国家的发展政策和产业政策，遵守国家关于指导外商投资方向的规定。《合作企业法》第4条规定："国家鼓励举办产品出口的或者技术先进的生产型合作企业。"产品出口企业是指产品主要用于出口，年度外汇总收入有结余的生产型企业；技术先进企业是指外国投资者提供先进技术，从事新产品开发，实现产品升级换代，提高产品质量，增强产品的国际竞争力，以增加出口创汇或者替代进口的生产型企业。

2）设立合作企业的申请、审批和登记

申请设立合作企业，应当将中外合作者签订的协议、合同、章程等文件报国家对外经济贸易主管部门或者国务院授权的部门和地方政府审查批准。审查批准机关应当自接到申请之日起45天内决定批准或不批准。合作企业应当自接到批准证书之日起30天内向工商行政管理机关申请登记，领取营业执照。营业执照的签发日期为合作企业的成立日期。合作企业应当自成立之日起30天内向税务机关办理税务登记。

5.3.2 合作企业的组织形式和管理机构

1）合作企业的组织形式

合作企业包括依法取得中国法人资格的合作企业和不具有法人资格的合作企业。《合作企业法》第2条第2款规定："合作企业符合中国法律关于法人条件的规定的，依法取得中国法人资格。"合作企业依法取得中国法人资格的，为有限责任公司。除合作企业合同另有约定外，合作各方以其投资或者提供的合作条件为限对合作企业承担责任。合作企业以全部资产对合作企业的债务承担责任。不具有法人资格的合作企业的合作各方的关系是一种合伙关系。

2）合作企业的管理机构

合作企业的管理机构包括权力机构和经营管理机构。合作企业设董事会或者联合管理委员会，董事会或者联合管理委员会是合作企业的权力机构，按照合作企业章程的规定，决定合作企业的重大问题。

董事会或者联合管理委员会成员不得少于3人，其名额的分配由中外合作者参照其投资或者提供的合作条件协商确定。董事会董事或者联合管理委员会委员由合作各方自行委派或者撤换。董事或者委员的任期由合作企业章程规定，但每届任期不得超过3年。董事或者委员任期届满，委派方继续委派的可以连任。

董事会董事长、副董事长或者联合管理委员会主任、副主任的产生办法由合作企业章程规定。中外合作者的一方担任董事长、主任的，副董事长、副主任由他方担任。董事长或者主任是合作企业的法定代表人，其因特殊原因不能履行职务时，应当授权副董事长、副主任或者其他董事、委员对外代表合作企业。

董事会会议或者联合管理委员会会议每年至少召开 1 次。1/3 以上董事或者委员可以提议召开董事会会议或者联合管理委员会会议。董事会会议或者联合管理委员会会议应当由 2/3 以上董事或者委员出席方能举行。

下列事项由出席董事会会议或者联合管理委员会会议的董事或者委员一致通过，方可作出决议：合作企业章程的修改；合作企业注册资本的增加或者减少；合作企业的解散；合作企业的资产抵押；合作企业合并、分立和变更组织形式；合作各方约定由董事会会议或者联合管理委员会会议一致通过方可作出决议的其他事项。

合作企业设经营管理机构，负责企业的日常经营管理工作。经营管理机构设总经理 1 人，由董事会或者联合管理委员会聘任、解聘，他对董事会或者联合管理委员会负责。总经理及其他高级管理人员可以由中国公民担任，也可以由外国公民担任。

3）合作企业的委托管理制

合作企业成立后委托合作各方以外的他人经营管理的，必须经董事会或者联合管理委员会一致同意，并应当与被委托人签订委托经营管理合同，报送审批机关批准。

5.3.3　合作企业的投资与合作条件

合作各方应当依照有关法律、行政法规的规定和合作企业合同的约定，向合作企业投资或者提供合作条件。合作各方对合作企业的投资或者提供的合作条件可以是货币，也可以是实物或者工业产权、专有技术、土地使用权等财产权利。

在依法取得中国法人资格的合作企业中，外国合作者的投资比例一般不低于合作企业注册资本的 25%。在不具有法人资格的合作企业中，对合作各方向合作企业投资或者提供合作条件的具体要求，由对外经济贸易主管部门规定。

合作各方应当根据合作企业的生产经营需要，依照有关法律、行政法规的规定，在合作企业合同中约定向合作企业投资或者提供合作条件的期限。合作各方应当如期履行缴足投资、提供合作条件的义务。逾期不履行的，工商行政管理机关应当限期履行；限期届满仍未履行的，审查批准机关应当撤销合作企业的批准证书，工商行政管理机关应当吊销合作企业的营业执照，并予以公告。未依照合同约定缴纳投资或者提供合作条件的一方应对他方承担违约责任。

5.3.4　合作企业的经营管理

1）合作企业自主地进行经营管理活动

合作企业在批准的合作企业协议、合同、章程范围内，依法自主地开展业务、进行经营管理活动，不受任何组织或者个人的干涉；合作企业按照经批准的经营范围和生产经营规模，自行制订生产经营计划，政府部门不得责令合作企业执行政府部门确定的生产经营计划。

2）合作企业的物资购买和产品销售

合作企业在经批准的经营范围内所需的原材料、燃料等物资，按照公平、合理的原则，可以在国内市场或者国际市场购买，但不得以高于国际市场同类产品的价格进口物资。

合作企业可以出口本企业生产的产品，可以自行向国际市场销售其产品，也可以委托国外的销售机构或者中国的外贸公司代销或者经销其产品。销售产品的价格，由合作企业依法自行确定，但不得以明显低于合理的国际市场同类产品的价格出口产品，产品应当按照经批准的合作企业合同的约定销售。

3）合作企业的收益分配与外国合作者投资的回收

合作企业的各方出资者，根据平等互利的原则，应当依法在合作企业合同中约定收益或者产品的分配方式及比例。合作企业在分配方式上，可以实行利润分成，也可以实行产品分成。产品分成一般是在资源开发项目中采用的。至于利润分成、产品分成的比例，合作各方可约定在合作前期外方多分、合作后期中方多分，或者在合作中外方通过多分先行回收投资，合作期满后，合作企业全部固定资产归中方合作者所有。

外国合作者在合作期限内可以申请按照下列方式先行回收其投资：①在按照投资或者提供合作条件进行分配的基础上，在合作企业合同中约定扩大外国合作者的收益分配方式；②经财政税务机关按照国家有关税收的规定审查批准，外国合作者在合作企业缴纳所得税前回收投资；③经财政税务机关和审查批准机关批准的其他回收投资方式。需要指出的是，在合作企业的亏损弥补前，外国合作者不得先行回收投资。

【观念应用5-2】　外国合作者先行回收投资需履行什么手续？

中方甲公司与日方乙公司商定，共同组建一家中外合作经营企业，合作经营期限为15年。日方乙公司在合作期的前10年通过利润分成的办法（税前）先行回收其投资，期满后全部固定资产归中方所有。

请问：外国合作者可以先行回收投资吗？应履行什么手续？

法律分析：根据《合作企业法》的规定，合作企业合同约定外国合作者在税前先行回收投资的，必须向财政税务机关提出申请，由其依照国家税收的规定审查批准。

5.3.5 合作企业的期限、解散与清算

1）合作企业的期限

一般来说，生产型的合作企业，特别是其中的产品出口企业和先进技术企业，应当比非生产型合作企业的合作期限更长一些。而同样是生产型合作企业或非生产型合作企业，由于各个行业的情况不同，也不宜规定统一的期限。因此，《合作企业法》第24条规定，合作企业的合作期限由中外合作者协商并在合作企业合同中订明。中外合作者同意延长合作期限的，应当在距合作期满180天前向审查批准机关提出申请，审查批准机关应当自接到申请之日起30天内决定批准或者不批准。

2）合作企业的解散

合作企业具有下列情形之一时解散：①合作期限届满；②合作企业发生严重亏损，或者因不可抗力遭受严重损失，无力继续经营；③中外合作者一方或者数方不履行合

作企业合同、章程规定的义务，致使合作企业无法继续经营；④合作企业合同、章程中规定的其他解散原因已经出现；⑤合作企业违反法律、行政法规的规定，被依法责令关闭。

上述第②和第④项情形发生时，应当由合作企业的董事会或者联合管理委员会作出决定，报审查批准机关批准。在第③项情形下，不履行合作企业合同、章程规定的义务的一方或者数方，应当对履行合同的他方因此遭受的损失承担赔偿责任；履行合同的一方或数方有权向审查批准机关提出申请，解散合作企业。

合作企业期满或者提前终止，应当向工商行政管理机关和税务机关办理注销登记手续。

3）合作企业的清算

合作企业期满或者提前终止，应当依照法定程序对资产和债权、债务进行清算。中外合作者应当依照合作企业合同的约定确定合作企业财产的归属。

【小思考 5-2】

合营企业与合作企业有何区别？

答：二者的区别在于：①企业的性质不同；②企业的组织形式部分不同；③组织机构不同；④资本的运行过程不同；⑤终止时财产归属不同；⑥出资方式不同；⑦分享利润及承担风险的依据不同。

5.4 外资企业法

外资企业，即外商来我国举办的独资企业。*它是指依照中华人民共和国法律的规定，在中国境内设立的，全部资本由外国投资者投资的企业。*它不包括外国的企业和其他经济组织在中国境内的分支机构。

外资企业不同于合营企业、合作企业的主要特征是：它的全部资本是由外国投资者投资的；合营企业、合作企业的资本是由中外合营者或中外合作者共同投资的。与此相联系的另一个重要特征是：外资企业是由外国投资者经营的；合营企业是由中外合营者共同经营的，合作企业除了少数实行委托管理制以外，一般也是由中外合作者共同经营。

从广义上讲，外资企业法是调整外资企业设立、变更、终止和经营管理过程中发生的经济关系的法律规范的总称。从狭义上讲，外资企业法是指《中华人民共和国外资企业法》（以下简称《外资企业法》）及其《实施细则》（2014 年 2 月 19 日国务院令第 648 号修订）。

5.4.1 外资企业的设立

1）设立外资企业的条件

根据《外资企业法》第 3 条的规定，设立外资企业必须有利于中国国民经济的发展。国家鼓励举办产品出口或者技术先进的企业。国家禁止或者限制设立企业的行业由国务院规定。

2）设立外资企业的程序

（1）申请。外国投资者应当依法向拟设立外资企业所在地的县级或县级以上人民政府提交报告。该地人民政府应当在收到外国投资者提交的报告之日起30天内以书面形式答复外国投资者。外国投资者应当通过拟设立外资企业所在地的县级或县级以上人民政府向审批机关提出申请，并报送有关文件。

（2）审批。设立外资企业的申请，由国家对外经济贸易主管部门或者国务院授权的机关审查批准，审批期限为90天。审批机关审查后，发给批准证书。

（3）登记。外国投资者应当在接到批准证书之日起30天内，向国家工商行政管理总局或者由国家工商行政管理总局授权的地方工商行政管理局申请开业登记，领取营业执照。符合中国法律关于法人条件规定的，依法取得中国法人资格。营业执照的签发日期，为外资企业的成立日期。外国投资者应当于企业成立之日起30天内向税务机关办理税务登记。

5.4.2 外资企业的组织形式、注册资本与出资方式

1）外资企业的组织形式

根据《外资企业法》的规定，外资企业的组织形式为有限责任公司，经批准也可以为其他责任形式。

外资企业为有限责任公司的，外国投资者对企业的责任以其认缴的出资为限，外资企业以其全部资产对其债务承担责任。外资企业为其他责任形式的，外国投资者对企业的责任适用中国法律、法规的规定。

2）外资企业的注册资本

外资企业的注册资本，是指为设立外资企业在工商行政管理机关登记的资本总额，即外国投资者认缴的全部出资额。外资企业的注册资本要与其经营规模相适应，注册资本与投资总额的比例应当符合中国法律、法规的有关规定。

外资企业在经营期限内不得减少其注册资本，其注册资本的增加、转让须经审批机关批准，并向工商行政管理机关办理变更登记手续。外资企业将其财产或者权益对外抵押、转让，须经审批机关批准，并向工商行政管理机关备案。

3）外资企业的出资方式

外国投资者可以用可自由兑换的外币出资，也可以用机器设备、工业产权、专用技术等作价出资。经审批机关批准，外国投资者也可以用他从中国境内举办的其他外商投资企业中获得的人民币利润出资。其中，工业产权、专有技术作价金额不得超过外资企业注册资本的20%。

5.4.3 外资企业的经营管理

1）外资企业的物资购买和产品销售

外资企业在批准的经营范围内所需的原材料、燃料等物资，按照公平、合理的原则，可以在国内市场或者国际市场购买；进口的物资以及技术劳务的价格不得高于当时的国际市场同类物资及技术劳务的正常价格。

外资企业在中国市场销售其产品，应当依照经批准的销售比例进行，超过销售比例

在中国市场销售，须经审批机关批准；外资企业有权依照经批准的销售比例自行在中国销售本企业生产的产品，也可以委托中国的商业机构代销；外资企业有权自行出口本企业生产的产品，也可以委托中国外贸公司代销或者委托中国境外的公司代销；外资企业依照经批准的销售比例在中国市场销售产品的价格，应当执行中国有关价格管理的规定。出口产品价格由外资企业参照当时的国际市场价格自行确定，但不得低于合理的出口价格。

2）外资企业的利润分配

外资企业依照中国税法规定缴纳所得税后的利润，应当提取储备基金和职工奖励及福利基金。前者的提取比例不得低于税后利润的 10%，当累计提取金额达到注册资本的 50% 时，可以不再提取；后者的提取比例由外资企业自行确定。

外资企业以往年度的亏损未弥补时，不得分配利润，以往年度的未分配利润，可以并入本会计年度可供分配的利润一并分配。

5.4.4　外资企业的经营期限、终止与清算

1）外资企业的经营期限

对于外资企业，既不应当作出无期限经营的规定，也不适宜具体地规定统一的经营期限。《外资企业法》第 20 条规定："外资企业的经营期限由外国投资者申报，由审查批准机关批准。期满需要延长的，应当在期满 180 天以前向审查批准机关提出申请。审查批准机关应当于接到申请之日起 30 天内决定批准或者不批准。"

2）外资企业的终止

外资企业有下列情形之一的应予终止：①经营期限届满；②经营不善，严重亏损，外国投资者决定解散；③因自然灾害、战争等不可抗力而遭受严重损失，无法继续经营；④破产；⑤违反中国法律、法规，危害社会公共利益被依法撤销；⑥外资企业章程规定的其他解散事由已经出现。

3）外资企业的清算

外资企业终止，应当及时公告和依法进行清算。其中，属于上述①②③⑥项所列情形而终止的，应当于终止之日起 15 天内对外公告并通知债权人，并在终止公告发出之日起 15 天内，提出清算程序、原则和清算委员会人选，报审批机关审核后进行清算。

外资企业清算结束前，外国投资者不得将该企业的资金汇出或者携带出中国境外，不得自行处理企业财产。清算终了，外资企业的清算净收益即清算所得，依法缴纳所得税。缴纳所得税后的剩余财产，按照外资企业章程的规定进行分配。外资企业清算结束，应当向工商行政管理机关办理注销登记手续，缴销营业执照。外资企业如果是由于破产而终止的，应参照中国有关法律进行清算，如果是由于违反中国法律、法规，危害社会公共利益被依法撤销而终止的，依照中国有关规定进行清算。

关于合营企业、合作企业和外资企业三种企业法律形态的比较，见表 5-1。

表 5-1　三种外商投资企业的比较

	中外合资经营企业	中外合作经营企业	外商独资企业
出资方式	现金、实物、工业产权、专有技术、场地使用权	现金、实物、土地使用权、工业产权、专有技术、其他财产权	现金、实物、工业产权、专有技术等
出资比例	在注册资本中，外国合营者的投资比例一般不低于25%	各方出资不必计算股权，可以不受股权比例的限制	全部资本来源于外商投资
审批机构	国务院对外经济贸易主管部门或国务院授权的机关	国务院对外经济贸易主管部门或国务院授权部门或地方政府	国务院对外经济贸易主管部门或国务院授权的机关
审批期限	自接到申请者提交的全部文件之日起3个月内决定批准与否	自接到申请之日起45天内决定批准与否	自接到申请之日起90天内决定批准与否
法律组织形式	有限责任公司	（1）法人型企业 （2）合伙型企业	有限责任公司
是否具备中国法人资格	是中国法人	符合中国法律关于法人条件规定的，依法取得中国法人资格	符合中国法律关于法人条件规定的，依法取得中国法人资格
组织机构	董事长	董事会或联合管理机构	股东会或董事会
清算组织	清算委员会	无具体规定	清算委员会
清算组织的构成	一般应在合营企业的董事中选任，也可聘请在中国的注册会计师、律师担任	无具体规定	由外资企业法定代表人、债权人代表以及有关主管机关的代表组成，并聘请中国的注册会计师、律师参加

本章小结

本章在介绍了外商投资企业的概念、特征及外商投资企业法的体系、原则的基础上，着重介绍了合营企业、合作企业和外资企业的概念、设立、组织形式、注册资本、出资（投资）方式、组织机构、经营期限、解散（终止）与清算等法律规定。

主要概念和观念

☐ 主要概念

外商投资企业　中外合资经营企业　外资企业　合营企业的注册资本　中外合作经营企业

☐ 主要观念

外商投资企业及其特征　合营企业设立的条件　合作企业的投资与合作条件

基本训练

□ 知识题

5.1 阅读与理解

1）试比较合营企业和合作企业的异同。

2）如何理解外商投资企业法的基本原则？

3）合营企业的注册资本和投资总额有哪些法律规定？

5.2 知识应用

1）判断题

（1）中外合作经营企业可以具备中国法人资格，也可以不具备中国法人资格。（ ）

（2）中外合资经营企业在合营期内可以增加或者减少其注册资本。（ ）

（3）外资企业符合中国法律关于法人条件规定的，依法取得中国法人资格。（ ）

2）选择题

（1）在中外合资经营企业的注册资本中，外国合营者的投资比例一般不低于（ ）。

A. 15%　　B. 20%　　C. 25%　　D. 35%

（2）中外合资经营企业的最高权力机构是（ ）。

A. 股东会　　B. 董事会　　C. 监事会　　D. 总经理

（3）中外合作经营企业的合作各方依照（ ）承担风险和亏损。

A. 合同的约定　　B. 各自的投资数额

C. 各自的出资比例　　D. 法律、法规规定的比例

□ 技能题

5.1 规则复习

1）简述合营企业的出资方式。

2）简述合营企业、合作企业与外资企业的设立条件。

5.2 操作练习

某省 A 企业与美国 B 企业经商谈达成以下协议：双方合资设立一个组织形式为股份有限公司的合资企业；在全部注册资本中美方以机器设备作价出全部注册资本的 20% 的资本，该合资企业以股东大会为企业的最高的权力机构，以企业的总经理为法定代表人。

请问：如何修订这一协议才能符合我国法律规定？

观念应用

□ 案例分析

出资方式、出资比例应合法

某市 A 电器厂准备与日本 B 电器株式会社合资设立中日合资甲电器有限公司，达成以下合营企业经营协议：投资总额为 800 万美元，其中注册资本为 350 万美元；中方以货币、厂房、设备、土地使用权出资作价 200 万美元；日方以货币、机器设备和专利出资

150 万美元，其中现金 70 万美元、机器设备 30 万美元（系向某国租赁的）、专利技术 50 万美元（已设定抵押权）；以中方名义向某市交通银行贷款 450 万美元，作为合营企业的流动资金，并由某市财政局提供担保；在合营期内双方认为必要，可减少公司的注册资本。

请问：该合营企业的经营协议存在什么问题，为什么？

□ 单元实训

中方 A 企业欲与日本 B 企业设立中日合资经营企业。请拟定报送审批机构审查的文件，进行企业设立登记。

第6章

合同法

• 学习目标

通过本章学习，你应该达到以下目标：

知识目标：认识并理解合同及其法律特征，了解合同的主要类型，理解合同法的基本原则，熟悉合同的内容及订立程序，理解并掌握合同的效力，把握合同履行、变更、转让、终止的相关规定，理解并掌握承担违约责任等方面的知识。

技能目标：一是明确合同订立的程序，能够根据法律的要求订立合同；二是能够按照法律的规定或合同的约定适当地履行合同，能够正确行使合同履行的抗辩权，依法行使代位权和撤销权；三是能够准确判断履行合同是否违约，依法追究违约责任，保护合法权益。

能力目标：充分理解合同法的基本原则，能正确签订一般的合同，能准确判断合同的效力，熟悉承担违约责任的方式。

引例

买卖合同纠纷案

甲、乙两公司采用合同书形式订立了一份买卖合同，双方约定由甲公司向乙公司提供100台电脑，甲公司于8月31日前交货，并负责将货物运至乙公司，乙公司在收到货物后10日内付清货款。合同订立后双方均未签字盖章。7月28日，甲公司与丙运输公司订立货物运输合同，双方约定由丙公司将100台电脑运至乙公司。8月1日，丙公司先运了70台电脑至乙公司，乙公司全部收到，并于8月8日将70台电脑的货款付清。8月20日，甲公司掌握了乙公司转移财产、逃避债务的确切证据，随即通知丙公司暂停运输其余30台电脑，并通知乙公司中止交货，要求乙公司提供担保，乙公司及时提供了担保。8月26日，甲公司通知丙公司将其余30台电脑运往乙公司，丙公司在运输途中发生交通事故，30台电脑全部损毁，致使甲公司8月31日前不能按时全部交货。9月5日，乙公司要求甲公司承担违约责任。

根据以上事实回答下列问题：(1) 甲乙公司订立的买卖合同是否成立？(2) 甲公司8月20日中止履行合同的行为是否合法？(3) 乙公司9月5日要求甲公司承担违约责任的行为是否合法？(4) 丙公司对货物损毁应承担什么责任？

合同法是保护当事人的合法权益，维护社会正常经济秩序的重要法律。本例需要回答的问题涉及合同的形式、不可抗辩权的行使及违约责任等内容。

6.1 合同法概述

6.1.1 合同的概念和特征

合同，又称契约，有广义和狭义之分。广义的合同是指当事人之间设立的具有权利义务内容的协议。广义的合同不仅包括民法上的债权合同、物权合同和身份合同，还包括劳动法上的劳动合同，以及行政法上的行政合同等。《中华人民共和国合同法》（以下简称《合同法》）规定的合同为狭义上的合同。所谓**合同**，*是指“平等主体的自然人、法人和其他组织之间设立、变更、终止民事权利义务关系的协议”*，但婚姻、收养、监护等有关身份的协议，适用其他法律的规定。

合同作为一种平等主体之间的协议，具有以下法律特征：

第一，合同是平等主体之间的民事法律行为。民事法律行为是一种合法的、有法律约束力的、受法律保护的行为。首先，合同作为一种法律行为，表明依法成立的合同对当事人具有法律约束力。《合同法》第8条规定：“依法成立的合同，对当事人具有法律约束力。当事人应当按照约定履行自己的义务，不得擅自变更或者解除合同。”其次，合同是平等主体之间的民事法律行为。这表明合同当事人的地位是完全平等的，他们之间没有领导与被领导、管理与被管理之分，不允许任何一方将自己的意志强加给对方。

第二，合同是双方或多方当事人意思表示一致的民事法律行为。合同的成立必须是两个或两个以上的当事人相互进行对应的意思表示，并达成意思表示一致。合同是合意的结果。

第三，合同是以设立、变更、终止民事权利义务关系为内容的民事法律行为。合同当事人达成意思表示一致的协议，其目的是为了他们之间设立、变更或者终止相应的权利义务关系。合同成立后，各方当事人之间依据合同达到其目的，实现其利益。

6.1.2 合同的分类

不同的合同反映出当事人之间不同的权利义务关系。因此，对合同进行分类，有助于当事人正确订立和履行合同。

1）单务合同与双务合同

单务合同与双务合同是根据合同当事人权利义务的分担进行划分的。单务合同是指合同一方当事人只享有权利而不负担义务，另一方当事人只负担义务而不享有权利的合同，如借用合同；双务合同是指合同当事人相互享有权利、相互负有义务的合同，如买卖合同。

2）有偿合同与无偿合同

有偿合同与无偿合同是以当事人取得的利益是否须付出相应代价进行划分的。有偿合同是指当事人一方享有合同规定的权利，须向对方当事人支付相应代价的合同，如买卖合同、租赁合同、保险合同等；无偿合同是指当事人一方享有合同规定的权利，无须向对方当事人支付相应代价的合同，如赠予合同、借用合同。

3）诺成性合同与实践性合同

诺成性合同与实践性合同是根据合同是否以交付标的物为生效要件划分的。诺成性合同是指当事人意思表示一致即告成立且生效的合同，如买卖合同、租赁合同、承揽合同、建设工程合同、技术合同、仓储合同等；实践性合同是指除当事人意思表示一致以外，须有实际交付标的物才能生效的合同，如借用合同、货物运输合同、保管合同等。

4）要式合同与非要式合同

要式合同与非要式合同是根据合同的成立是否需要特定的法律形式划分的。要式合同是指必须采用特殊法定形式才能生效的合同，如不动产转让合同必须采取书面形式才能生效；非要式合同是指法律没有特殊规定，当事人也没有特殊约定需采用特殊形式的合同。

5）主合同与从合同

主合同与从合同是根据合同之间的主从关系划分的。主合同是指不依赖其他合同而独立存在的合同；从合同是指以其他合同的存在为存在前提的合同。例如，为担保贷款合同而订立抵押合同，则借款合同为主合同，抵押合同为从合同。

6）有名合同与无名合同

有名合同与无名合同是根据法律是否以特定名称命名并设有专门规范为标准划分的。有名合同是指法律上以特定名称命名，并以专门规范加以调整的合同，如《合同法》规定的买卖合同、借款合同、行纪合同等15种合同都是有名合同；无名合同是指法律上尚无特定名称规定，亦没有专门规范加以调整的合同。

7）涉己合同与涉他合同

涉己合同与涉他合同是根据合同是否涉及合同之外的他人为标准划分的。涉己合同又称束己合同，是指合同当事人遵循合同相对性原则，为自己约定并承受权利义务，第三人与合同无直接关联的合同；涉他合同是指合同当事人不以合同相对性原则为限，为第三人设立了权利或约定了义务，即直接涉及第三人的合同，如人寿保险合同中以第三人为受益人的合同。

6.1.3 合同法的概念和作用

合同法是调整平等主体之间合同关系的法律规范的总称。为了适应市场经济发展的需要，并与国际合同法接轨，1999 年 3 月 15 日第九届全国人民代表大会第二次会议通过了《中华人民共和国合同法》，自 1999 年 10 月 1 日起施行。原《中华人民共和国经济合同法》、《中华人民共和国技术合同法》同时废止。这部《合同法》的颁布实施，标志着我国合同立法日臻完善，也标志着我国市场经济法律体系建设取得了实质性的进展。其作用表现在以下几个方面：

第一，保障交易活动的顺利开展。交易活动，即以商品交换和劳务给付等为内容的民事活动。对于民事主体，即各方当事人来说，需求的不间断性或持续性决定了交易活动的经常性，也就决定了对合同形式使用的不间断性。从事交易的合同主体、交易对象以及合同主体的交易合意本身，都需要合同法条款加以界定、规范。另外，交易合意的易变性和易损性，也都需要合同法加以规范和调整。合同法正是从规制交易合意的易变性、调整交易合意的易损性等方面，排除交易障碍，保障交易活动顺利进行。

第二，提高交易活动的经济效益。合同是追逐利益的工具，各方当事人利用订立合同、履行合同，甚至转让合同实现各自不同的利益目标，从而达到以生产、经营活动实现经济利益的目的。

第三，推动市场经济的健康发展。市场经济的健康发展需要合同各方当事人以自愿、平等、等价有偿和诚实信用为原则订立合同、履行合同，而上述原则都是合同法规定的基本原则。

6.1.4 合同法的基本原则

合同法的基本原则是适用于合同行为、合同关系以及合同司法等活动的基本准则。

1）合同自由原则

《合同法》第 4 条规定："当事人依法享有自愿订立合同的权利，任何单位和个人不得非法干预。"这一原则具体包括缔结合同的自由、选择相对人的自由、决定合同内容的自由和选择合同方式的自由。

2）平等、公平原则

《合同法》第 3 条规定："合同当事人的法律地位平等，一方不得将自己的意志强加给另一方。"《合同法》第 5 条规定："合同当事人应当遵循公平原则确定各方的权利和义务。"平等是指合同当事人的法律地位平等；公平则是指合同所确定的权利义务要符合社会正义的基本要求，保证合同当事人利益的均衡。

3）诚实信用原则

《合同法》第 6 条规定："当事人行使权利、履行义务应当遵循诚实信用原则。"这一原则具体包括：合同义务人应积极地履行义务；合同当事人在行使权利、履行义务时，禁止欺诈、胁迫、乘人之危，否则将导致合同撤销。

【小思考6-1】

如何理解合同上的自由原则?

答:应作如下理解:①当事人有订立或不订立合同的自由,当事人是否订立合同基于自己的自愿;②当事人有选择合同另一方的自由,除政府指令性计划合同外,当事人选择与谁签订合同基于自己的意志;③合同当事人有决定合同内容的自由,当事人签订何种内容的合同,其条款如何设定,只要符合法律将不受外人干涉;④合同当事人有决定合同形式的自由,除法律有特殊要求外,合同形式由合同当事人自由决定。

6.2 合同的订立

订立合同的行为,是当事人双方依法就合同的主要条款达成协议的法律行为,是合同法的一项重要内容。

6.2.1 合同订立的一般程序

合同订立的一般程序,从法律上可分为要约与承诺两个阶段。

1) 要约

要约是指一方当事人向他人作出的以一定条件订立合同的意思表示。前者称为要约人,后者称为受要约人。

要约必须具备以下条件才能成立:①要约必须是特定人的意思表示;②要约必须是向相对人发出的意思表示;③要约的内容必须具体确定;④要约必须表明经受要约人承诺,要约人即受该意思表示的约束。

要约可以以书面形式作出,也可以以对话形式作出,书面形式包括信函、电报、电传、传真、电子邮件等函件。究竟以什么形式作出要约,应根据法律规定或具体合同而定;无法律规定的,当事人可视具体合同自由选择要约形式。

关于要约的法律效力,《合同法》规定,要约到达受要约人时生效。①对话形式的要约,自受要约人了解时发生效力。②书面形式的要约于到达受要约人时发生效力。③采取数据电文形式进行的要约,收件人指定特定系统接收数据电文的,该数据电文进入该特定系统时,视为到达时间,即要约生效时间;未指定特定系统的,该数据电文进入收件人的任何系统的首次时间,视为到达时间,即要约生效时间。

【小思考6-2】

要约邀请与要约有何区别?

答:要约邀请,也称为要约引诱,是指行为人邀请他人向其提出要约。现实生活中价目表的寄送、拍卖广告、招标公告、招股说明书、商品广告(符合要约规定的除外)等,均属于要约邀请。

要约邀请与要约的区别在于:①要约一般情况下是向特定人发出的,而要约邀请是向非特定人发出的;②要约的内容具体确定,而要约邀请的内容没有这一要求;③要约是订立合同的行为,因此,要约对要约人具有约束力。而要约邀请是订立合同的预备行为,对行为人不具有约束力。

2）承诺

承诺是受要约人同意接受要约的全部条件的缔结合同的意思表示。

承诺必须具备以下条件才能成立：①承诺须由受要约人作出；②承诺必须在有效期内作出；③承诺必须与要约的内容一致；④承诺须向要约人作出。

承诺的方式，原则上应该符合要约的规定。如果要约没有对承诺方式作出特别规定，承诺的表示一般应以通知的方式作出，根据交易习惯或要约表明可以通过行为作出承诺的，行为亦可作为承诺的表示方式。

关于承诺的生效时间，《合同法》规定，承诺通知到达要约人时生效。承诺不需要通知的，根据交易习惯或者要约的要求作出承诺的行为时生效。采用数据电文形式订立的合同，收件人指定特定系统接收数据电文的，该数据电文进入该特定系统的时间为承诺生效时间；未指定特定系统的，该数据电文进入收件人的任何系统的首次时间，即为承诺生效时间。

6.2.2 合同订立的竞争程序

在订立合同时可以采用竞争的方式。依竞争程序订立合同，包括招标和拍卖两种方式。

1）招标

招标是由多数竞争人各自提出条件，而由招标人从竞争者中选择一人与之订立合同的一种订约方式。它一般要经过以下几个阶段：①招标阶段。招标是招标人采取招标通知或招标公告的形式，向数人或公众发出的投标邀请。从法律性质上说，招标属于要约邀请。②投标阶段。投标是投标人按照招标文件的要求，向招标人提出报价的行为。从法律性质上说，投标属于要约。③开标和决标阶段。开标是指在规定的时间和地点，按照规定的方式公开各投标人标书的内容。决标是于开标后，在对各投标人的投标进行评标的基础上作出抉择，确定中标人。从法律性质上说，决标属于承诺。④签订合同。中标人在接到中标通知后，在指定的期间与地点同招标人签订合同书。

2）拍卖

拍卖是指由拍卖人从多数竞争人中选择出价最优者订立合同的订约方式。它一般要经过以下几个阶段：①委托人与拍卖人签订委托拍卖合同；②拍卖人发布拍卖公告，在法律上属于要约邀请的性质；③竞买，其法律性质属于要约；④拍定，其法律性质属于承诺。拍卖人一旦拍定，拍卖合同即告成立。

6.2.3 缔约过失责任

1）缔约过失责任的概念和特点

缔约过失责任是指在合同订立过程中，当事人一方有违背诚实信用原则的行为，应承担的损害赔偿责任。它具有以下特点：①缔约过失责任发生在合同订立过程中；②一方违背其依诚实信用原则所应负的义务；③造成他人信赖利益的损失。

2）缔约过失责任的适用范围

对于缔约过失责任的适用范围，《合同法》第 42 条作了明确规定：①假借订立合同，恶意进行磋商；②故意隐瞒与订立合同有关的重要事实或者提供虚假情况；③有其他违背诚实信用原则的行为。

【观念应用 6-1】　　缔约过失责任

甲了解到乙有转让其餐馆的意图。甲根本没有购买餐馆的意思，但为了阻止乙将餐馆卖给竞争对手丙，却与乙进行长时间的谈判。当丙买了另一家餐馆时，甲终止了谈判，乙后来以比丙出价更低的价格将餐馆转让了，乙遭受了差价损失。

请问：甲应承担什么责任？

法律分析：《合同法》第 42 条规定："当事人在订立合同过程中有下列情形之一，给对方造成损失的，应当承担损害赔偿责任：（一）假借订立合同，恶意进行磋商……" 本例中甲的行为就是假借订立合同，恶意进行磋商，应承担缔约过失责任。所谓"假借"，就是根本没有与对方订立合同的真实意思，与对方进行谈判只是借口，目的是损害对方或者他人利益，恶意地与对方进行合同谈判。

此外，合同被确认无效或被撤销以后，有过错的一方应赔偿他方因此所受的损失，行为人没有代理权、超越代理权或者代理权终止后以被代理人的名义订立的合同，未经被代理人追认。当事人的这些责任，从性质上讲，都是缔约过失责任。

3）缔约过失责任的范围

缔约过失责任的范围应限制在对当事人信赖利益的赔偿上，主要包括以下几个方面的损失：①订约费用；②履行的费用；③合理的间接损失。

6.2.4　合同的内容

合同的内容是指合同当事人在合同关系中所享有的权利和履行的义务，在合同形式上表现为合同的条款。根据《合同法》第 12 条的规定，合同的内容由当事人约定，一般包括以下条款：

1）当事人的名称或姓名和住所

合同是双方或多方当事人之间的协议，当事人是谁，住在何处或营业场所在何处应予明确。合同如无当事人名称或姓名及住所条款，则不成为合同。在合同实务中，当事人名称或姓名和住所条款往往列入合同的首部。如为涉外合同，还应标明当事人的国籍。

2）标的

标的是合同法律关系的客体，是当事人权利义务共同指向的对象。没有标的即没有客体，没有客体的合同关系是不可能存在的。合同的标的可以是货物，也可以是劳务，还可以是工程项目等，但法律禁止的行为或禁止转让的物不得成为合同的标的。

3）数量

数量是以数字和计量单位来衡量标的的尺度。标的数量要确切：首先应选择双方共同接受的计量单位；其次要确定双方认可的计量方法；最后应允许规定合理的磅差和尾差。

4）质量

质量是标的的内在素质和外观形态的综合，包括标的的名称、品种、规格、等级、标准、技术要求。能够依国家质量标准进行约定的，则按国家质量标准进行约定；没有国家质量标准的，也可按"凭样品"来规定质量条款。

5）价款或报酬

价款或报酬是有偿合同的重要条款。价款是取得标的物所应支付的代价，报酬是获得服务所应支付的代价。

6）履行期限、地点和方式

履行期限，是指享有权利的一方要求对方履行义务的时间，可以规定为即时履行，也可以规定为定时履行，还可以规定为在一定期限内履行。如果是分期履行，还应写明每期的准确时间。

履行地点是确定验收地点的依据，也是确定运输费用由谁负担、风险由谁承担的依据，有时还是确定标的物所有权是否转移、何时转移的依据。履行方式，是指当事人采取什么办法来履行合同的义务。

7）违约责任

违约责任是指违反合同义务应当承担的民事责任，应明确规定违约致损的计算方法、赔偿范围等。

8）解决争议的方法

解决争议的方法是指纠纷发生后以何种方式解决当事人之间的纠纷。合同当事人可以在合同中约定纠纷的解决方式。如果当事人在合同中约定仲裁的，在纠纷发生时，当事人就只能通过仲裁解决纠纷，而不能通过诉讼方式解决；如果当事人在合同中约定以诉讼的方式解决纠纷，则不能以仲裁方式解决。

6.2.5 格式条款合同

格式条款合同，*又称格式合同，是指由一方当事人预先制定的，并由不特定的第三人所接受的，具有完整性和定型化的合同条款的合同*。在合同实务中，一些法律上和事实上垄断经营的行业均适用格式合同。

采用格式条款订立合同的，提供格式条款的一方应当遵循公平原则确定当事人之间的权利和义务，并采取合理的方式提请对方注意免除或者限制其责任的条款，按照对方的要求，对该条款予以说明。否则，该免责条款无效。

合同双方当事人对格式条款合同的条款发生争议的，应按照通常理解予以解释；对格式条款有两种以上解释的，应作出不利于提供格式条款合同一方的解释。

6.2.6 合同的形式

合同的形式是指缔约当事人达成协议的表现形式。根据《合同法》的规定，合同的形式主要包括：

1）口头形式

口头形式是指当事人以直接对话的方式订立合同。凡当事人无约定或法律未规定特定合同形式的合同，均可采用口头形式。

2）书面形式

书面形式是指当事人以书面文字表达协议内容订立合同的形式，包括合同书、信件和数据电文（包括电报、电传、传真、电子数据交换和电子邮件）等可以有形地表现所载内容的形式。它还包括特殊的书面形式，如公证形式、鉴证形式、批准形式、登记形式等。

3）其他形式

其他形式是指口头形式、书面形式以外的合同形式。依照我国《合同法》，其他形式是指行为推定形式。

【观念应用 6-2】 **合同的其他形式**

甲、乙双方的租房合同 5 月到期，乙方在 5 月底仍接收甲方支付的 6 月份的租金。

请问：甲、乙之间的租房合同成立并有效吗？

法律分析：《合同法》第 10 条规定："当事人订立合同，有书面形式、口头形式和其他形式。"本例中就可以推定乙同意 6 月份继续租房于甲，乙接受甲的租金的这一行为就可推定甲乙之间的租房合同成立并有效。

6.3 合同的效力

合同的效力，又称合同的法律效力，是指依法成立的合同具有法律赋予的拘束当事人各方乃至第三人的强制力。

6.3.1 合同生效

1）合同成立与合同生效

合同成立与合同生效是两个不同的概念。合同成立是指当事人达成协议建立了合同关系。合同生效是指合同具备法定条件后才产生法律效力。在多数情况下，合同成立时具备了生效条件，其成立和生效时间是一致的，但也有不一致的情况。

2）合同的生效要件

《合同法》虽未就合同的生效要件作出明确规定，但依其立法精神以及合同实践，并结合《民法通则》第 55 条的规定，从理论上可以把合同的一般生效要件归纳为以下几个方面：①行为人具有相应的民事行为能力；②意思表示真实；③不违反法律或者社会公共利益；④合同的内容必须确定和可能。

3）合同的生效时间

合同的生效时间是确定合同生效的时间界限。依据《合同法》的规定，合同生效时间可分为以下几种情形：①依法成立的合同，自成立时合同生效，即合同成立的时间为合同生效的时间；②法律、法规规定应当办理批准、登记手续的合同，合同生效时间为办理批准、登记手续的时间；③附条件的合同，合同生效的时间为条件成就时间；④附生效期限的合同，自期限届至时合同生效。

6.3.2 无效合同

1）无效合同的概念

无效合同是指严重欠缺合同的生效要件，不发生合同当事人追求的法律后果，不受国家法律保护的合同。无效合同可分为全部无效合同和部分无效合同。无效合同具有违法性、不得履行性和自始无效的特征。

2）无效合同的种类

依据《合同法》的规定，无效合同的种类包括：

第一，一方以欺诈、胁迫的手段订立合同，损害国家利益。因欺诈、胁迫而订立的合同并不当然无效，只有因欺诈、胁迫而订立的合同损害国家利益时，合同无效。

第二，恶意串通，损害国家、集体或第三人利益的合同。这一无效的原因由主观和客观两个因素构成。主观因素为恶意串通，客观因素为合同损害国家、集体或者第三人的利益。

第三，违反法律、行政法规中的强制性规定的合同。合同违反强制性规定是指合同的内容违反了法律、行政法规中的强制性规定。

第四，违反社会公共利益的合同。例如，以从事犯罪或帮助犯罪作为内容的合同、规避课税的合同、违反人格和人格尊严的合同、违反公平竞争的合同等都是无效合同。

第五，以合法形式掩盖非法目的的合同。以合法形式掩盖非法目的，是指当事人订立的合同在形式上是合法的，但在缔约目的和内容上是非法的。例如，订立赠予合同，目的在于逃避法院的强制执行；订立联营合同，目的在于非法拆借资金等。

6.3.3 可变更、可撤销合同

1）可变更、可撤销合同的概念

可变更、可撤销合同是指欠缺合同有效要件，存在可变更、可撤销原因的合同。对可变更、可撤销合同，当事人可请求人民法院或者仲裁机构变更或撤销。当事人请求变更的，人民法院或者仲裁机构不得撤销。

2）可变更、可撤销合同的种类

根据《合同法》的规定，可变更、可撤销合同的种类有：①因重大误解订立的合同；②在订立时显失公平的合同；③一方以欺诈、胁迫手段或者乘人之危，使对方在违背真实意思的情况下订立的合同。

3）撤销权的行使

具有撤销权的当事人自知道或者应当知道撤销事由之日起 1 年内行使。当事人在这期间没有行使撤销权的，撤销权消灭。具有撤销权的当事人知道撤销事由后明确表示或者以自己的行为放弃撤销权的，撤销权也随之消灭。

【观念应用 6-3】　　显失公平的合同

某山区农民赵某家中有一花瓶，系由赵某的祖父留下。李某通过他人得知赵某家有一祖传花瓶，遂上门索购。赵某不知该花瓶真实价值，于是李某用 1.5 万元买下。随后，李某将该花瓶送至某拍卖行进行拍卖，卖得价款 11 万元。赵某在 1 个月后得知此事，认为李某欺骗了自己，通过许多渠道找到李某，要求李某退回花瓶。李某以买卖花瓶是双方自愿的，不存在欺骗为由，拒绝了赵某的请求。经人指点，赵某到李某所在地人民法院提起诉讼，请求撤销合同，并请求李某返还该花瓶。

请问：法院应如何处理？

法律分析：李某与赵某之间的合同属于显失公平的买卖合同，且显失公平系由于赵某欠缺交易经验所致，因此法院应根据《合同法》第 54 条的规定撤销该花瓶买卖合同，并依据《合同法》第58条的规定，要求李某将花瓶退还给赵某，赵某将收到的花瓶款退还给李某。

4）合同无效或被撤销的法律后果

合同无效或被撤销以后会引起以下法律后果：

（1）返还财产。合同无效或被撤销后，当事人依据合同取得的财产，应返还给对方。如果标的物已经不存在或者已被第三人善意取得，不能返还时，可用赔偿损失的方法抵偿。

（2）赔偿损失。因合同无效或被撤销的合同的订立和履行给当事人造成损失的，有过错的一方应当赔偿对方因此受到的损失；双方都有过错的，应当各自按照自己的过错承担相应的责任。

（3）追缴财产或返还集体、第三人。当事人恶意串通，损害国家、集体或者第三人利益而取得的财产收归国家所有或者返还集体或者第三人。

6.3.4 效力待定合同

1）效力待定合同的概念

效力待定合同，*是指合同是否有效处于不确定状态，尚待享有形成权的第三人同意或拒绝来确定的合同。*

2）效力待定合同的种类

第一，限制民事行为能力人依法不能独立订立的合同。限制民事行为能力人订立的合同，经法定代理人追认后，该合同有效。但纯获利益的合同或者与其年龄、智力、精神状况相适应而订立的合同除外。

相对人可以催告法定代理人在1个月内予以追认。法定代理人未作表示的，视为拒绝追认。合同被追认之前，善意相对人有撤销的权利。撤销应当以通知的方式作出。

第二，无权代理人以他人名义订立的合同。行为人没有代理权、超越代理权或者代理权终止后以被代理人名义与相对人订立的合同，非经被代理人追认，对于被代理人不发生法律效力，除非构成表见代理。

【小思考6-3】

表见代理及其构成要件是什么？

答：表见代理，是指行为人虽无代理权，但由于本人的行为，造成善意第三人确信其有代理权并与之实施民事行为，因而法律规定本人必须承担法律后果的代理。其构成要件为：

第一，代理人无代理权；第二，无权代理人客观上存在相对人相信其有代理权的理由；第三，相对人须为善意且无过失；第四，相对人与无权代理人实施法律行为且符合法律行为的有效要件和代理的外部特征。

相对人可以催告被代理人在1个月内予以追认。被代理人未作表示的，视为拒绝追认。合同被追认之前，善意相对人有撤销的权利。撤销应当以通知的方式进行。

第三，无处分权人订立的处分他人财产的合同。无处分权人与相对人订立了处分他人财产权的合同，经权利人追认或行为人订立合同后取得处分权时，合同自始有效。否则，合同无效。但该无效不得对抗善意第三人。

【小思考 6-4】

效力待定合同与无效合同有哪些区别?

答：效力待定合同与无效合同的主要区别是：①无效合同自始无效，而效力待定合同的效力在第三人同意或拒绝前处于悬而未决的状态。②无效合同是确定无效的，不因第三人的同意而有效；效力待定合同由于其有效与无效处于未确定的状态，可因第三人的同意而确定有效。③无效合同是当然无效的，无须第三人以拒绝的意思表示来确定其无效；效力待定的合同由于其有效与无效是不确定的，因此要确定其无效，须具有形成权的第三人以拒绝的意思表示。

6.4 合同的履行

合同的履行，是双方当事人各自承担约定义务的实施阶段，是贯彻合同法的重要环节。合同的履行是指债务人全面地、适当地完成约定的义务，以使债权人的债权得以完全实现。

6.4.1 合同履行的原则

合同履行的原则，是当事人在履行合同过程中应当遵循的基本准则，主要有以下两项：

（1）全面履行原则。它是指当事人严格履行合同所确定的义务，不得违约履行或以赔偿代替履行。这一原则还要求当事人按合同规定的数量、质量、期限、地点和方式等履行义务。

（2）诚实信用原则。它是指当事人本着诚实、善意的态度，根据合同的性质、目的和交易习惯履行通知、协助、保密等义务。

6.4.2 合同内容没有约定或约定不明时的履行规则

合同生效后，当事人就质量、价格或者报酬、履行地点等内容没有约定或者约定不明确的，可以协议补充；不能达成补充协议的，按照合同有关条款或者交易习惯确定。按照有关条款或交易习惯仍不能确定的，按下列规则履行：

（1）质量要求不明确的，按照国家标准、行业标准履行；没有国家标准、行业标准的，按照通常标准或者符合合同目的的特定标准履行。

（2）价格或者报酬不明确的，按照订立合同时履行地的市场价格履行；依法应当执行政府定价或者指导价的，按照规定履行。

（3）履行地点不明确，给付货币的，在接受一方所在地履行；交付不动产的，在不动产所在地履行；其他标的，在履行义务一方所在地履行。

（4）履行期限不明确的，债务人可以随时履行，债权人也可以随时要求履行，但应当给对方必要的准备时间。

（5）履行方式不明确的，按照有利于实现合同目的的方式履行。

（6）履行费用的负担不明确的，由履行义务一方负担。

6.4.3 双务合同履行中的抗辩权

1）同时履行抗辩权

当事人互负债务的合同，没有先后履行顺序的，应当同时履行。一方在对方履行之前有权拒绝其履行要求。一方在对方履行债务不符合约定时，有权拒绝其相应的履行要求。当事人享有的这种拒绝权在理论上称为同时履行抗辩权。

2）后履行抗辩权

后履行抗辩权是指双务合同当事人应当先后履行其义务时，后履行一方在先履行一方未完成履行前，可拒绝履行自己相应的义务。《合同法》第67条规定，当事人互负债务，有先后履行顺序，先履行一方未履行的，后履行一方有权拒绝其履行要求。

3）不安抗辩权

不安抗辩权是指双务合同中负有先履行义务的一方，在合同尚未履行或没有完全履行时，因法定事由暂时停止履行自己承担的合同义务的权利。

《合同法》第68条规定："应当先履行债务的当事人，有确切证据证明对方有下列情形之一的，可以中止履行：①经营状况严重恶化；②转移财产，抽逃资金，以逃避债务；③丧失商业信誉；④有丧失或者可能丧失履行债务能力的其他情形。"

先履行一方当事人行使不安抗辩权，必须证明对方有上述情形，没有确切证据中止履行的，应当承担违约责任。

当事人依法行使不安抗辩权，中止履行的，应及时通知对方。对方提供适当担保时，应当恢复履行。中止履行后，对方在合理期限内未恢复履行能力并且未提供适当担保的，中止履行的一方可以解除合同。

【观念应用6-4】 你会行使不安抗辩权吗？

A县田某是个体粮油商，一次从农户手中收购油菜子50吨，他与A县油厂签订了《粮油购销合同》。合同约定：油厂付定金5万元，田某将50吨油菜子送到该油厂验收后3日内付清货款。合同签订后，田某在前往油厂送油菜子途中，巧遇B县胡某。胡某正持生效的判决书申请A县法院强制执行该油厂去年拖欠油菜子款一案。其所签合同内容与田某合同完全相同。细心的田某便停止送货，到厂方经多方了解，发现油厂拖欠客户巨额油菜子款，初步证实油厂经营状况严重恶化。

请问：

（1）田某不履行交付油菜子的行为合法吗？

（2）田某应该怎样处理？

法律分析：《合同法》规定："应当先履行债务的当事人，有确切证据证明对方有下列情形之一的，可以中止履行：（一）经营状况严重恶化；（二）转移财产，抽逃资金，以逃避债务……中止履行后，对方在合理期限内未恢复履行能力并且未提供适当担保的，中止履行的一方可以解除合同。"

本例中，田某掌握了油厂不能履行合同的确切证据，可以中止履行。

田某应持胡某与油厂的判决书等证据到法院，证明油厂的行为有使他"不安"的情况存在，请求法院判决解除合同。

后经法院主持调解，双方达成调解协议，约定解除合同，油厂支付田某定金5万元。

6.4.4 合同的保全

所谓合同的保全，是指法律为防止因债务人的财产不当减少而给债权人的债权带来危害，允许债权人对债务人或第三人的行为行使代理权或撤销权，以保护其债权的法律制度。

1）代位权

代位权是指合同债务人怠于行使对第三人享有权利而害及债权人的债权时，债权人为保全自己的债权，可以自己的名义代位行使债务人对第三人的权利。

代位权的构成要件是：①债务人享有对第三人的到期债权。②债务人怠于行使其到期债权。所谓怠于行使权利，是指应该行使并且能够行使而不行使权利。③债权人有保全其债权的必要。例如，不行使代位权，债权的实现就不可能。④债务人已陷于迟延。债务定有履行期的，债务人届期不履行，即构成迟延；债务未定履行期的，经债权人催告后，债务人仍不履行的，才构成迟延。

代位权的行使主体应是债权人。债权人以自己的名义行使代位权。债权人行使代位权应通过诉讼程序。代位权行使的界限以保全合同债权为限度。债权人行使债权的必要费用，由债务人负担。

2）撤销权

撤销权是指合同债权人对于合同债务人所为的危害债权行为，请求法院予以撤销的权利。

撤销权的构成要件是：债务人放弃债权或无偿转让财产的行为，只需具备有害债权这一客观要件；对于债务人以明显不合理的低价转让财产的行为，须具备有害债权这一客观要件和受让人有损债权的恶意这一主观要件。

撤销权的行使范围以债权人的债权为限。债权人行使撤销权的必要费用，由债务人负担。撤销权自债权人知道或者应当知道撤销事由之日起1年内行使。自债务人的行为发生之日起5年内没有行使撤销权的，该撤销权消灭。

6.5 合同的变更、转让和终止

合同依法成立后，即具有法律效力，当事人应按照约定全面履行自己的义务。但是，因实际情况的变化需要变更合同，法定事由出现时，可以终止合同的效力。当事人亦可转让合同的权利、义务。

6.5.1 合同的变更

1）合同变更的概念

合同的变更有广义和狭义之分。广义的合同变更，包括主体的变更和内容的变更。狭义的合同变更，仅指合同内容的变更。《合同法》上的变更是指狭义的合同变更，它是指合同订立后，因为当事人的协商或者法定原因而将合同权利和义务予以改变的情形。

2）合同变更的原则与条件

（1）协商一致原则。协商一致，是指合同当事人各方就已订立的合同的内容进行变更，经过协商，各方意思表示一致，这也是合同变更的基本条件。

（2）法定事由原则。法定事由原则，是指一方当事人因为出现了法定事由，主要是合同中存在欺诈、胁迫、重大误解、显失公平等情形，导致合同权利义务对一方当事人不合理、不公正。基于此，一方当事人可以依法请求对方当事人协商变更合同或者行使合同变更权，请求法院或仲裁机构裁判变更合同。它既是当事人单方依法变更合同的原则，也是合同变更的条件。

（3）合同变更的限制条件原则。这些限制条件包括：①禁止单方擅自或者任意变更合同；②合同变更后有生效的特殊形式约定的，应办理相应的合同批准、登记或公证手续；③当事人对合同变更的内容，应当约定明确、清楚，否则，不发生效力；④当事人不得因其主体姓名、名称的变更或者法定代表人、负责人、承办人的变动，而主张或请求合同变更。

6.5.2 合同的转让

1）合同转让的概念

合同转让是指合同权利人或义务人将其权利或义务全部或部分，或者合同权利义务一并让与合同外第三人的行为。

2）合同转让的形式

（1）权利转让。它是指合同债权人将合同权利全部或部分转让给第三人。

（2）义务转移。它是指合同债务人将合同义务全部或部分转移给第三人。

（3）权利义务概括转让。它是指合同当事人一方经过对方同意，将其合同权利义务一并转让给第三人。

3）合同转让的限制

合同转让的限制，是指转让合同的各种制约条件的总和。这些限制包括：①合同具有不可转让的特定属性，主要是指与人身有密切关系的合同，一般不宜转让；②当事人约定不得转让的合同，不能转让；③法律规定不得转让的合同；④合同转让权利人的附随义务；⑤合同转让义务人的取得同意义务；⑥合同转让生效应办理法定的批准、登记手续；⑦权利义务概括转让的对方主体同意；⑧主体变更不破除权利义务等。

6.5.3 合同的终止

1）合同终止的概念

合同的终止，是指合同关系因法定事由或约定事由的出现而消灭，即合同中的民事权利义务结束或停止的情形。

需要特别注意的是，合同前义务和合同后义务，并不当然随着合同终止一并消灭。例如，《合同法》第 92 条规定："合同的权利、义务终止后，当事人应当遵循诚实信用原则，根据交易习惯履行通知、协助、保密等义务。"再如，根据《合同法》第 57 条和第 98 条规定，当事人请求损害赔偿的权利不因合同终止而消灭；合同中的结算和清理条款仍然有效；解决争议的方法条款继续生效。

2）合同终止的原因

根据《合同法》第 91 条规定，合同权利义务终止的原因有：

(1) 债务已经按照约定履行。债务按照约定履行，使合同订立的目的得以实现。

(2) 合同解除。合同解除分为约定解除和法定解除两种情况。

约定解除又分为两种情况：一是在合同中约定了解除条件，一旦该条件成立，合同解除；二是当事人未在合同中约定解除条件，但在合同履行完毕前，经双方协商一致而解除合同。

法定解除的事由有：①因不可抗力致使不能实现合同目的；②在履行期限届满之前，当事人一方明确表示或者以自己的行为表明不履行主要债务；③当事人一方迟延主要债务，经催告后在合理期限内仍未履行；④当事人一方迟延履行债务或者有其他违约行为致使不能实现合同目的；⑤法律规定的其他情形。

(3) 债务相互抵销。抵销可分为法定抵销和约定抵销两种情况。

法定抵销是指互负同种类、同性质的债务，且债务清偿期均已届满时，为使相互间相当额之债务同归消灭的一方意思表示。

约定抵销是指当事人互负债务，但标的物的性质、种类不同的，经双方当事人协商一致，也可抵销。

(4) 债务人依法将标的物提存（简称提存）。提存，是指由于债权人的原因而无法交付标的物时，债务人将标的物提交提存机关而消灭合同的情形。

(5) 债权人免除债务。

(6) 债权债务同归于一人。

(7) 法律规定或当事人约定终止的其他情形。

6.6 违约责任

市场经济是一种契约经济，它通过合同关系把各种市场主体联系在一起，使市场运行网络化和秩序化。违反合同的行为，将破坏市场经济秩序。因此，我国《合同法》规定，违反合同的行为，将追究相应的法律责任。

6.6.1 违约责任的概念和特征

违约责任是指当事人不履行合同义务或者履行合同义务不符合约定所应承担的民事责任。它以有效的合同关系存在为前提，以合同当事人违反有效的合同义务为发生条件。

违约责任具有以下特征：

1）违约责任的财产性

在《合同法》中规定的违约责任主要有赔偿损失、实际履行、违约金等，都是使违约方承担其违约行为导致的财产损害后果，不具有任何人身惩罚性质。

2）违约责任的补偿性

承担违约责任的主要目的在于弥补合同当事人因违约行为所遭受的损失。

3）违约责任的可约定性

违约责任作为民事责任，当然具有强制性，表现为基于法律规定强制违约方承担相应的法律后果。但是，当事人可以在法律许可的范围内，事先对违约责任承担的方式、数额作出约定，还可以特别约定限制或免除违约责任的事由和条件。

【小思考6-5】

缔约过失责任与违约责任有哪些区别？

答：二者的主要区别是：①缔约过失责任以先合同义务为成立前提，违约责任以合同债务为成立前提；先合同义务是法定义务，合同债务主要是约定义务，核心是给付义务。②缔约过失责任以过错为要件，实行过错责任原则。而合同责任不以过错为要件，实行严格责任原则，只要违反了合同义务，给对方造成了损失，就要负违约责任。③缔约过失责任的赔偿范围是信赖利益的损失，违约责任赔偿的是履行利益的损失。

6.6.2 违约形态及其体系

根据我国《合同法》的规定，违约形态体系的构建如下（如图6-1所示）：

- 一般违约 / 根本违约（第94条第（四）项）—— 违约行为
  - 预期违约
    - 明示预期违约：第108条、第94条第（二）项前一情形
    - 默示预期违约：第108条、第94条第（二）项后一情形
  - 实际违约
    - 不履行（完全不履行）
      - 拒绝履行：第107条前一情形
      - 不能履行：第107条前一情形
    - 迟延履行
      - 债权人迟延履行：第107条后一情形
      - 债务人迟延履行：第94条第(三)项、第(四)项前一情形，第107条后一情形
    - 不适当履行
      - 瑕疵履行：第111条
      - 加害履行：第122条
    - 其他违约行为(包括数量、地点、方式不符合约定以及违反附随义务的履行)：第107条后一情形

图6-1 违约形态体系

（1）**预期违约**，是指在合同履行期到来之前，一方当事人向另一方明确肯定地表示将不履行合同，或者以自己的行为或者客观事实表明将不履行合同的行为。《合同法》第108条、第94条作了相应的规定。预期违约包括明示预期违约和默示预期违约两种情形。

（2）不履行。它是指当事人根本未履行任何合同义务的违约情形。

（3）迟延履行。它是指在履行期之后的履行，或者说是违反履行期的违约行为，包括债权人迟延和债务人迟延两种情形。

（4）不适当履行。它是指虽有履行但履行质量不符合合同约定或法律规定的违约情形，包括瑕疵履行和加害履行两种情形。

（5）其他违约行为。它主要是指违反履行数量、地点、方式或其他附随义务等情形。

6.6.3 违约责任的承担形式

1）违约补救措施

《合同法》第107条规定："当事人一方不履行合同义务或者履行合同义务不符合约定的，应当承担继续履行、采取补救措施或者赔偿损失等违约责任。"违约补救措施的内容既可以表现对违约后果的消除或减轻，如修理、重作或更换等，又可以是继续履行合同

义务以实现合同目的。

2）强制实际履行

强制实际履行，是指债务人不履行合同义务时，债权人请求法院或仲裁机关以国家强制力强制债务人履行合同义务的违约责任形式。其目的不在于强调损害弥补，而是强调实现债权人订立合同所希望达到的目的。

《合同法》第110条规定："当事人一方不履行非金钱债务或者履行非金钱债务不符合约定的，对方可以要求履行，但有下列情形之一的除外：（一）法律上或者事实上不能履行；（二）债务的标的不适于强制履行或者履行费用过高；（三）债权人在合理期限内未要求履行。"

强制实际履行后，如果债权人还遭受其他损失的，可以请求债务人承担赔偿损失或支付违约金的责任。

3）赔偿损失

赔偿损失是指违约方不履行合同义务或履行合同义务不符合约定，给对方造成损失，依法或依约应向对方承担的补偿责任。

赔偿损失须具备以下构成要件：①有违约行为；②有损害事实；③违约行为与损害事实之间有因果关系。

损失赔偿额应当相当于因违约所造成的损失，包括合同履行后可以获得的利益，但不得超过违反合同一方订立合同时预见或者应当预见到的因违反合同可能造成的损失。但是，经营者对消费者提供商品或服务有欺诈行为的，应当按照《消费者权益保护法》的规定赔偿损失。

4）违约金责任

违约金是当事人事先约定的在一方违约后应向对方给付一定数额金钱的责任形式。

违约金具有补偿性，约定的违约金视为违约的损害赔偿，损害赔偿额应相当于违约造成的损失。但约定的违约金过分高于或低于造成的损失的，当事人可以请求人民法院或仲裁机构予以适当减少或增加。

5）定金责任

定金不仅具有担保作用，还可以作为违约责任形式。《合同法》第115条规定，当事人可以依照《担保法》约定一方向对方给付定金作为债权的担保。债务人履行债务后，定金应当抵作价款或收回。给付定金的一方不履行约定的债务的，无权要求返还定金；收受定金的一方不履行约定的债务的，应当双倍返还定金。《合同法》第116条又规定，当事人既约定违约金又约定定金的，一方违约时，对方可以选择适用违约金或定金条款。

6.6.4 违约责任的免除

按照《合同法》的规定，违约免责条件有：

1）不可抗力

不可抗力是指当事人在订立合同时不能预见，对其发生和后果不能避免并不能克服的自然事件和社会事件。因不可抗力导致合同不能履行的，根据不可抗力的影响，部分或者全部免除责任，但法律另有规定除外。当事人迟延履行后发生不可抗力的不能免除。当事人一方因不可抗力不能履行合同的，应当及时通知对方，以减轻可能给对方造成的损失，并应当在合理期限内提供证明。

2）法律有特别规定或当事人有特别约定

合同订立时，法律有特别规定或当事人有免责条款的特别约定，当发生合同不履行或不完全履行且又符合这些免责条款的，可以免除违约责任。

本章小结

本章根据《合同法》的总则部分，较系统地阐述了《合同法》的一般原理，包括合同法概述，合同的订立，合同的效力，合同的履行，合同的变更、转让与终止以及违约责任等内容。

主要概念和观念

□ 主要概念

合同　要约　承诺　缔约过失责任　格式条款合同　无效合同　可变更、可撤销合同　效力待定合同　不安抗辩权　代位权　撤销权　违约责任　预期违约

□ 主要观念

合同及其特征　无效合同及其种类　效力待定合同及其种类　可变更、可撤销合同及其种类　承担违约责任的方式

基本训练

□ 知识题

6.1　阅读与理解

1）如何理解应用合同法的基本原则？

2）什么是要约？什么是承诺？

3）合同的形式有哪些？合同一般包含哪些内容？

6.2　知识应用

1）判断题

（1）当事人订立合同，应当具有相应的民事权力能力和民事行为能力。（　）

（2）无论是有效合同还是无效合同，都会发生违约责任问题。（　）

（3）债务人将合同的义务全部或部分转移给第三人的，应当经债权人同意。（　）

2）选择题

（1）下列意思表示属于要约的是（　）。

A. 招标通告　B. 投标　C. 拍卖公告　D. 商业广告

（2）下列合同中不属于诺成性合同的是（　）。

A. 买卖合同　B. 租赁合同　C. 承揽合同　D. 借款合同

（3）下列原因可以导致合同权利义务终止的是（　）。

A. 提存　　B. 抵销　　C. 不可抗力　　D. 混同

□ 技能题

6.1　规则复习

1）如何判断一个合同是否成立？

2）什么是缔约过失责任？哪些情形下要承担缔约过失责任？

3）合同履行有哪些基本原则与规则？

4）合同履行的抗辩权有哪些？它们各自的适用条件是什么？

5）合同保全措施有哪些？它们的适用条件是什么？

6.2　操作练习

财产所有权自财产交付时起转移

2013 年 6 月 20 日，李某与张某协商，张某愿以 1 000 元人民币购买李某的一头耕牛，双方签订了买卖合同。张某当场交付人民币 500 元，声明第二天上午将余款 500 元交齐并一同去完税后将牛牵走。不料，当晚牛被雷电击毙。第二天上午张某携款前来，见牛已死亡，要求李某退还 500 元人民币。李某则认为，昨天张某已给 500 元，买卖已成交，所有权已归买方。现牛系意外死亡，本人不负责，故拒绝退款。为此，张某诉至法院，要求李某退还人民币 500 元。

请问：财产所有权从何时发生转移？本案应如何进行处理？

观念应用

□ 案例分析

汽车买卖纠纷案

甲与某工厂订立了一份买卖汽车的合同，约定由工厂在 6 月底将一部行驶 3 万公里的卡车交付给甲，价款 3 万元，甲交付定金 5 000 元，交车后 15 天内余款付清。合同还约定，工厂晚交车 1 天，扣除车款 50 元，甲晚交款 1 天，应多交车款 50 元，一方有其他违约情形，应向对方支付违约金 6 000 元。合同订立后，该卡车因外出运货耽误，未能在 6 月底以前返回。7 月 1 日，卡车途经山路时，遇暴风雨，被一块落下的石头砸中，车头受损，工厂对卡车进行了修理，于 7 月 10 日交付给甲。10 天后，甲在运货中发现卡车发动机有毛病，经检查，该发动机经过大修理，遂请求退还卡车，并要求工厂双倍返还定金，支付 6 000 元违约金，赔偿因其不能履行对第三人的运输合同而造成的营业收入损失 3 000 元。另有人向甲提出，甲可以按照《消费者权益保护法》请求 3 倍赔偿。工厂意识到对自己不利，即提出汽车没有运输过户手续，合同无效，双方只需返还财产。

请问：

（1）汽车买卖合同是否有效？

（2）卡车受损，损失应由谁承担？

（3）甲能否按照《消费者权益保护法》请求 3 倍赔偿？

（4）甲能否要求退车？

（5）甲能否请求工厂支付违约金并双倍返还定金？

（6）甲能否请求工厂赔偿经营损失？

（7）甲能否同时请求工厂支付6 000元违约金和支付每天50元的延迟履行违约金？

□ 单元实训

根据《工业品买卖合同》（示范文本）的格式签订一份工业品买卖合同。

工业品买卖合同

（示范文本）

合同编号：＿＿＿＿＿＿＿＿＿＿＿＿

出卖人：＿＿＿＿＿＿＿＿　签订地点：＿＿＿＿＿＿＿＿

买受人：＿＿＿＿＿＿＿＿　签订时间：＿＿＿年＿＿月＿＿日

第一条　标的、数量、价款及交（提）货时间。

标的名称	牌号商标	规格型号	生产厂家	计量单位	数量	单价	金额	交（提）货时间及数量						
合计人民币金额（大写）：														

（注：空格如不够用，可以另接）

第二条　质量标准。

第三条　出卖人对质量负责的条件及期限。

第四条　包装标准、包装物的供应和回收。

第五条　随机的必备品、配件、工具数量及供应办法。

第六条　合理损耗标准及计算方法。

第七条　标的物所有权自＿＿＿＿时起转移，但买受人未履行支付价款义务的，标的物属于所有。

第八条　交（提）货方式、地点。

第九条　运输方式及到达站（港）和费用负担。

第十条　检验标准、方法、地点及期限。

第十一条　成套设备的安装与调试。

第十二条　结算方式、时间及地点。

第十三条　担保方式（也可另立担保合同）。

第十四条　本合同解除的条件。

第十五条　违约责任。

第十六条　合同争议的解决方式：本合同在履行过程中发生的争议，由双方当事人协商解决，也可由当地工商行政管理部门调解，协商或调解不成的，按下列第＿＿＿＿种方式解决：

（一）提交＿＿＿＿＿＿＿＿＿仲裁委员会仲裁；

（二）依法向人民法院起诉。

第十七条　本合同自＿＿＿＿＿＿＿＿＿起生效。

第十八条　其他约定事项。

出卖人： 出卖人（章）： 住所： 法定代表人： 委托代理人： 电话： 传真： 开户银行： 账号： 邮政编码：	买受人 买受人（章）： 住所： 法定代表人： 委托代理人： 电话： 传真： 开户银行： 账号： 邮政编码：	鉴（公）证意见： 鉴（公）证机关（章） 经办人： 年　月　日

监制部门：　　　　　　　印制单位：

第7章

工业产权法

• 学习目标

通过本章学习，你应该达到以下目标：

知识目标：了解工业产权的概念和特征，理解商标的概念和分类，掌握商标注册的原则和条件、商标的有效期限、续展，理解专利权的概念、授予专利权的条件，熟悉专利申请和审批程序，把握对侵犯工业产权行为的认定等方面的知识。

技能目标：一是正确理解商标注册的原则；二是熟悉商标禁用的标志；三是正确区分职务发明和非职务发明；四是正确理解授予专利权的条件。

能力目标：能够利用商标法知识，为企业进行品牌策划和营销，熟悉商标注册和专利申请的程序，正确判定商标、专利侵权行为。

引例

工业产权的保护

上海特雷通是一家在国内独家经销丹麦“北欧风情”系列进口家具的贸易有限公司，几年前推出这种简捷、舒适的欧式家具后，大小厂家争相模仿，市场“克隆”成风，并以低价与其恶意竞争。据初步调查，“特雷通”享有的家具外观设计专利使用权，被“拿来主义者”肆意侵犯；其设计的广告样本被照搬照抄，就是其“北欧风情”注册商标也被人当成招牌，导致“特雷通”销售量和利润逐年下滑。于是它对仿冒大户——上海傲耐家具制造有限公司提起诉讼。由于被告获取的非法利润难以确定，诉讼久悬未决，侵权现象还在各地上演。

我们认为：原告可以在起诉前向法院申请采取诉前禁令，即在诉前申请法院责令被告停止侵权行为。因为《商标法》、《专利法》明确规定，如果知识产权权利人或者利害关系人有证据证明他人已在实施或者即将实施侵犯其商标权或专利权的行为，如不及时制止，将会使其合法权益受到难以弥补的损害，可以在起诉前向人民法院申请责令停止有关行为的措施。诉前禁令制度的建立有利于将侵权行为扼杀在萌芽状态，在最大程度上保护权利人的合法权益。

工业产权法是当今知识时代最重要的法律制度之一，法律对商标权、专利权的保护，不仅是对当事人利益的保护，更重要的是对未来文明的保护。

7.1 工业产权法概述

工业产权是人们依照法律对应用于商品生产和流通中的创造发明和显著标记等智力成果，在一定期限和地域内享有的专有权。工业产权的范围很广泛，主要包括发明、实用新型、外观设计、商标、服务标记、厂商品称、货源标记以及制止不正当竞争所享有的权利。

7.1.1 工业产权的特征

以智力成果为客体的工业产权是无形财产，它与有形财产所有权相比有以下主要特征：

（1）专有性。工业产权的专有性又称排他性，是法律赋予权利人的一种独占权利和排他性的权利，任何人非经权利人同意不得使用，否则即为侵权。

（2）地域性。工业产权的地域性，是指一国授予的专利权或商标权只能在该国领域内有效，对其他国家不发生法律效力。

（3）时间性。工业产权的时间性，是指该种权利的保护有一定的有效期限，超过这个期限则自行消灭，任何人都可以自由地使用。

（4）确认性。工业产权的确认性，是指国家依照专门法律规定的程序予以确认，并进行保护的制度。商标专用权和专利权的取得，依据的法律就是商标法和专利法，并按照其程序申请，经国家专门机构的审查批准，以法定形式正式确认，才能给予法律保护。

7.1.2 工业产权的国际保护

目前，有关工业产权最主要的国际条约和国际组织有：

（1）1883 年 3 月 20 日在巴黎签订的《保护工业产权巴黎公约》。该公约到 1989 年 3 月已有 99 个成员国，我国于 1985 年 3 月 19 日正式成为该公约的成员国。

（2）1891 年 4 月 14 日在西班牙马德里签订的《商标国际注册马德里协定》。该协定于 1892 年 7 月 15 日正式生效，我国于 1989 年加入该协定。

（3）1970 年 6 月 19 日在华盛顿签订的《专利合作条约》（PCT）。该条约于 1978 年 1 月 24 日生效。

（4）1973 年 6 月 12 日在维也纳签订的《商标国际注册条约》（TRT）。该条约于 1980 年正式生效。该条约与《商标国际注册马德里协定》是并行的，一个国家可以同时参加两个或只参加一个。

（5）1967 年 9 月 14 日在斯德哥尔摩，根据“成立世界知识产权组织公约”而建立了政府间的国际机构——世界知识产权组织（WTPO）。1974 年该组织成为联合国 15 个专门机构之一，管理着 14 个公约和协定，其中包括我国已经加入的 4 个公约和协定。我国于 1980 年加入了该组织。

7.2 商标法

【观念应用 7-1】 近似商标纠纷案

1992 年 3 月，某国英什尔公司在中国的代理商杰克向中国商标局提出控告，称该公司生产的收录两用机被中国某公司仿冒，而且所使用的商标与该公司的商标极为相似。英什尔公司的收录机商标为文字与图形组合商标，图案为一匹奔跑的马，旁边为马的英文单词（horse）草写；中国某公司的商标图案为一匹低头吃草的马，旁边为马的汉语拼音（ma）草写。中国某公司的商标在 1992 年 1 月获得注册，享有该注册商标的专用权。英什尔公司的商标在本国享有注册专用权，但在中国还未注册，正打算委托其本国律师向中国商标局提出注册申请。英什尔公司向中国商标局提出的控告中称：中国某公司采取非法手段在市场上大量销售仿冒的产品，给该公司造成了巨大损失，要求中国商标局撤销中国某公司的注册商标。中国某公司应立即停止这种侵权行为，同时赔偿该公司因侵权而遭受的巨额损失。中国某公司听闻英什尔公司向中国商标局提出的控告后，也向商标局提出控告，反称英什尔公司侵犯了其注册商标专用权，而且同样要求英什尔公司停止侵权行为，赔偿损失。中国某公司还认为其注册商标在先，理应受到保护。而英什尔公司则称该公司商标有百年的历史，是世界驰名商标，应该受到特殊的保护，况且已准备提出注册申请，针对中国某公司的“两个商标相像纯属巧合”的说法反驳说是蓄意所为。英什尔公司称其公司产品早在 1988 年就进入中国市场了，而中国某公司是 1992 年 1 月才获得商标的注册，明显是蓄意所为。

请问：你认为本案应如何处理？

资料来源 叶希善 .2005 年国家司法考试考点案例教程：民商法［M］. 北京：中国法制出版社，2005.

法律分析：这两个商标对于一般消费者来说足以造成误认，是相似商标。英什尔公司可以向中国商标局提出撤销中国某公司的注册商标，但不可以要求商标局停止侵权行为、赔偿损失。

7.2.1 商标和商标法

1）商标的概念

商标俗称“牌子”。尽管各国的法律对商标的概念表述不一，但对**商标**是商品生产者或经营者用以标明自己所生产或经营的商品或服务与他人生产或经营的同一商品或服务有所区别的标志的理解是一样的。商标作为商品的标记，不是用于泛指商品而言的，而是用在“一定商品”上，即指使用于“一定范围”和“一定质量”的商品上，其目的是为了出售商品而非赠与。

我国历史博物馆陈列的商标铜板——“白兔”商标，就是宋朝时期山东济南一家专门制作细针的刘家针铺的商品标记，这是我国目前认定比较完整的最早商标。

2）商标的种类

商标有很多种类，按构成、用途和使用等可分成五类：

（1）根据商标结构分类，任何能够将自然人、法人或者其他组织的商品与他人的商品区别开的标志，包括文字、图形、字母、数字、三维标志、颜色组合和声音等，以及上述要素的组合，均可作为商标。

（2）按商标用途来分，可以把商标划分为商品商标和服务商标。商品商标是我们通常所指的使用在商品上的商标，这点已很明确。服务商标即用于区别服务项目提供者的标记，如我国久负盛名的“王开”照相馆、“同仁堂”中药店等。

（3）根据商标使用者划分，可以把商标分为制造商标、销售商标、集体商标。制造商标，又称生产商标，如我国扬子电器公司的“扬子”商标等。销售商标，是指销售者为销售商品使用的商标。集体商标，是指以团体、协会或者其他组织名义注册，供该组织成员在商事活动中使用，以表明使用者在该组织中的成员资格的标志。

【小思考 7-1】

为了创造自己的品牌，某饭店注册了“好再来”商标，该商标的用途属于哪一类？

答：该商标属于服务商标。

（4）根据商标管理分类，商标可分为注册商标与未注册商标。注册商标是依法定程序，经国家商标主管机关核准注册的商标。在其有效期间内，商标所有人享有专用权，并受国家法律保护。未注册商标，是指未经核准注册而在市场上使用的商标，这种商标没有专用权。

（5）根据使用人的动机划分，商标可分为联合商标、防御商标、证明商标。联合商标，是指同一个商标所有人在相同的商品上注册一些相似的商标，或在同一类型的不同商品上注册几个相似的商标。防御商标，是指商标所有人在非类似商品上将其商标分别注册。证明商标，是指由对某种商品或者服务具有监督能力的组织所控制，而由该组织以外的单位或者个人使用于其商品或者服务，用以证明该商品或者服务的原产地、原料、制造方法、质量或者其他特定品质的标志。

3）商标的作用

商标主要有以下几种作用：①区别不同生产和经营者所生产或经销的同一种商品。这也是商标最本质的特征。②区别不同质量的商品，便于监督商品质量，维护商标信誉。③有利于宣传和扩大商品的销路。④有利于开辟国际市场，维护我国经济权益。

4）商标法

商标法是调整因商标的确认、使用、管理及保护而产生的各种社会关系的法律规范的总和。商标法中具体规定了商标注册的原则和条件，商标注册的申请、审查和核准，注册商标的续展、转让和使用许可，商标使用的管理，商标权的保护，商标侵权的认定等内容。1982 年，第五届全国人民代表大会第二十四次会议通过了《中华人民共和国商标法》（以下简称《商标法》），于 1983 年 3 月 1 日起施行。2013 年 8 月 30 日，根据第十二届全国人民代表大会第四次会议《关于修改<中华人民共和国商标法>的决定》第三次修正，于 2014 年 5 月 1 日起施行。《商标法实施条例》根据 2014 年 4 月 29 日中华人民共和国国务院令第 651 号进行了修正。

7.2.2 商标注册

1）商标注册的原则

（1）自愿注册与强制注册相结合原则。自愿注册是指商标使用人根据实际需要，自行决定是否对商标进行注册。但是，自愿注册的原则，并不排除对某些商品“必须申请商标注册”的要求。《商标法》第 6 条规定：“法律、行政法规规定必须使用注册商标的商品，必须申请商标注册，未经核准注册的，不得在市场销售。”这就是强制注册原则。根据法律规定，烟草制品（卷烟、雪茄烟和有包装的烟丝）实行强制注册。

【观念应用 7-2】 销售药品，必须使用注册商标

某公司经卫生行政部门许可，在中国境内销售一种进口药品，该药品使用的商标未在我国注册。

请问：该公司销售药品合法吗？应怎样处理？

法律分析：《商标法》第 6 条规定：“法律、行政法规规定必须使用注册商标的商品，必须申请商标注册，未经核准注册的，不得在市场销售。”药品属于必须使用注册商标的商品。要实现“不得在市场销售”，就必须对已销售者“责令停止销售”。违反本规定由地方工商行政管理部门责令限期申请注册，可以并处罚款。

（2）申请在先和使用在先相结合原则。《商标法》第 31 条规定：“两个或者两个以上的申请人，在同一种商品或者类似商品上，以相同或者近似的商标申请注册的，初步审定并公告申请在先的商标；同一天申请的，初步审定并公告使用在先的商标，驳回其他人的申请，不予公告。”

（3）一类商品一个商标一份申请原则。我国采用一类商品一个商标一份申请的原则，即一份申请书中只能申请一个商标，并且在一个类别的商品上申请注册，不能跨类申请。也就是说，一份商标申请书不能申报属于两类以上的商品，也不能一类商品的商标申请报两个以上的商标。如果同一商标使用商品跨几个类，则须按商品的不同类别，分别提出申请。

2）商标注册的申请

商标注册的申请是商标使用人向商标注册主管机关表示要求取得商标专用权意愿的一种方式。

商标注册申请人，在准备有关申请文件后，应及时提出商标注册申请。每件商标申请应按规定报送以下书件和费用：①商标注册申请书一份。②商标图样 5 份；指定颜色的，并应当提交着色图样 5 份，且附送黑白稿 1 份。③有关证明文件。④交纳商标注册费用。

为申请商标注册所申报的事项和所提供的材料应当真实、准确、完整。

3）商标注册的审查

（1）商标注册的形式审查。商标注册的形式审查，是确定是否具备受理该商标申请的起码条件，是指审查申请手续是否完备，填报项目是否符合要求。如申请书件是否齐备，商标注册申请是否具备申请资格，填报有关证书号码是否一致，是否按《商标注册用商品和服务国际分类表》按类申请，特殊商品有无主管部门的许可证等事项。

（2）商标注册的实质审查。实质审查是商标审查人依照法律规定对形式审查合格的商标注册申请所进行的检索、分析、对比、调查研究，并决定给予初步审定或驳回申请的一系列活动。

第一，审查商标是否具有显著性。我国《商标法》第 9 条规定：申请注册的商标，应当有显著特征，便于识别，并不得与他人在先取得的合法权利相冲突。

第二，审查申请注册商标有无违反《商标法》的禁用条款。我国《商标法》第 10 条规定，下列标志不得作为商标使用：同中华人民共和国的国家名称、国旗、国徽、国歌、军旗、军徽、军歌、勋章相同或者近似的，以及同中央国家机关的名称、标志、所在地特定地点的名称或有标志性建筑物的名称、图形相同的；同外国的国家名称、国旗、国徽、军旗相同或者近似的，但该国政府同意的除外；同政府间国际组织的名称、旗帜、徽记相同或者近似的，但经该组织同意或者不易误导公众的除外；与表明实施控制、予以保证的官方标志、检验印记相同或者近似的，但经授权的除外；同“红十字”、“红新月”的名称、标志相同或者近似的；带有民族歧视性的；带有欺骗性，容易使公众对商品的质量等特点或者产地产生误认的；有害于社会主义道德风尚或者有其他不良影响的。

【观念应用 7-3】 “Oscar 奥斯卡”可以申请注册商标

某公司申请“Oscar 奥斯卡”作为服务商标注册申请，但远在美国加州登记注册的“Oscar Aerosol，Inc.”（奥斯卡气雾剂公司）以该公司已登记注册为名不予主张申请。

请问：某公司的申请能通过吗？

法律分析：申请商标使用文字“Oscar 奥斯卡”，虽然是公众熟知的美国电影奖名称，但有其他常见含义。《牛津高级英汉双解词典（第四版）》及《新英汉词典》均将“Oscar”列入普通人名表及常用英美姓名表，音译为中文“奥斯卡”，且目前尚无证据表明“Oscar 奥斯卡”使用在推销服务项目上作为商标会产生不良影响。因此，商标评审委员会应当决定申请商标可以初步审定并公告。

县级以上行政区划的地名或者公众知晓的外国地名，不得作为商标。但是，地名具有其他含义或者作为集体商标、证明商标组成部分的除外，已经注册的使用地名的商标继续有效。

《商标法》第 11 条规定，下列标志不得作为商标注册：仅有本商品的通用名称、图形、型号的；仅仅直接表示商品的质量、主要原料、功能、用途、重量、数量及其他特点的；其他缺乏显著特征的，但经过使用取得显著特征，并便于识别的，可以作为商标注册。

《商标法》第12条规定，以三维标志申请注册商标的，仅由商品自身的性质产生的形状，为获得技术效果而需有的商品形状或者使商品具有实质性价值的形状，不得注册。

未经授权，代理人或者代表人以自己的名义将被代理人或者被代表人的商标进行注册，被代理人或者被代表人提出异议的，不予注册并禁止使用。

就同一种商品或者类似商品申请注册的商标与他人在先使用的未注册商标相同或者近似，申请人与该他人具有前款规定以外的合同、业务往来关系或者其他关系而明知该他人商标存在，该他人提出异议的，不予注册。

商标中有商品的地理标志，而该商品并非来源于该标志所标示的地区、误导公众的，不予注册并禁止使用；但是，已经善意取得注册的继续有效。这里所称地理标志，是指标示某商品来源于某地区，该商品的特定质量、信誉或者其他特征，主要由该地区的自然因素或者人文因素所决定的标志。

第三，审查申请注册的商标是否与他人申请在先或已注册的商标相同或者近似。我国《商标法》第30条规定，申请注册的商标，凡不符合本法有关规定或者同他人在同一种商品或者类似商品上已经注册的或者初步审定的商标相同或者近似的，由商标局驳回申请，不予公告。这里我们要对什么是“同一商品”、“类似商品”、“相同商标”和“近似商标”作一判断和裁定。

同一商品是依其原料、形状、性能、用途等因素以及习惯判断的，一般是指名称相同的商品，或名称虽不相同，但从别的情况考虑具有同一性的商品。例如，自行车用的车架、车条、车轴、车圈、车闸用途不同，但在自行车零部件这一概念上也应属于同一商品。

类似商品一般是指两种或两种以上的商品在所用原料、功能、用途、外观形状以及销售场所等方面，具有同一共同点的商品。如果使用相同或者近似的商标容易引起混淆，消费者误认为是同一企业所产。所以我国在1988年11月1日的商品分类表中又规定了类似商品区分表。

相同商标是指在同一种商品上或者类似商品上使用的两个或两个以上的商标，如“三五”与“555”，“三九”与“999”等。

近似商标是指同一种商品或者类似商品上使用的两个或两个以上的商标，有外观近似、读音近似、含意近似的，如“皇妹”与“皇姝”、“雅霜”与“娅霜”等。

【观念应用7-4】 **“牌匾”不构成侵权**

天津狗不理包子集团公司（以下简称狗不理公司）已取得“狗不理”注册商标。某年1月7日，被告甲饭店与被告G某签订合作协议一份，聘请G某为该店的面案厨师。同年3月甲饭店开业后，在店门上方悬挂“正宗天津狗不理包子第五代传人G某”为内容的牌匾一幅。该店自3月起开始经营包子。后狗不理公司起诉甲饭店及G某，称其侵犯了“狗不理”商标专用权。

请问：甲饭店的行为构成商标侵权吗？

资料来源 黄勤南．知识产权法案例教程［M］．北京：知识产权出版社，2001.

法律分析：法院审理认为，G某是“狗不理”创始人高贵友的第五代传人。两被告签订合作协议和制作上述牌匾的行为，是宣传“狗不理”的传人G某的个人身份，不是在“狗不理”包子或类似商品上使用与原注册商标相同或近似的商标、商品名称或商品装潢，故被告不构成侵权，驳回原告的起诉。

（3）驰名商标的保护。我国《商标法》第13条规定，就相同或者类似商品申请注册的商标是复制、摹仿或者翻译他人未在中国注册的驰名商标，容易导致混淆的，不予注册并禁止使用。就不相同或者不相类似商品申请注册的商标是复制、摹仿或者翻译他人已经在中国注册的驰名商标、误导公众，致使该驰名商标注册人的权益可能受到损害的，不予注册并禁止使用。

认定驰名商标应当考虑下列因素：①相关公众对该商标的知晓程度；②该商标使用的持续时间；③该商标的任何宣传工作的持续时间、程度和地理范围；④该商标作为驰名商标受保护的记录；⑤该商标驰名的其他因素。

在商标注册审查、工商行政管理部门查处商标违法案件过程中，当事人依照《商标法》第13条规定主张权利的，商标局根据审查、处理案件的需要，可以对商标驰名情况作出认定。

在商标争议处理过程中，当事人依照《商标法》第13条规定主张权利的，商标评审委员会根据处理案件的需要，可以对商标驰名情况作出认定。

在商标民事、行政案件审理过程中，当事人依照《商标法》第13条规定主张权利的，最高人民法院指定的人民法院根据审理案件的需要，可以对商标驰名情况作出认定。

生产、经营者不得将“驰名商标”字样用于商品、商品包装或者容器上，或者用于广告宣传、展览以及其他商业活动中。

4）商标注册的驳回与核准

（1）商标注册申请的驳回。商标申请经商标局实质审查，凡不符合《商标法》有关规定的，由商标局驳回申请。商标申请被驳回后，申请人如对驳回理由不服，可以在收到驳回通知书15天内向商标评审委员会送交驳回商标复审申请书，向商标评审委员会申请复审。由商标评审委员会对申请复审的理由进行研究，作出裁定。

（2）商标注册的初步审定和公告。对申请注册的商标，商标局应当自收到商标注册申请文件之日起9个月内审查完毕，凡符合《商标法》有关规定的，由商标局予以初步审定、公告。两个或者两个以上的商标注册申请人，在同一种商品或者类似商品上，以相同或者近似的商标申请注册的，初步审定并公告申请在先的商标；同一天申请的，初步审定并公告使用在先的商标，驳回其他人的申请，不予公告。商标注册流程如图7-1所示。

（3）商标异议。申请商标注册不得损害他人现有的在先权利，也不得以不正当手段抢先注册他人已经使用并有一定影响的商标。对初步审定公告的商标，自公告之日起3个月内，在先权利人、利害关系人认为违反《商标法》第13条第2款和第3款、第15条、第16条第1款、第30条、第31条、第32条规定的，或者任何人认为违反《商标法》第10条、第11条、第12条规定的，可以向商标局提出异议。公告期满无异议的，予以核准注册，发给商标注册证，并予公告。

对驳回申请、不予公告的商标，商标局应当书面通知商标注册申请人。商标注册申请人不服的，可以自收到通知之日起15日内向商标评审委员会申请复审，由商标评审委员

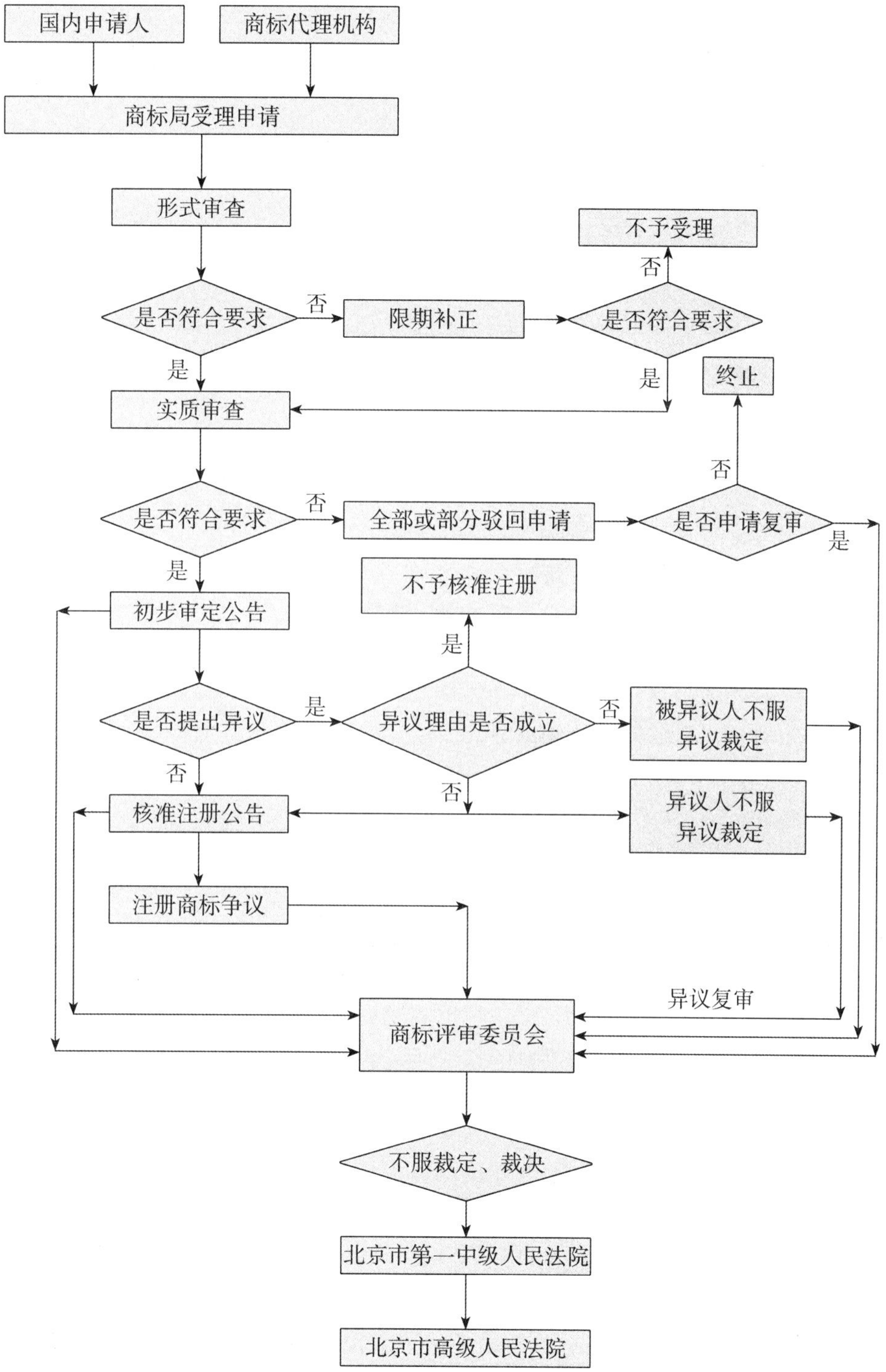

图 7-1　商标注册流程图

会应当自收到申请之日起 9 个月内作出决定，并书面通知申请人。当事人对商标评审委员会的决定不服的，可以自收到通知之日起 30 日内向人民法院起诉。

对初步审定、予以公告的商标提出异议的，商标局应当听取异议人和被异议人陈述事实和理由，经调查核实后，作出裁定。当事人不服的，可以自收到通知之日起 15 日内向商标评审委员会申请复审，由商标评审委员会作出裁定，并书面通知异议人和被异议人。当事人对商标评审委员会的裁定不服的，可以自收到通知之日起 30 日内向人民法院起诉。人民法院应当通知商标复审程序的对方当事人作为第三人参加诉讼。

法定期限届满，当事人对商标局作出的驳回申请决定、不予注册决定不申请复审或者对商标评审委员会作出的复审决定不向人民法院起诉的，驳回申请决定、不予注册决定或者复审决定生效。

经审查异议不成立而准予注册的商标，商标注册申请人取得商标专用权的时间自初步审定公告 3 个月期满之日起计算。自该商标公告期满之日起至准予注册决定作出前，对他人在同一种或者类似商品上使用与该商标相同或者近似的标志的行为不具有追溯力；但是，因该使用人的恶意给商标注册人造成的损失，应当给予赔偿。

5）注册商标的管理

（1）注册商标的续展。注册商标的续展是指注册商标所有人依法办理手续，延长注册商标的有效期。注册商标的有效期为 10 年，外国人或者外国企业在中国申请商标注册的，经审查核准的注册商标的有效期也为 10 年。

注册商标的有效期限的计算，自核准注册之日起算起，即在审定公告发布后 3 个月内，无人提出异议，或经裁定异议不成立之日算起。

注册商标有效期满，需要继续使用的，商标注册人应当在期满前 12 个月内按照规定办理续展手续；在此期间未能办理的，可以给予 6 个月的宽展期。每次续展注册的有效期为 10 年，自该商标上一届有效期满次日起计算。期满未办理续展手续的，注销其注册商标。

商标局应当对续展注册的商标予以公告。

（2）注册商标的变更。《商标法》第 41 条规定，注册商标需要变更注册人的名义、地址或者其他注册事项的，应当提出变更申请。申请变更商标注册人名义的，每一个申请应当向商标局寄送变更商标注册人名义申请书和变更证明各一份，并交回原商标注册证。

（3）注册商标的转让。转让注册商标的，转让人和受让人应当签订转让协议，并共同向商标局提出申请。受让人应当保证使用该注册商标的商品质量。转让注册商标经核准后，予以公告。受让人自公告之日起享有商标专用权。

转让注册商标的，商标注册人对其在同一种商品上注册的近似的商标，或者在类似商品上注册的相同或者近似的商标，应当一并转让。

对容易导致混淆或者有其他不良影响的转让，商标局不予核准，书面通知申请人并说明理由。

注册商标的转让，大致有以下几种：一是由于企业的合并、兼并、改制和改组所引起的商标转让；二是由于企业的经营范围扩大所引起的商标转让；三是由于商标被他人抢注，商标的首先使用人为了获得该商标的统一专有使用权所引起的商标转让；四是为扩大传统品牌出口，生产企业与外贸企业进行的商标专用权转让；五是以高额代价与该注册商标所有人达成的商标转让协议。

（4）商标的许可。《商标法》第 43 条规定：商标注册人可以通过签订商标使用许可合同，许可他人使用其注册商标。许可人应当监督被许可人使用其注册商标的商品质量。被许可人应当保证使用该注册商标的商品质量。

经许可使用他人注册商标的，必须在使用该注册商标的商品上标明被许可人的名称和商品产地。

许可他人使用其注册商标的，许可人应当将其商标使用许可报商标局备案，由商标局公告。商标使用许可未经备案不得对抗善意第三人。

（5）注册商标的无效。《商标法》第 44 条规定：已经注册的商标，违反本法第 10 条、第 11 条、第 12 条规定的，或者是以欺骗手段或者其他不正当手段取得注册的，由商标局宣告该注册商标无效；其他单位或者个人可以请求商标评审委员会宣告该注册商标无效。

《商标法》第 45 条规定：已经注册的商标，违反本法第 13 条第 2 款和第 3 款、第 15 条、第 16 条第 1 款、第 30 条、第 31 条、第 32 条规定的，自商标注册之日起 5 年内，在先权利人或者利害关系人可以请求商标评审委员会宣告该注册商标无效。对恶意注册的，驰名商标所有人不受 5 年的时间限制。法定期限届满，当事人对商标局宣告注册商标无效的决定不申请复审或者对商标评审委员会的复审决定、维持注册商标或者宣告注册商标无效的裁定不向人民法院起诉的，商标局的决定或者商标评审委员会的复审决定、裁定生效。依照本法第 44 条、第 45 条的规定宣告无效的注册商标，由商标局予以公告，该注册商标专用权视为自始即不存在。宣告注册商标无效的决定或者裁定，对宣告无效前人民法院作出并已执行的商标侵权案件的判决、裁定、调解书和工商行政管理部门作出并已执行的商标侵权案件的处理决定以及已经履行的商标转让或者使用许可合同不具有追溯力。但是，因商标注册人的恶意给他人造成的损失，应当给予赔偿。依照前款规定不返还商标侵权赔偿金、商标转让费、商标使用费，明显违反公平原则的，应当全部或者部分返还。

（6）注册商标的撤销。商标注册人在使用注册商标的过程中，自行改变注册商标、注册人名义、地址或者其他注册事项的，由地方工商行政管理部门责令限期改正；期满不改正的，由商标局撤销其注册商标。注册商标成为其核定使用的商品的通用名称或者没有正当理由连续 3 年不使用的，任何单位或者个人可以向商标局申请撤销该注册商标。商标局应当自收到申请之日起 9 个月内作出决定。有特殊情况需要延长的，经国务院工商行政管理部门批准，可以延长 3 个月。

注册商标被撤销、被宣告无效或者期满不再续展的，自撤销、宣告无效或者注销之日起 1 年内，商标局对与该商标相同或者近似的商标注册申请，不予核准。

7.2.3　注册商标专用权的保护

1）商标专用权的保护范围

注册商标的专用权，以核准注册的商标和核定使用的商品为限。

2）侵犯商标专用权的行为

《商标法》第 57 条规定，有下列行为之一的，均属侵犯注册商标专用权：

（1）未经商标注册人的许可，在同一种商品上使用与其注册商标相同的商标的；

（2）未经商标注册人的许可，在同一种商品上使用与其注册商标近似的商标，或者在类似商品上使用与其注册商标相同或者近似的商标，容易导致混淆的；

（3）销售侵犯注册商标专用权的商品的；

（4）伪造、擅自制造他人注册商标标识或者销售伪造、擅自制造的注册商标标识的；

（5）未经商标注册人同意，更换其注册商标并将该更换商标的商品又投入市场的；

（6）故意为侵犯他人商标专用权行为提供便利条件，帮助他人实施侵犯商标专用权行为的；

（7）给他人的注册商标专用权造成其他损害的。

3）对侵权行为的处理

有侵犯注册商标专用权行为之一，引起纠纷的，由当事人协商解决；不愿协商或者协商不成的，商标注册人或者利害关系人可以向人民法院起诉，也可以请求工商行政管理部门处理。涉嫌犯罪的，应当及时移送司法机关依法处理。

（1）行政责任。工商行政管理部门处理时，认定侵权行为成立的，责令立即停止侵权行为，没收、销毁侵权商品和主要用于制造侵权商品、伪造注册商标标识的工具，违法经营额5万元以上的，可以处违法经营额5倍以下的罚款，没有违法经营额或者违法经营额不足5万元的，可以处25万元以下的罚款。对5年内实施2次以上商标侵权行为或者有其他严重情节的，应当从重处罚。销售不知道是侵犯注册商标专用权的商品，能证明该商品是自己合法取得并说明提供者的，由工商行政管理部门责令停止销售。对侵犯商标专用权的赔偿数额的争议，当事人可以请求进行处理的工商行政管理部门调解，也可以依照《民事诉讼法》向人民法院起诉。经工商行政管理部门调解，当事人未达成协议或者调解书生效后不履行的，当事人可以依照《民事诉讼法》向人民法院起诉。

（2）民事责任。侵犯商标专用权的赔偿数额，按照权利人因被侵权所受到的实际损失确定；实际损失难以确定的，可以按照侵权人因侵权所获得的利益确定；权利人的损失或者侵权人获得的利益难以确定的，参照该商标许可使用费的倍数合理确定。对恶意侵犯商标专用权，情节严重的，可以在按照上述方法确定数额的1倍以上3倍以下确定赔偿数额。赔偿数额应当包括权利人为制止侵权行为所支付的合理开支。

权利人因被侵权所受到的实际损失、侵权人因侵权所获得的利益、注册商标许可使用费难以确定的，由人民法院根据侵权行为的情节判决给予300万元以下的赔偿。

销售不知道是侵犯注册商标专用权的商品，能证明该商品是自己合法取得并说明提供者的，不承担赔偿责任。

商标注册人或者利害关系人有证据证明他人正在实施或者即将实施侵犯其注册商标专用权的行为，如不及时制止将会使其合法权益受到难以弥补的损害的，可以依法在起诉前向人民法院申请采取责令停止有关行为和财产保全的措施。

为制止侵权行为，在证据可能灭失或者以后难以取得的情况下，商标注册人或者利害关系人可以依法在起诉前向人民法院申请保全证据。

（3）刑事责任。未经商标注册人许可，在同一种商品上使用与其注册商标相同的商标，构成犯罪的，除赔偿被侵权人的损失外，依法追究刑事责任。

伪造、擅自制造他人注册商标标识或者销售伪造、擅自制造的注册商标标识，构成犯罪的，除赔偿被侵权人的损失外，依法追究刑事责任。

销售明知是假冒注册商标的商品，构成犯罪的，除赔偿被侵权人的损失外，依法追究刑事责任。

【观念应用 7-5】 商标权的保护范围

某厂于2013年5月1日就其生产销售的彩条毛巾开始使用“月季花”图形注册商标。同年6月15日，某公司就其生产销售的女衬衫使用“月季花”图形商标。该当地工商行政管理部门以某公司侵权为由责令其立即停止使用“月季花”图形商标，并处以罚款。

请问：工商行政管理部门的处罚正确吗？

法律分析：某公司的行为不属于侵犯商标专用权的范畴，工商行政管理部门的处理不正确。因为两个厂家生产的产品既非同一产品也非类似产品，故而某公司的行为不属于侵犯商标专用权的范畴。

为制止侵权行为，在证据可能灭失或者以后难以取得的情况下，商标注册人或者利害关系人可以在起诉前向人民法院申请保全证据。人民法院接受申请后，必须在48小时内作出裁定；裁定采取保全措施的，应当立即开始执行。人民法院可以责令申请人提供担保，申请人不提供担保的，驳回申请。申请人在人民法院采取保全措施后15日内不起诉的，人民法院应当解除保全措施。

未经商标注册人许可，在同一种商品上使用与其注册商标相同的商标，构成犯罪的，除赔偿被侵权人的损失外，依法追究刑事责任。伪造、擅自制造他人注册商标标识或者销售伪造、擅自制造的注册商标标识，构成犯罪的，除赔偿被侵权人的损失外，依法追究刑事责任。销售明知是假冒注册商标的，构成犯罪的，除赔偿被侵权人的损失外，依法追究刑事责任。

4）对假冒商标行为的认定及制裁

（1）假冒商标行为及其性质。假冒商标行为是一种严重的商标侵权行为，是一种犯罪行为，是指未经注册商标所有人的同意而故意在相同商品上使用与注册商标相同或十分近似的商标的行为。它包括擅自制造或者销售他人注册商标标识的行为。认定是否为假冒商标，不能以侵权情节的轻重程度为标准，也不能仅以侵权获利的多少为标准。同时，认定假冒商标必须与假冒商品相区别，假冒商品是商品真伪问题，如用红糖当作药品板蓝根，就是假冒商品。

（2）对假冒商标的制裁。我国《商标法》规定了对假冒注册商标的犯罪行为要依法追究刑事责任，在运用经济制裁手段对商标侵权行为进行制裁的同时，运用必要的刑罚手段，惩处假冒商标的犯罪行为，以维护正常的社会主义市场经济秩序。

7.3 专利法

【观念应用 7-6】 丧失新颖性的例外

2013年1月，甲公司的高级工程师乙研制出一种节油设备，完成了该公司的技术攻坚课题，达到国际领先水平。2014年2月，甲公司将该设备样品提供给我国政府承认的某国际技术展览会展出。同年3月，乙未经单位同意，在向某国外杂志的投稿论文中透露了该设备的核心技术，该杂志将论文全文刊载。同年6月，丙公司依照该杂志的报道很快研制了样品，并做好了批量生产的准备。甲公司于2014年7月向我国专利局递交专利申请书。

请问：甲公司的申请能授予专利权吗?

法律分析：根据《专利法》第22条，授予专利权的发明和实用新型，应当具备新颖性、创造性和实用性。另外，根据《专利法》第24条，申请专利的发明创造在申请日以前6个月内，在中国政府主办或者承认的国际展览会上首次展出的；在规定的学术会议或者技术会议上首次发表的；他人未经申请人同意而泄露其内容的，不丧失新颖性。因此，在丙公司已研制出新样品的情况下，甲公司的发明仍具有新颖性，可以被授予专利权。

7.3.1 专利和专利法

1）专利的含义

专利通常有两种含义：

（1）**专利**是专利权的简称，它是指某项发明创造根据专利法的规定向国家专利局提出申请，经审查合格后，授予申请人在法律规定的时间内对其发明创造所享有的专有权。这是专利的基本含义。

（2）**专利**是受专利法保护的发明创造，一般包括发明、实用新型和外观设计三种。

2）专利法的概念

专利法是调整在确认和保护发明创造的专有权以及在利用专有的发明创造过程中产生的社会关系的法律规范的总称。

1984年3月12日，第六届全国人大常委会第四次会议通过了《中华人民共和国专利法》，1985年1月19日通过了《中华人民共和国专利法实施细则》，两者自1985年4月1日起施行。根据2008年12月27日第十一届全国人大常委会第六次会议《关于第三次修正<中华人民共和国专利法>的决定》第三次修正。

3）专利法的任务

我国《专利法》第1条规定："为了保护专利权人的合法权益，鼓励发明创造，推动发明创造的应用，提高创新能力，促进科学技术进步和经济社会发展，制定本法。"

7.3.2 专利权的主体和客体

1）专利权的主体

专利权主体是指有权提出专利申请并取得专利权的单位和个人。依据专利法，我国专利权主体有以下几种：

（1）职务发明创造的单位。职务发明创造，是指发明人或设计人为执行本单位的任务或者主要是利用本单位的物质条件所完成的发明创造。

执行本单位任务是指：①在从事本职工作中所做出的发明创造；②履行本单位交付的本职工作之外任务所做出的发明创造；③退职、退休或调动工作一年以内做出的，与在原单位承担的本职工作或者分配的任务有关的发明创造。

利用本单位的物质技术条件所完成的发明创造，单位与发明人或者设计人订有合同，对申请专利的权利和专利权的归属作出约定的，从其约定。

【观念应用 7–7】 职务发明？非职务发明？

2007 年，甲大学环境科研所环境化学研究室副主任 A 应某市环保局邀请，同意帮助研究有关印染污水处理工作。A 一直从事微量元素与健康研究工作，当时分管后勤工作。同年寒假，A 在甲大学实验室利用废旧原料、工具及试纸，对有关厂家提供的印染污水进行试验和测试，完成了“印染污水处理方法与工艺”的发明专利。此后，甲大学就该项发明向中国专利局申请了职务发明专利，并于 2011 年 11 月 1 日获得专利权，而 A 认为该发明专利权归属有误，于 2012 年 10 月向某市中级人民法院提起诉讼，请求判令该发明专利为非职务发明。

甲大学在诉讼期间则坚持认为该发明属职务发明，理由是：①A 研究印染污水处理是经校方认可的，属单位交付的任务。②A 是副主任，研究该项技术是本职工作。③A 在该校实验室搞科研，利用了单位的物质条件。

请问：该项发明属于职务发明吗？

法律分析：从本案可看出，A 从事“印染污水处理方法与工艺”研究并非其本职工作，而且是在假期完成的，并非甲大学交付的科研任务，也未予投资。A 的发明构思方法简单，无需复杂仪器，试纸可在市场随处购买，不属于利用单位的物质条件，其发明是非职务发明创造，申请专利权人和专利权应归属 A。至于利用甲大学的仪器、设备和一些原料的问题，A 可适当支付一定使用费。

（2）非职务发明创造的个人。非职务发明创造，是指企事业工作人员，不是为执行本单位任务，未利用本单位物质条件所完成的发明创造。非职务发明申请专利的权利属于发明人或者设计人，该发明人或者设计人为专利权人。

（3）共同发明人、设计人。由两人或两人以上共同完成的发明创造称为共同发明创造。完成该项发明创造的人，称为共同发明人或共同设计人。

（4）外国的个人或单位。《专利法》第 18 条明确规定：“在中国没有经常居所或者营业所的外国人、外国企业或者外国其他组织在中国申请专利的，依照其所属国同中国签订的协议或者共同参加的国际条约，或者依照互惠原则，根据本法办理。”

2）专利权的客体

专利权客体是指专利法保护对象，即依法可以取得专利权的发明创造。我国专利权的客体有：发明、实用新型、外观设计。

（1）发明。发明一般是指创造和设计某种前所未有的东西。《专利法》所指发明与一般所说发明不完全相同。《专利法》所称发明，是指对产品、方法或其改进所提出的新的技术方案。因此，发明包括三种：一是产品发明；二是方法发明；三是改进发明，这是对已有产品发明或方法发明提出的实质性革新的技术方案。

（2）实用新型。实用新型是指对产品的形状、构造或者其结合所提出的适于实用的新的技术方案。实用新型也属于发明的范畴，但与发明主要有两点不同：一是实用新型只适用于产品形状、构造或者其结合所提出适于实用的、新的技术方案，不适用于方法。二是实用新型发明水平较低，因此有人把它称为“小发明”，把取得的专利称为“小专利”。

（3）外观设计。外观设计是指对产品的形状、图案或者其结合以及色彩与形状、图案的结合所作出的富有美感并适于工业应用的新设计。实用新型与外观设计都关系到形状，其区别在于：实用新型主要关系到产品的功能，外观设计主要关系到产品的外观，而不涉及产品的制造和设计技术。

【小思考 7-2】

甲酒厂为了突出自己的产品，对本厂生产的酒瓶进行了设计，将酒瓶设计成葫芦形状，并将百岁老人图绘制于瓶体上，色彩方面也做出了独具匠心的设计，该产品上市后，深受广大消费者的欢迎。

请问：酒瓶这一设计能向专利局提出外观设计专利申请吗？

答：根据《专利法实施细则》之规定，甲酒厂的酒瓶设计完全符合外观设计专利的特征，可以向专利局提出外观设计专利申请。

7.3.3 授予专利权的条件

1）授予发明和实用新型专利的实质条件

（1）新颖性。它是指该发明或者实用新型不属于现有技术，也没有任何单位或者个人就同样的发明或者实用新型在申请日以前向国务院专利行政部门提出过申请，并记载在申请日以后公布的专利申请文件或者公告的专利文件中。

另外，《专利法》还规定：申请日以前 6 个月内，有下列情形之一的，不丧失其新颖性：①在中国政府主办或者承认的国际展览会上首次展出的；②在规定的学术会议或者技术会议上首次发表的；③他人未经申请人同意而泄露其内容的。

【观念应用 7-8】　　丧失新颖性，不授予专利权

某中学教师 A 利用业余时间于某年 1 月研制出一种“节能打火机”。这种产品特征是：节能、稳定、寿命长。同年 3 月，A 被学校派去外地参加一个教学交流会，在甲市某大学的一次报告会上，A 详尽地介绍了他的“节能打火机”的原理和设计方案，受到师生的欢迎。同年 4 月，A 向专利局提出实用新型专利申请，结果被驳回。

请问：专利局驳回申请的理由是什么？

法律分析：原因就在于 A 研制的“节能打火机”的原理和方案在一次不属于专利法规定的学术会议上（即某大学的报告会上）公开了，所以丧失了新颖性。

（2）创造性。它是指申请专利的发明或者实用新型要比现有技术有明显的进步，这是对授予专利的发明或实用新型的质量要求。《专利法》规定：“创造性，是指与现有技术相比，该发明有突出的实质性特点和显著的进步，该实用新型有实质性的特点和进步。”

现有技术，是指申请日以前在国内外为公众所知的技术。

（3）实用性。它是指一项发明或者实用新型能够在工业上或者产业上获得应用的本质特征。《专利法》规定：“实用性是指该发明或者实用新型能够制造或者使用，并且能够产生积极效果。”

2）授予外观设计专利的实质条件

授予专利权的外观设计，应当不属于现有设计；也没有任何单位或者个人就同样的外观设计在申请日以前向国务院专利行政部门提出过申请，并记载在申请日以后公告的专利文件中。授予专利权的外观设计与现有设计或者现有设计特征的组合相比，应当具有明显区别。授予专利权的外观设计不得与他人在申请日以前已经取得的合法权利相冲突。

现有设计，是指申请日以前在国内外为公众所知的设计。

3）不授予专利权

根据《专利法》规定，对下列各项不授予专利权：①科学发现；②智力活动的规则和方法；③疾病的诊断和治疗方法；④动物和植物品种；⑤用原子核变换方法获得的物质；⑥对平面印刷品的图案、色彩或者二者的结合作出的主要起标识作用的设计。

【小思考7-3】

依《专利法》的有关规定，下列哪些情况不能授予专利权？

A. 甲发明了仿真印钞机

B. 乙发明了对糖尿病特有的治疗方法

C. 丙发明了某植物新品种

D. 丁发明了某植物新品种的生产方法

答：ABC

7.3.4 专利的申请、审查和批准

1）专利的申请

（1）发明和实用新型专利的申请。《专利法》规定，申请发明或者实用新型专利的，应当提交申请书、说明书及其摘要和权利要求书等文件。

申请书是申请人向国务院专利行政部门表示请求授予专利权的一份申请文件。说明书是一份重要的技术性文件。申请人通过说明书将发明或实用新型向公众公开，达到使所属技术领域的技术人员能够实现的程度。说明书既是申请人要求权利的依据，又是申请人解释权利的方式，摘要是对说明书内容的简短说明。权利要求书是申请人申请专利保护范围，它是确定该发明或实用新型专利权范围的根据，也是判断他人是否侵权的依据，权利要求书具有直接的法律效力。

（2）外观设计专利的申请。由于外观设计是指对产品的形状、图案和色彩的设计，很难用文字说明或者写成权利要求书，只能通过图片或者照片才能正确体现出来。因此，《专利法》规定申请外观设计专利的，应当提交请求书以及该外观设计的图片或者照片等文件，并且应当写明使用该外观设计的产品及其所属的类别。

2）专利的审查、批准

（1）初步审查。国务院专利行政部门收到专利申请后，首先进行初步审查，又称形式审查。主要审查申请文件是否齐全及其是否符合规定；委托专利代理的是否提交委托书；是否属于不授予专利权的范围。

（2）早期公开。我国《专利法》规定，对发明专利申请采用早期公开、延迟审查制。国务院专利行政部门收到发明申请后，经初步审查认为符合要求的，应在申请日起满18个月即行公布，从公布之日起，申请人就享有临时性保护。

（3）实质审查。实质审查主要是对发明的新颖性、创造性和实用性进行严格审查。《专利法》规定：“发明专利申请自申请日起3年内，国务院专利行政部门可以根据申请

人随时提出的请求，对其申请进行实质审查；申请人无正当理由逾期不请求实质审查的，该申请即被视为撤回。”这一制度通常被称为延迟审查制。请求实质审查应向国务院专利行政部门提交申请日前与其发明有关的材料，无正当理由不提交的，被视为撤回。

（4）撤回或驳回。国务院专利行政部门对发明专利申请进行实质审查后，认为不符合《专利法》规定的，应当通知申请人，要求其在指定的期限内陈述意见，或者对其申请进行修改；无正当理由逾期不答复的，该申请即被视为撤回。发明专利申请经申请人陈述意见或者进行修改后，国务院专利行政部门仍然认为不符合《专利法》规定的，应当予以驳回。

（5）授予专利权。发明专利申请经实质审查没有发现驳回理由的，国务院专利行政部门应当作出授予发明专利权的决定，发给发明专利证书，并予以登记和公告。

实用新型和外观设计专利申请经初步审查没有发现驳回理由的，国务院专利行政部门应当作出授予实用新型专利权或者外观设计专利权的决定，发给相应专利证书，并予以登记和公告。

（6）维持或撤销专利权。自国务院专利行政部门公告授予专利权之日起 6 个月内，任何单位或者个人认为专利权的授予不符合《专利法》规定的，都可以请求国务院专利行政部门撤销该专利权，国务院专利行政部门接到申请后，经审查作出撤销或维持专利权的决定。撤销专利权的决定，由国务院专利行政部门登记和公告。被撤销的专利权视为自始即不存在。

（7）复审。国务院专利行政部门设立复审委员会。对国务院专利行政部门驳回申请的决定不服，或对撤销或维持专利权的决定不服，可以自收到通知之日起 3 个月内，向复审委员会请求复审。专利复审委员会复审后，应作出决定，并通知专利申请人、专利权人或者撤销专利权的请求人。

（8）向人民法院起诉。专利申请人对专利复审委员会复审决定不服的，可以自收到通知之日起 3 个月内向人民法院起诉。

7.3.5 专利权的期限、终止和无效

1）专利权的期限

专利权的期限即专利权的法定有效时间。专利权在有效时间内受法律保护。

按照《专利法》的规定，发明专利法定有效时间为 20 年；实用新型专利的法定有效时间为 10 年；外观设计专利的法定有效时间为 10 年。以上法定有效时间均自申请之日起计算。

2）专利权的终止

专利权在以下情况下终止：①期限届满；②专利权人未按规定缴纳年费；③专利权人以书面声明放弃其权利。专利权在后两种情况下终止，即期限届满前终止由国务院专利行政部门登记和公告。

3）专利权的无效

自国务院专利行政部门公告授予专利权之日起，任何单位和个人认为该专利权的授予不符合《专利法》规定的，都可以请求专利复审委员会宣告该专利权无效。专利复审委员会对宣告专利权无效的请求应当及时审查和作出决定，并通知请求人和专利权人。宣告

专利权无效的决定，由国务院专利行政部门登记和公告。对专利复审委员会宣告专利权无效或者维持专利权的决定不服的，可以自收到通知之日起3个月内向人民法院起诉。人民法院应当通知无效宣告请求程序的对方当事人作为第三人参加诉讼。

宣告无效的专利权视为自始即不存在。宣告专利权无效的决定，对在宣告专利权无效前人民法院作出并已执行的专利侵权的判决、调解书，已经履行或者强制执行的专利侵权纠纷处理决定，以及已经履行的专利实施许可合同和专利权转让合同，不具有追溯力。但是因专利权人的恶意给他人造成的损失，应当给予赔偿。依照前款规定不返还专利侵权赔偿金、专利使用费、专利权转让费，明显违反公平原则的，应当全部或者部分返还。

7.3.6　专利的实施

专利实施是指专利权人或者专利权人许可他人为了生产经营的目的，制造、使用和销售专利产品或使用专利的方法。

1）专利权人实施

专利权人取得权利后，可以自己单独实施，也可以将专利作为投资与他人合资经营或合作经营组织实施。

2）许可他人实施

专利权人可以以订立许可合同的方式，许可他人实施其专利，获得使用费。

3）指定实施

国有企业事业单位的发明专利，对国家利益或者公共利益具有重要意义的，国务院有关主管部门和省、自治区、直辖市人民政府报经国务院批准，可以决定在批准的范围内推广应用，允许指定的单位实施，由实施单位按照国家规定向专利权人支付使用费。中国集体所有制单位和个人的发明专利，对国家利益或者公共利益具有重大意义，需要推广应用的，参照前款规定办理。

4）专利实施的强制许可

（1）有下列情形之一的，国务院专利行政部门根据具备实施条件的单位或者个人的申请，可以给予实施发明专利或者实用新型专利的强制许可：①专利权人自专利权被授予之日起满3年，且自提出专利申请之日起满4年，无正当理由未实施或者未充分实施其专利的；②专利权人行使专利权的行为被依法认定为垄断行为，为消除或者减少该行为对竞争产生的不利影响的。

（2）在国家出现紧急状态或者非常情况时，或者为了公共利益的目的，国务院专利行政部门可以给予实施发明专利或者实用新型专利的强制许可。

（3）为了公共健康目的，对取得专利权的药品，国务院专利行政部门可以给予制造并将其出口到符合中华人民共和国参加的有关国际条约规定的国家或者地区的强制许可。

（4）一项取得专利权的发明或者实用新型比前已经取得专利权的发明或者实用新型具有显著经济意义的重大技术进步，其实施又有赖于前一发明或者实用新型的实施的，国务院专利行政部门根据后一专利权人的申请，可以给予实施前一发明或者实用新型的强制许可。

在依照上述规定给予实施强制许可的情形下，国务院专利行政部门根据前一专利权人的申请，也可以给予实施后一发明或者实用新型的强制许可。

(5) 国务院专利行政部门作出的给予实施强制许可的决定，应当及时通知专利权人，并予以登记和公告。

给予实施强制许可的决定，应当根据强制许可的理由规定实施的范围和时间。强制许可的理由消除并不再发生时，国务院专利行政部门应当根据专利权人的请求，经审查后作出终止实施强制许可的决定。

(6) 取得实施强制许可的单位或者个人不享有独占的实施权，并且无权允许他人实施。

(7) 取得实施强制许可的单位或者个人应当付给专利权人合理的使用费，或者依照中华人民共和国参加的有关国际条约的规定处理使用费问题。付给使用费的，其数额由双方协商；双方不能达成协议的，由国务院专利行政部门裁决。

(8) 专利权人对国务院专利行政部门关于实施强制许可的决定不服的，专利权人和取得实施强制许可的单位或者个人对国务院专利行政部门关于实施强制许可的使用费的裁决不服的，可以自收到通知之日起3个月内向人民法院起诉。

7.3.7 专利权的保护

1) 专利权的保护范围

发明或者实用新型专利权的保护范围以其权利要求的内容为准，说明书及附图可以用于解释权利要求的内容。

外观设计专利权的保护范围以表示在图片或者照片中的该产品的外观设计为准，简要说明可以用于解释图片或者照片所表示的该产品的外观设计。

2) 专利纠纷的处理

未经专利权人许可，实施其专利，即侵犯其专利权，引起纠纷的，由当事人协商解决；不愿协商或者协商不成的，专利权人或者利害关系人可以向人民法院起诉，也可以请求管理专利工作的部门处理。管理专利工作的部门处理时，认定侵权行为成立的，可以责令侵权人立即停止侵权行为，当事人不服的，可以自收到处理通知之日起15日内依照《行政诉讼法》向人民法院起诉；侵权人期满不起诉又不停止侵权行为的，管理专利工作的部门可以申请人民法院强制执行。进行处理的管理专利工作的部门应当事人的请求，可以就侵犯专利权的赔偿数额进行调解；调解不成的，当事人可以依照《民事诉讼法》向人民法院起诉。

侵犯专利权的赔偿数额按照权利人因被侵权所受到的实际损失确定；实际损失难以确定的，可以按照侵权人因侵权所获得的利益确定。权利人的损失或者侵权人获得的利益难以确定的，参照该专利许可使用费的倍数合理确定。赔偿数额还应当包括权利人为制止侵权行为所支付的合理开支。

权利人的损失、侵权人获得的利益和专利许可使用费均难以确定的，人民法院可以根据专利权的类型、侵权行为的性质和情节等因素，确定给予1万元以上100万元以下的赔偿。

侵犯专利权的诉讼时效为两年，自专利权人或者利害关系人得知或者应当得知侵权行为之日起计算。

发明专利申请公布后至专利权授予前使用该发明未支付适当使用费的，专利权人要求支付使用费的诉讼时效为2年，自专利权人得知或者应当得知他人使用其发明之日起计算，但是，专利权人于专利权授予之日前即已得知或者应当得知的，自专利权授予之日起计算。

3）不视为侵犯专利权的情形

有下列情形之一的，不视为侵犯专利权：

（1）专利产品或者依照专利方法直接获得的产品，由专利人或者经其许可的单位、个人售出后，使用、许诺销售、销售、进口该产品的；

（2）在专利申请日前已经制造相同产品、使用相同方法或者已经做好制造、使用的必要准备，并且仅仅在原有范围内继续制造、使用的；

（3）临时通过中国领陆、领水、领空的外国运输工具，依照其所属国同中国签订的协议或者共同参加的国际条约，或者依照互惠原则，为运输工具自身需要而在其装置和设备中使用有关专利的；

（4）专为科学研究和实验而使用有关专利的；

（5）为提供行政审批所需要的信息，制造、使用、进口专利药品或者专利医疗器械的，以及专门为其制造、进口专利药品或者专利医疗器械的。

为生产经营目的使用、许诺销售或者销售不知道是未经专利权人许可而制造并售出的专利侵权产品，能证明该产品合法来源的，不承担赔偿责任。

本章小结

工业产权和著作权构成了我国的知识产权，工业产权具有时间性、专有性、地域性和确认性。商标是商品生产者或经营者用以标明自己所生产经营的产品或服务与他人生产经营的同一商品或服务有所区别的标志。商标注册申请人，均可以按照商标法规定的原则和程序进行商标注册申请，商标行政管理部门进行审查后，决定是否给予注册，并予以公告，经商标局核准注册的商标是注册商标，受法律保护。专利法是调整在确认和保护发明创造的专有权以及在利用专有的发明创造的过程中产生的社会关系的法律规范的总称，专利的主体分职务发明和非职务发明共同发明人，设计人和外国的个人或单位，专利的客体是发明、实用新型和外观设计，授予专利的条件是新颖性、创造性和实用性，专利的申请、审查和批准，是一个极其严格的程序，经国务院专利行政部门核准的专利，在规定的期限内享有专利权，并受法律保护。

主要概念和观念

□ 主要概念

工业产权　商标　商标法　专利

□ 主要观念

工业产权及其特征　商标注册的原则　授予专利权的条件

基本训练

□ 知识题

7.1 阅读与理解

1）侵犯商标权的行为有哪些？怎样处理？

2）怎样理解职务发明创造？

7.2 知识应用

1）判断题

（1）有关当事人对商标评审委员会作出维持或撤销注册商标的裁定不服的，可以向人民法院起诉。（　　）

（2）凡投放市场用药品均必须使用注册商标。（　　）

（3）使用或销售不知道是未经专利权人许可而制造并售出的专利产品的，不视为侵犯专利权。（　　）

（4）专利权是无形财产权，但商标权是有形财产权。（　　）

2）选择题

（1）在我国可以申请注册的商标有（　　）。

A. 商品商标　　B. 服务商标　　C. 集体商标　　D. 证明商标

（2）导致专利失去效力的情况有（　　）。

A. 专利权被宣告无效　　B. 专利权被撤销

C. 专利权超过法定期限　　D. 当事人书面放弃专利权

（3）我国《专利法》中所讲的发明创造是指（　　）。

A. 发明　　B. 发现　　C. 实用新型　　D. 外观设计

（4）商标局应依法驳回（　　）的商标注册申请。

A. 蜘蛛牌财务软件　　B. 深圳牌手机

C. 鹿牌鹿茸膏　　D. 纽约牌帆布

□ 技能题

7.1 规则复习

1）商标注册的实质性审查内容有哪些？

2）专利权的主体有哪些？

3）不视为侵犯专利权的行为有哪些？

7.2 操作练习

注册商标的保护期限

2004 年 3 月 20 日，甲企业就其生产的家用电器注册了“迪康”商标。后来乙企业使用该商标生产冰箱，并在 2014 年 4 月开始销售“迪康”牌冰箱。

请问：下面哪些说法是正确的？

A. 甲对其商标的续展申请应当在商标有效期满后的 6 个月内提出

B. 乙企业对“迪康”的使用为非法使用

C. 乙企业可以在 2014 年 3 月 20 日后在家用电器上申请获得注册“迪康”商标

D. 甲企业在商标续展期内享有商标专用权

观念应用

□ 案例分析

不视为侵犯专利权的情形之一

北京某公司于2014 年1 月10 日就其完成的“漏电保护器”发明创造向中国专利局提出了实用新型专利申请。天津某公司于2013 年独自完成了“漏电保护器”发明创造，并于2013 年12 月初开始组织生产，2013 年12 月底投入生产，2014 年1 月15 日，天津某公司向中国专利局提出“漏电保护器”实用新型专利申请。

请问：

（1）国务院专利行政部门应将专利权授予哪个公司？为什么？

（2）假如北京某公司获得专利权，那么天津某公司继续生产“漏电保护器”是否构成对北京公司专利权的侵犯？为什么？

□ 单元实训

目的：从一个侧面了解、考查学生收集和处理信息的能力，以及其表达能力、对事物的分析能力。

步骤：

（1）把授课班级分成若干小组，每组 3 人，确定一名主发言人，两名辅发言人，在两天之内根据老师布置的题目（商标、企业名称与域名冲突的司法救济），完成 1 000 ~ 1 500字的小论文，并写清内容摘要、关键词、参考文献。

（2）根据布置的内容分别请每个小组谈谈上述论文题目的有关内容及自己的观点。发言讨论形式可多样，力求生动活泼，可用汉语也可以用外语。每组发言 10 分钟，交流 5 分钟。

（3）指导老师根据每组同学的论文完成情况及其答辩的情况给出成绩评定，作为学期考查的依据。

第8章

反不正当竞争法

• 学习目标

通过本章学习，你应该达到以下目标：

知识目标：了解反不正当竞争法的立法概况，理解反不正当竞争法的基本原则和作用，理解并掌握不正当竞争行为的概念和特征，掌握不正当竞争行为的表现及其法律责任等方面的知识。

技能目标：一是能够准确判断哪些行为属于不正当竞争行为；二是能够正确区分回扣与折扣、佣金的法律性质；三是正确理解商业秘密。

能力目标：充分认识到不正当竞争的危害性，自觉抵制商业贿赂，用正当的竞争手段从事生产经营活动。

引例

折扣的法律性质

某市A机械厂2013年12月经介绍人刘某介绍，向该市B铸造厂定制车床主构架100套，单价3万元，总价款为300万元。B厂为争取今后的业务发展，与A厂厂长协商一致，在订货合同上订明，B厂给予A厂10%的优惠。2014年1月15日，B厂依照合同履行义务，发货至A厂；A厂依照合同通过银行转账支付了270万元货款。B厂也作为营业收入的抵减项目记了账。为酬谢介绍人，B厂付给刘某“好处费”2 000元，A厂向刘某支付“介绍费”1 000元。两厂又分别将“好处费”、“介绍费”支出入了账，并代为扣缴了刘某的个人所得税。

折扣是指经营者在销售商品时，以明示并如实入账的方式给予对方的价格优惠。本例中B厂与A厂的“优惠”以及支付给刘某的“好处费”属于经济交往中正常的折扣和佣金，它与回扣有着本质的区别。回扣是商业贿赂的形式，属于不正当竞争行为。

8.1　反不正当竞争法概述

竞争是商品经济的必然现象，是市场经济运行的基本机制。竞争总是通过商品生产者和经营者的市场行为表现出来的，所以也可以说，竞争是商品生产者和经营者之间，为实现商品价值，争取较多的市场交易机会和较有利的市场交易地位的行为。在整个竞争过程中，每个商品生产者和经营者，不可避免地都要接受市场竞争的选择，优胜劣汰。在竞争推动市场经济发展的同时，一些置商业道德和消费者利益于不顾的不正当竞争行为，也相继伴随而来。因此，制止不正当竞争，维护公平交易的法律也就应运而生。

8.1.1　反不正当竞争法的概念

反不正当竞争法，*是指调整在维护公平竞争，制止不正当竞争行为过程中发生的社会关系的法律规范的总称*。在我国的现实经济生活中，不正当竞争行为已不是个别的偶发现象，有些不正当竞争行为，如制造、销售假冒伪劣商品的现象屡禁不绝，已成为一大社会公害，严重扰乱了社会经济秩序，损害了其他经营者和消费者的合法权益。为保障社会主义市场经济的健康发展，鼓励和保护公平竞争，保护经营者和消费者的合法权益，第八届全国人大常委会第三次会议于1993年9月2日通过了《中华人民共和国反不正当竞争法》（以下简称《反不正当竞争法》），从1993年12月1日起施行。

8.1.2　《反不正当竞争法》的调整对象

《反不正当竞争法》调整在制止不正当竞争过程中发生的社会关系，具体包括以下几个方面：

（1）市场主体之间发生的竞争关系。

（2）不正当竞争行为的受害人与不正当竞争行为人之间发生的请求赔偿和赔偿关系。

（3）各级人民政府在保护公平竞争，制止不正当竞争行为过程中的权责关系。

（4）不正当竞争行为监督检查机关在行使查处不正当竞争行为职权时与不正当竞争行为人之间所发生的关系。

(5) 监督检查不正当竞争行为的国家机关工作人员的权责关系。

8.1.3 《反不正当竞争法》的基本原则

《反不正当竞争法》第2条明确规定："经营者在市场交易中，应当遵循自愿、平等、公平、诚实信用的原则，遵守公认的商业道德。"这既是《反不正当竞争法》的基本原则，也是经营者在市场交易中应遵循的准则。

1) 自愿竞争原则

商品生产者和经营者有权决定是否参加竞争，参加何种竞争，其他任何主体都无权进行干涉。要实现自愿竞争，必须赋予和尊重生产经营者的独立的法律地位，赋予和尊重生产经营者自主决定各种事务而不受干涉的权利。

2) 平等、公平竞争原则

平等竞争、公平竞争是正当竞争的前提，是市场经济健康发展的客观要求。竞争者应当公开地用正当竞争手段进行竞争，不允许欺诈和恶意串通。竞争者在竞争中的法律地位是平等的，竞争机会是均等的。无论竞争者的财产多少、规模大小、实力强弱，他们都平等地享有权利、承担义务，不允许以大欺小、以强凌弱、以富压贫进行竞争。

3) 诚实信用，遵守公认的商业道德的原则

它要求经营者无论进行什么样的经济活动，都应出于正当的商业动机，以正当的符合商业道德规范的手段进行竞争，实现其经济目的。我国《反不正当竞争法》虽然列举了若干种不正当竞争行为，但由于经济生活的复杂性，且不断发生变化，因此《反不正当竞争法》很难穷尽各种不正当竞争行为。判断某种竞争行为是否正当，应根据行为人是否出于诚实信用的动机，是否符合公认的商业道德来进行判断。

8.1.4 《反不正当竞争法》的作用

《反不正当竞争法》是直接调整市场经济关系，规范市场主体行为的重要法律，它对于维护社会主义市场经济秩序的正常运行有着重要的作用。

1) 保障社会主义市场经济健康发展

竞争对每个经营者都是平等的、自由的。而社会主义市场经济是一种规范化、制度化、法律化的经济，它要求所有参与竞争的经营者必须遵守共同的竞争规则。《反不正当竞争法》就是要制止形形色色的不正当竞争行为，从而保障社会主义市场经济健康、有序地发展。

2) 鼓励和保护公平竞争，制止不正当竞争

公平的竞争，可以产生积极的企业行为和社会效果，推动市场经济的健康发展。而不正当的竞争，则会导致消极的企业行为和社会效果，破坏市场经济的秩序，阻碍市场经济的发展。《反不正当竞争法》的制定，就是对市场竞争行为进行规范，从而鼓励和保护公平竞争，制止和惩罚各种不正当竞争。

3) 保护经营者的合法权益

经济生活中产生的各种不正当竞争行为，不但破坏、扰乱了社会经济秩序，而且直接或间接地损害了其他经营者的合法权益。对不正当竞争行为的禁止和制裁，正是保护了合法经营者的正当利益。

4）保护消费者的合法权益

竞争与消费者的利益紧密相关。正当竞争有助于实现消费者的利益，而不正当竞争则往往损害消费者的利益。因此，为了保护消费者的合法权益，必须打击和制裁不正当竞争行为。

【小思考 8-1】

《反不正当竞争法》与《反垄断法》的作用有何区别？

答：首先，反不正当竞争法的侧重点是不正当竞争行为对公平竞争的破坏，其保护的重点是强调竞争的公平性；而《反垄断法》的侧重点是垄断行为对自由竞争的窒息，其保护的重点是强调竞争的自由性。其次，《反不正当竞争法》实质上保护的是大企业或名牌产品的企业，而《反垄断法》保护的则主要是中小企业的利益。最后，《反不正当竞争法》对不正当竞争行为的否定是绝对的，只要实施了不正当竞争行为，法律就要予以处罚，一般没有例外；而《反垄断法》对垄断行为的否定则是相对的，允许有诸多的例外。

8.2 不正当竞争行为

纵观世界各国的反不正当竞争立法，对不正当竞争行为采取了不同的界定方法。归纳起来大致有以下三种情况，即概括定义法、分项列举法和定义兼列举法。我国《反不正当竞争法》采取了定义兼列举法，既对不正当竞争行为下一个抽象的定义，又专章列举了不正当竞争行为的种种表现形式。

8.2.1 不正当竞争的概念与特征

不正当竞争有广义和狭义之分。广义的不正当竞争是指一切有碍和有损正当竞争的行为，包括垄断行为、限制竞争的行为、不公平交易的行为、不正当竞争行为。狭义的不正当竞争主要是指不正当竞争行为。

什么是不正当竞争？国际社会公认的表述以《保护工业产权巴黎公约》为代表，即“凡在工商业活动中违反诚实经营的竞争行为即构成不正当竞争行为”。我国《反不正当竞争法》第 2 条第 2 款规定：“本法所称的**不正当竞争**，是指经营者违反本法规定，损害其他经营者的合法权益，扰乱社会经济秩序的行为。”

不正当竞争行为一般具有以下特征：

1）主体的特定性

实施不正当竞争行为的主体是经营者，即“从事商品经营或者营利性服务（以下所称商品包括服务）的法人、其他经济组织和个人”。但是，在特殊情况下，政府机关也可以成为不正当竞争的主体。这是我国《反不正当竞争法》在考虑了我国社会经济生活实际情况后所作出的具有中国特色的规定。

2）行为的违法性

不正当竞争行为违反了《反不正当竞争法》的规定，既包括违反该法的原则规定，也包括违反该法列举的禁止不正当竞争行为的各种具体规定，还包括违反市场交易应遵循原则的规定。

3）行为的危害性

不正当竞争行为具有社会危害性，其侵犯的客体既可能是竞争对手的财产权和人身权，又可能是市场管理秩序，还可能是消费者的合法权益。

【小思考 8-2】

不正当竞争行为与垄断行为的区别在哪里？

答：两者的区别在于：①主体不同。不正当竞争行为的主体是一般经营者；垄断行为的主体不是一般的经营者，而是垄断企业。能实施不正当竞争行为的主体众多，而能实施垄断行为的主体却较少。②行为方式不同。不正当竞争行为所采用的是欺骗、胁迫、利诱及其他违反诚实信用原则的方式，而垄断行为所采用的是卡特尔、托拉斯、辛迪加、康采恩等方式。不正当竞争行为方式五花八门，而垄断行为方式却有一定的规律性。③目的不同。不正当竞争行为不管采用哪种方式，目的还是为了竞争，获取不当利益，而垄断行为本质上就是独占，是限制竞争，为了获取垄断利润。④法律否定程度不同。由于能实施垄断行为的企业一般来说都具有相当明显的市场优势，因此，垄断行为不会被一概否定，一般都规定有适用除外，而不正当竞争行为却为法律所绝对禁止。

8.2.2 不正当竞争行为的表现形式

不正当竞争行为的表现形式是多种多样的。《反不正当竞争法》将我国目前存在的不正当竞争行为的方式和手段归纳为以下几种表现形式：

1）假名冒牌行为

假名冒牌行为，是指经营者假借和冒充其他经营者或其商品的名称、商标、质量和产地标志等，以使人混淆产生误解的行为。它包括以下行为：

第一，假冒他人的注册商标。这是指伪造或仿造他人已经注册的商标，将伪造或仿造的商标用于自己生产或销售的商品，目的在于混淆真伪，引起消费者的误认、误购。假冒他人的注册商标行为是一种典型的违背诚实信用商业道德，扰乱市场竞争秩序，危害社会经济秩序的不正当竞争行为。

第二，仿冒知名商品或其他标志的行为。这是指擅自使用知名商品特有的名称、包装、装潢，或者使用与知名商品近似的名称、包装、装潢，造成和他人的知名商品相混淆，使购买者误认是该知名商品。商品装潢、名称、包装是经营者用作创造商品形象、促销商品、开拓市场的一种竞争手段，是经营者的财富，对这些反映经营者商业信誉和商品声誉标志的仿冒属于破坏竞争秩序的不正当竞争行为。

仿冒知名商品的名称、包装、装潢的构成要件是：①被仿冒的商品须为知名商品。凡是商品长久并广泛行销、使用，在其相关领域广为人知并有较好的信誉，树立独特、良好形象的，即为知名商品。②该外观标志须为知名商品所特有。这是指经营者为这些外观标志设计非同一般的具有创造性和显著特点的外部形象。③对知名商品特有的外观标志擅自作相同的使用或者作相近似的使用，致使与他人知名商品发生混淆。需要指出的是，并不必须要求仿冒行为实际产生误认误购的后果，如果一般公众以普通注意力就足以引起混淆、误认，就已构成仿冒要件。

第三，仿冒他人的企业名称或者姓名。企业名称或姓名也是显示经营者或服务活动的外在特征，体现了商业信誉和商品声誉。构成擅自使用他人企业名称或姓名的行为的基本要件是：①故意并未经名称或姓名专有权人的许可，擅自使用。②被仿冒的企业名称或姓名，一般都具有良好的信誉、声誉。③此类仿冒行为的目的是引人误认、误购。

第四，在商品上使用质量虚假标志。该行为的具体表现是：伪造或冒用认证标志、名优标志，伪造产地，对商品质量作引人误解的虚假表示。这些行为的共同特征都是在商品质量上对消费者进行欺骗，《反不正当竞争法》对此应予禁止。

【观念应用8-1】　　“仝聚德”非“全聚德”

甲欲买“全聚德”牌的快餐包装烤鸭，临上火车前误购了商标不同而外包装十分近似的显著标明名称为“仝聚德”的烤鸭，遂向“全聚德”公司投诉。“全聚德”公司调查发现，“仝聚德”烤鸭的价格仅为“全聚德”烤鸭价格的1/3。

请问：如果“全聚德”起诉“仝聚德”，其性质属于哪一类纠纷？

法律分析：“仝聚德”与“全聚德”很类似，极易造成消费者的误认，显然是假名冒牌的行为。因此，其性质属于假名冒牌行为的不正当竞争纠纷。

2）限购排挤行为

限购排挤行为，是指公用企业或者其他依法具有独占地位的经营者，限定他人购买其指定的经营者的商品，排斥其他经营者的行为。对于供电、供水、供暖、煤气等公用企业实行国家控制，形成垄断及独占地位是必要的，但对这种垄断地位特权的滥用，就属于限购排挤行为。这类行为的特征是：

（1）公用企业是实施该行为的特定主体，该行为主体不是一般经营者，一般经营者不具备独占特征；公用企业又不是政府机关，公用企业的限购排挤行为与政府机关滥用行政权力强制交易有所区别。

（2）其他处于公平交易地位的经营者的商品是公用企业限购排挤行为的客体。该行为是强制安排他人之间进行交易，并非强迫他人与自己进行交易。

（3）公用企业的行为带有强制性，使被强制者难以抗拒，不得不服从安排与他人交易。显然，被强制者是被迫就范。

（4）公用企业实施这种交易行为的目的，是从被指定的经营者处获得非法利益。

3）滥用行政权力行为

滥用行政权力行为，是指政府及其所属部门滥用行政权力，限定他人购买其指定的经营者的商品，或者限制经营者跨地区、跨部门的交易，干扰、阻碍正常的交易活动行为。滥用行政权力行为具有以下法律特征：

（1）政府及其所属部门介入竞争，干扰正常的交易，限制竞争。这是指政府及其所属部门从地方和部门的狭隘利益出发，利用行政手段限制竞争。

（2）这类行为的客体是本来平等竞争条件下经营者从事交易的商品。

（3）滥用行政权力行为是对经济职权的滥用。政府及其所属部门不按国家的授权和法律的规定，不依法律和法律程序，滥用职权干预经济活动。

（4）政府及其所属部门限制竞争既可以是直接的指示、命令，也可能是利用职权限制他人自由选择经营者的商品，以“管、卡、压”等手段间接限制竞争。两种方式，手法不同但本质一样，目的相同，都是实行部门封锁、地区封锁、阻碍竞争，影响统一市场的建立与发展。禁止滥用行政权力行为是我国《反不正当竞争法》的特色规定。

4）商业贿赂行为

商业贿赂行为，是指经营者采用财物或其他手段进行贿赂以销售或购买商品的行为。《反不正当竞争法》规定："经营者不得采用财物或者其他手段进行贿赂以销售或者购买商品。在账外暗中给予对方单位或者个人回扣的，以行贿论处；对方单位或者个人在账外暗中收受回扣的，以受贿论处。"因此，商业贿赂的主要表现形式是回扣。

回扣是指在商品购销中，卖方在明确标示应支付价款外，账外暗中向买方退还钱财及其他报偿以争取交易机会和交易条件的行为。回扣具有以下特征：

（1）回扣的主体特征是，回扣行为发生在交易双方之间。内部雇员、经纪人同经营者之间，均不属于交易双方，因此，提成费与介绍费等酬金都不属于回扣。回扣既可以向对方交易人单位支付，也可以向对方交易人的雇员、负责人等有决定权的人支付。

（2）回扣的形式是支付货币、有价证券或其他财物。

（3）回扣的目的在于争取交易机会与交易条件。支付回扣和收受回扣的双方均是出于故意。支付方的目的在于不正当地获得本不应该获得的交易机会与交易条件。

需要注意的是，应把回扣同折扣、佣金区别开来。经营者销售或者购买商品，可以以明示方式给对方折扣，可以给中间人佣金。经营者给对方折扣、给中间人佣金的，必须如实入账。接受折扣、佣金的经营者必须如实入账。可见，在回扣与折扣、佣金的一系列区别中，是否如实入账、是暗中支付还是明示支付是本质的区别。

5）虚假宣传行为

虚假宣传行为，是指经营者利用广告或者其他的方式，对商品的质量、性能、用途、特点、价格、使用方法等作引人误解的虚假表示，诱发消费者产生误购的行为。它具有以下的特征：

（1）通过大众传播媒介，制造舆论。引人误解的虚假宣传同虚假的商品标志行为有共同的本质，都属于欺骗性交易行为。所不同的是，引人误解的虚假宣传主要利用广告或其他宣传方法，规范这类行为的除《反不正当竞争法》外，还适用《广告法》。

（2）对商品作引人误解的虚假表示。虚假表示，是指宣传的内容与客观事实不相符，或完全是捏造。引人误解，是指宣传的目的是影响消费者，对商品的真实情况产生错误的联想，可能导致消费者的误购。

6）侵犯商业秘密的行为

商业秘密，是指不为公众所知悉、能为权利人带来经济利益、具有实用性并经权利人采取保密措施的技术信息和经营信息。商业秘密的特征是：第一，商业性，表现为它具有实用价值并能够为权利人带来经济利益；第二，秘密性，表现为它不为社会公众所知悉，并且权利人还采取了保密措施来维持这种秘密性。上述两个特征必须同时具备，缺一不可，缺少上述其中任何一种特性的技术信息和经营信息都不能称为商业秘密。商业秘密能为权利人带来竞争的优势，所以常成为不正当竞争者侵犯的客体。

我国《反不正当竞争法》第 10 条规定，经营者不得采用下列手段侵犯商业秘密：①以盗窃、利诱、胁迫或者其他不正当手段获取权利人的商业秘密；②披露、使用或者允许他人使用以前项手段获取的权利人的商业秘密；③违反约定或者违反权利人有关保守商业秘密的要求，披露、使用或者允许他人使用其所掌握的商业秘密。

侵犯商业秘密的行为不仅侵犯商业秘密权利人的权利，给权利人带来巨大的经济损失，而且也扰乱了正常的经济秩序，使正当经营本来拥有的竞争工具——商业秘密，丧失秘密性而失去价值。各国都通过法律手段对商业秘密加以保护，并对侵犯商业秘密的行为予以严惩。

7）压价排挤行为

压价排挤行为，是指经营者为了排挤竞争对手而采用在一定的市场上和一定的时期内，以低于成本的价格销售商品的行为。

合理的价格是经营者用于竞争的一项手段，但压价排挤行为的不正当竞争特点在于：

（1）不当降价，即在不符合价值规律的情况下降价销售，而且是以低于成本价销售商品。成本价格是保证企业收支平衡的最低价格，以低于此价销售，不正当竞争者是另有企图。

（2）以排挤竞争对手为目的。经营者以低于成本价销售，就意味着企业必然发生亏损，这与企业竞争的牟利性目的是相违背的。如果不是出于经济规律和法律规定的要求而低于成本销售，目的就是排挤竞争对手。

但《反不正当竞争法》规定，有下列情况之一的，不属于不正当竞争行为：①销售鲜活商品；②处理有效期限将到期的商品或者其他积压的商品；③季节性降价；④因清偿债务、转产、歇业降价销售商品。

8）搭售行为

搭售行为，是指经营者利用其经济优势，违背交易相对人的意愿，在交易中搭配其他商品或附加不合理交易条件的行为。该行为具有以下特征：

（1）违背自愿原则，违背交易相对人的意愿。如果交易相对人自愿接受经营者的搭售商品或其他附加条件，这种情况就属于双方意思表示真实，不属于强制交易。

（2）违背公平原则，即该行为搭售的商品和附加的条件是不合理的，是显失公平的。

（3）该行为具有依仗经济优势限制竞争的性质。实施该行为的经营者往往是占据某些经济或技术优势，形成了一定的竞争支配力量，于是胁迫对方，限制竞争。

【观念应用8-2】　　搭售商品、附加条件属不正当竞争

某电器公司是以生产音箱、变压器、耳机等产品为主的一家公司，其生产的音箱由于质量较好且价格合理，因此十分畅销。但其生产的变压器、耳机等小商品的销售量却很小，几乎无人问津。该电器公司为改变这种局面，遂作出决定，将各种小型收录机、变压器、耳机、音箱等组合在一起，规定凡购买音箱者，必须同时购买相应的配套设备。电器公司的规定实施后，引起了广大消费者的强烈不满，纷纷向该市工商行政管理局投诉。

该市工商行政管理局在接到消费者的投诉后，立即着手进行调查，确认消费者反映情况属实。认为该电器公司为追求自身利润，而不顾及广大消费者的利益，将滞销的变压器、耳机等小商品与畅销的音箱搭配销售，显然违反了《反不正当竞争法》的有关规定。于是，该市工商行政管理局作出决定，责令电器公司立即停止搭配销售，并对其处以5万元的罚款。

电器公司对工商行政管理局的处罚决定不服，向人民法院提起诉讼，要求撤销该市工商行政管理局的处罚决定。

请问：法院应怎样处理？

法律分析：该案事实比较清楚，法律依据也比较明确。人民法院经审理认为，电器公司违背消费者的意愿，强制搭配销售商品，违反了《反不正当竞争法》第12条的规定，即经营者销售商品，不得违背购买者意愿出售商品或者附加其他不合理的条件，属附加不合理条件交易的不正当竞争行为；该市工商行政管理局的处罚决定证据确凿、充分，适用法律正确，应予以维持，判决驳回原告的诉讼请求。

9）不正当奖售行为

不正当奖售行为，是指经营者违反法律规定而进行的不正当的有奖销售行为。有奖销售是经营者的一种促销手段，是经营者以提供物品、金钱或其他条件作为奖励，刺激消费者购买商品或服务的行为。正当的有奖销售，法律是允许的。

不正当奖售行为主要包括：①欺骗性的有奖销售行为，如谎称有奖实际无奖、故意安排内定人员中奖等；②推销质次价高商品的有奖销售行为；③巨奖销售行为。我国《反不正当竞争法》规定，抽奖式的有奖销售，最高奖的金额不得超过人民币5 000元，超过5 000元的抽奖式有奖销售为不正当竞争。

【观念应用8-3】　谎称有奖的促销行为不可取

某省兴隆百货公司因经营不善，连年亏损。公司经理王卫球决定采取有奖销售办法推销商品，具体方法为：凡购买该公司80元以上物品者即可得到一张兑奖票，设1～10等奖和特等奖共11个等次。其中：特等奖1名，奖品为2室1厅住房；1等奖2名，奖品为“画中画”电视机1台；2等奖6名，奖品为美菱冰箱1台；3等奖10名，奖品为山地车1辆……从5等奖至10等奖，受奖人数越来越多，奖品价值逐渐降低，有收录机、毛巾被、随身听、床单、毛巾、香皂等。自从设奖后，该公司的销售额与日俱增，最高一天销售额竟达52万元，创该公司历年最好水平。时隔不久，该公司又采取了同样的办法进行销售，但是，始终未见特等奖及1、2等奖出现，于是有人告到工商行政管理局。

工商行政管理局接到投诉后进行了调查，查明兴隆百货公司根本没有设特等奖及1、2等奖的奖号，所谓的有奖销售实为一场骗局。最后，工商行政管理局作出对兴隆百货公司予以罚款的决定。

请问：工商行政管理局的处罚合法吗？

法律分析：我国《反不正当竞争法》第13条规定，经营者不得从事下列有奖销售：①采用谎称有奖或者故意让内定人员中奖的欺骗方式进行有奖销售；②利用有奖销售的手段推销质次价高的商品；③抽奖式的有奖销售，最高奖的金额超过5 000元。

本案中，兴隆百货公司谎称有奖而实际无奖，且有奖销售的最高资金额显然超过了法定最高限额，其行为属于不正当竞争行为，违反了上述法律规定。依据《反不正当竞争法》第26条规定：“经营者违反本法第13条规定进行有奖销售的，监督检查部门应当责令停止违法行为，可以根据情节处以1万元以上10万元以下的罚款。”因此，工商行政管理局的处理是正确的。

10）诋毁商誉行为

诋毁商誉行为，是指经营者通过捏造、散布虚假事实等不正当手段，损害竞争对手的商业信誉和商品声誉，削弱对手竞争能力的行为。

诋毁商誉的构成要件包括：①经营者的宣传，散布言行具有诋毁的故意；②诋毁商誉行为的客体是同业竞争者的商业信誉和商品声誉；③经营者采用了捏造、散布虚假事实的手段。

对于损害竞争对手实行诋毁商誉的行为，《反不正当竞争法》没有具体规定行政责任和刑事责任，如给竞争对手造成侵害的，被侵权人可以以《反不正当竞争法》的规定，向人民法院提起诉讼，请求救济。

11）串通投标行为

串通投标行为，是指投标者之间串通投标，抬高或压低标价，以及投标者为排挤竞争对手而与招标者相互勾结的行为。《反不正当竞争法》规定："投标者不得串通投标，抬高标价或者压低标价。投标者和招标者不得相互勾结，以排挤竞争对手的公平竞争。"串通投标由于主体不同，其表现形式各有特点。

（1）投标者之间的串通投标行为。这种行为表现为两个以上的投标者主观故意，心怀歹念，相互串通，合意联合行动限制竞争。投标人之间的这种串通合意和一致行动，会影响招标人的选择自由，违反了公平交易、自由竞争的市场要求。

（2）招标者与投标者之间的勾结行为。这种行为也属主观恶意通谋的故意行为，目的在于排挤竞争对手，消除投标者之间的公平竞争。主要形式有：第一，招标人违反有关招标程序规定，在开标之前，私下开启各投标人标书，与某一投标人私下联系，泄露其他竞争者底价条件，促成其中标；第二，招标人通过各种方法对勾结者给予优厚待遇，在同等条件招标竞争者中以各种隐蔽手段促成串通者中标；第三，投标人与招标人勾结，表面上在公开投标时压低标价中标，中标后再给招标人额外补偿。

8.3 对不正当竞争行为的监督检查

我国《反不正当竞争法》不仅在总则中对有关不正当竞争行为的监督检查作了原则性规定，而且还在第 3 章中专门对不正当竞争行为的监督检查作了较为具体的规定。

8.3.1 监督检查部门

《反不正当竞争法》第 3 条规定："县级以上人民政府工商行政管理部门对不正当竞争行为进行监督检查；法律、行政法规规定由其他部门监督检查的，依照其规定。"此外，《反不正当竞争法》第 4 条还规定："国家鼓励、支持和保护一切组织和个人对不正当竞争行为进行社会监督。国家机关工作人员不得支持、包庇不正当竞争行为。"

以上规定可以看出，在我国，对不正当竞争行为进行的监督检查，既包括专门机构的监督检查，也包括其他组织和公民个人进行的社会监督。其中，县级以上人民政府工商行政管理部门是对不正当竞争行为进行监督检查的主管机关，其他部门则依照法律、行政法规规定，对相关行业系统内的不正当竞争行为进行监督检查，是对不正当竞争行为进行监督检查的职能部门。

8.3.2 监督检查部门的职权

监督检查部门在监督检查不正当竞争行为时，有权行使下列职权：

（1）询问权。监督检查部门有权按照规定程序询问被检查的经营者、利害关系人、证明人，并要求其提供证明材料或者与不正当竞争行为有关的其他资料。

（2）查询、复制权。监督检查部门有权查询、复制与不正当竞争行为有关的协议、账册、单据、文件、记录、业务函电和其他资料。

（3）检查权。监督检查部门有权检查与商品假冒欺骗行为有关的财物，必要时可以责令被检查的经营者说明该商品的来源和数量，暂停销售，听候检查，不得转移、隐匿、销毁该财物。

（4）处罚权。对不正当竞争行为，监督检查部门有权对行为人进行相应的处罚，包括责令停止违法行为、消除影响、没收违法所得、吊销营业执照、处以罚款等措施。

应当指出的是，监督检查部门的工作人员在行使上述权利，对不正当竞争行为进行监督检查时，应当出示检查证件。这既是监督检查工作的程序之一，也是监督检查部门的工作人员应履行的一项义务。

8.4 法律责任

不正当竞争行为是一种侵犯其他经营者和消费者的合法权益，危害国家利益，扰乱社会经济秩序的行为，具有严重的社会危害性。因此，我国《反不正当竞争法》对不正当竞争行为规定了严厉的制裁措施。

8.4.1 法律责任形式

（1）行政责任。行政责任是由监督检查部门作出的，违法者因其违反《反不正当竞争法》的规定所承担的行政处罚结果。其形式主要有：责令停止违法行为、没收违法所得、罚款、吊销营业执照等。

（2）民事责任。不正当竞争行为首先侵犯的是他人的民事权益。我国《反不正当竞争法》第20条规定："经营者违反本法规定的，给被侵害的经营者造成损害的，应当承担损害赔偿责任。被侵害的经营者的损失难以计算的，赔偿额为侵权人在侵权期间因侵权获得的利润，并应当承担被侵害的经营者因调查该经营者侵害其合法权益的不正当竞争行为所支付的合理费用。"

被侵害的经营者的合法权益受到不正当竞争行为损害的，可以向人民法院提起诉讼。

（3）刑事责任。刑事责任是由人民法院作出的，违法者因其违反《反不正当竞争法》的规定，且情节严重，构成犯罪，所应承担的刑事制裁后果。刑事责任是各种处罚方式中最严厉的一种。

8.4.2 各种不正当竞争行为的法律责任

各种不正当竞争行为的法律责任包括以下几种情形：

（1）经营者假冒他人的注册商标，擅自使用他人企业名称或者姓名，伪造或者冒用认证标志、名优标志等质量标志，伪造产地，对商品质量作引人误解的虚假表示的，依照《商标法》、《产品质量法》的规定处罚。

经营者擅自使用知名商品特有的名称、包装、装潢，或者使用与知名商品近似的名称、包装、装潢，造成和他人的知名商品相混淆，使购买者误认为是该知名商品的，监督检查部门应当责令停止违法行为，没收违法所得，可以根据情节处以违法所得 1 倍以上 3 倍以下的罚款；情节严重的，可以吊销营业执照；销售伪劣商品，构成犯罪的，依法追究刑事责任。

（2）经营者采用财物或者其他手段进行贿赂以销售或者购买商品，构成犯罪的，依法追究刑事责任；不构成犯罪的，监督检查部门可以根据情节处以 1 万元以上 20 万元以下的罚款，有违法所得的，予以没收。

（3）公用企业或者其他依法具有独占地位的经营者，限定他人购买其指定的经营者的商品，以排挤其他经营者的公平竞争的，省级或者设区的市的监督检查部门应当责令停止违法行为，可以根据情节处以 5 万元以上 20 万元以下的罚款。被指定的经营者借此销售质次价高商品或者滥收费用，监督检查部门应当没收违法所得，可以根据情节处以违法所得 1 倍以上 3 倍以下的罚款。

（4）经营者利用广告或者其他方法，对商品作引人误解的虚假宣传的，监督检查部门应当责令停止违法行为，消除影响，可以根据情节处以 1 万元以上 20 万元以下的罚款。

广告的经营者，在明知或者应知的情况下，代理、设计、制作、发布虚假广告的，监督检查部门应当责令停止违法行为，没收违法所得，并依法处以罚款。

（5）侵犯他人商业秘密的，监督检查部门应当责令停止违法行为，可以根据情节处以 1 万元以上 10 万元以下的罚款。

（6）投标者串通投标，抬高标价或者压低标价；投标者和招标者相互勾结，以排挤竞争对手的公平竞争，其中标无效。监督检查部门可以根据情节处以 1 万元以上 20 万元以下的罚款。

（7）经营者有违反被责令暂停销售，转移、隐匿、销毁与不正当竞争行为有关财物行为的，监督检查部门可以根据情节处以被销售、转移、隐匿、销毁财物的价款的 1 倍以上 3 倍以下的罚款。

以上当事人对监督检查部门作出的处罚决定不服的，可以自收到处罚决定之日起 15 日内向上一级主管机关申请复议；对复议决定不服的，可以自收到复议决定书之日起 15 日内向人民法院起诉；当事人也可以直接向人民法院起诉。

此外，政府及其所属部门违反《反不正当竞争法》规定，限定他人购买其指定的经营者的商品、限制其他经营者正当的经营活动，或者限制商品在地区之间正常流通的，由上级机关责令其改正；情节严重的，由同级或者上级机关对直接责任人员给予行政处分。被指定的经营者借此销售质次价高商品或者滥收费用的，监督检查部门应当没收违法所得，并处违法所得 1 倍以上 3 倍以下的罚款。

8.4.3　其他违法行为的法律责任

其他违法行为的法律责任包括以下两种情形：

（1）监督检查不正当竞争行为的国家机关工作人员滥用职权、玩忽职守，构成犯罪的，依法追究刑事责任；不构成犯罪的，给予行政处分。

（2）监督检查不正当竞争行为的国家机关工作人员徇私舞弊，对明知有违反《反不正当竞争法》规定构成犯罪的经营者故意包庇，不使他受追诉的，依法追究刑事责任。

本章小结

本章介绍了反不正当竞争法的概念、原则和作用，分析了不正当竞争行为的概念及特征，对不正当竞争行为的具体表现及法律责任作了比较系统的阐述。

主要概念和观念

□ 主要概念

反不正当竞争法　不正当竞争　假名冒牌行为　限购排挤行为　滥用行政权力行为　商业贿赂行为　虚假宣传行为　商业秘密　压价排挤行为　搭售行为　不正当奖售行为　诋毁商誉行为　串通投标行为

□ 主要观念

不正当竞争行为及其特征　不正当竞争行为的种类　《反不正当竞争法》的基本原则

基本训练

□ 知识题

8.1　阅读与理解

1）假名冒牌行为有哪些种类？

2）什么是不正当有奖销售？有哪些形式？

3）什么是诋毁商誉行为？

4）什么是虚假宣传行为？

5）监督检查部门有哪些职权？

6）经营者实施不正当竞争行为要承担什么样的法律责任？

8.2　知识应用

1）判断题

（1）经营者不得以盗窃、利诱、胁迫或者其他不正当手段获取权利人的商业秘密。（　　）

（2）以低于成本的价格销售商品的行为均应被认定为不正当竞争行为。（　　）

（3）假冒他人注册商标的行为既是侵犯注册商标权的行为，也是不正当竞争行为。（　　）

2）选择题

（1）商业秘密是指不为公众所知悉能为权利人带来经济利益，具有（　　）并由权利人采取保密措施的技术信息和经营信息。

A. 创造性　　B. 新颖性　　C. 实用性　　D. 专有性

（2）经营者不得采用财物或者其他手段进行贿赂以销售或者购买商品。单位或者个人在账外暗中收受回扣的，以（　　）论处。

A. 贪污　　B. 受贿　　C. 侵占　　D. 行贿

(3) 抽奖式的有奖销售，最高奖的金额超过(　　)元的为不正当竞争。

A. 500　　B. 1 000　　C. 5 000　　D. 10 000

(4) (　　)对公用企业限制竞争的行为有权实施处罚。

A. 国家工商行政管理局　　B. 省级工商行政管理局

C. 设区的市级工商行政管理局　　D. 县级工商行政管理局

(5) 经营者的不正当竞争行为给被侵害的经营者造成的损失难以计算的，(　　)。

A. 以受害人在被侵权期间所减少的利润为赔偿额

B. 以侵权人在侵权期间所获得的利润为赔偿额

C. 以侵权人在侵权期间因侵权所得的利润为赔偿额

D. 以侵权人在侵权期间所获得的利润的 2 倍为赔偿额

□ 技能题

8.1　规则复习

1) 如何认定不正当竞争行为?

2) 如何确定不正当竞争行为的责任?

8.2　操作练习

某省会城市煤气公司在为"园丁小区"铺设煤气管道时贴出通告：各用户须购买本公司的煤气灶具方予通气。否则，造成的后果本公司概不负责。

请问：你认为该市煤气公司的行为是否合法？为什么？如果违法，应如何处理?

观念应用

□ 案例分析

冒用质量标志

甲毛纺厂是一家集体企业，由于该厂经营不善，濒临倒闭。2013 年 10 月，该厂为扭亏为盈，想出一个办法：将该厂积压的 2 000 多件混纺上装全部换上纯新羊毛标志，作羊毛衫出售。由于该上装系毛、化纤混纺而成，成本大大低于纯新羊毛生产的羊毛衫，因此该厂在 2 个月内售完库存积压品并牟取了暴利。后来，当地工商行政管理部门得到举报，前往该厂调查，发现举报情况属实。

请问：甲毛纺厂的行为是否为不正当竞争行为?

□ 单元实训

某经销公司所在地的夏季气候十分炎热，凉席的销路一向很好。2014 年春，该公司购买了一批凉席，准备在夏季卖出。但该年夏季气候反常，比往年夏季气温低许多，这样就造成该公司的凉席销路不好，在仓库内积压。为了销售积压的凉席，收回资金，该公司经理决定用奖励的方法来促销凉席，即将购买凉席的价款 10% 给予购买者。恰在此时，有一企业招待所的采购员李某来到该公司购买凉席 100 张，经双方协商，达成协议：李某所买凉席货款的 10% 系该公司给李某的奖励，对于这部分"奖励"双方均不入财务账，库存凉席很快便销售一空。但该地的工商行政管理部门闻讯前来调查，认为经销公司的行为属商业贿赂行为，没收了其非法所得，并处以相应的罚款。

步骤：

将学生以5～8人为一组分成若干小组，根据以上材料，对下列问题进行分析讨论，加深理解本章的有关内容：

（1）回扣的特征。

（2）回扣与折扣、佣金的区别。

（3）商业贿赂行为的认定。

第9章

消费者权益保护法

• 学习目标

通过本章学习，你应该达到以下目标：

知识目标：了解消费者权益保护法、消费者的概念，理解消费者权益保护法的基本原则，掌握消费者权利和经营者义务的具体内容以及侵犯消费者合法权益的法律责任等方面的知识。

技能目标：一是能够准确判断消费者的权利是否受到了经营者的侵犯；二是在消费者权益受到侵害时，能够正确运用合法的方式方法进行保护和救济。

能力目标：熟悉消费者的权利、经营者的义务；明确赔偿主体及消费争议的解决途径，增强消费者的维权意识。

引例

购衣服被侵权

星期天，小华和小明这对好朋友去买衣服，看到一知名品牌专卖店写着“全场 3 折，售完为止”，便兴高采烈地走进去，向店主说：“请推荐一些适合我们的新款衣服。”店主一看她俩是学生模样，便说：“你们自己看，都是新的，没什么可介绍的。”小华和小明试了好几套衣服，但都觉得不满意，决定不买了。谁知店主拦住她俩并凶狠地说：“穷学生，不买试什么，没有钱就别上街，真是吃饱撑的。”小华一听顿觉自尊心受到伤害，便说：“谁买不起？”于是气冲冲地拿了一件衣服（标价 360 元）到收银台付款，收银员说：“360 元。”小华指着招牌争辩说：“不是 3 折吗？应该 120 元钱。”店主说：“那是指旧款，这是新款。”小华不想买了，店主说：“第一桩生意，说买就得买，这是生意规矩。”小华极不情愿地买下了衣服，并穿上新衣与小明一起往外走，突然小明重重地摔倒在地。原来地上有很多水，本来地就很滑，再沾上水就更滑了，小华准备扶起小明往外走，店主却赶上来说：“我少了一件衣服，是不是你们拿了，把你们的包检查一下！”小华和小明说：“我们没拿，干吗让你检查？”店主说：“不让检查就说明你们心虚，说明衣服是你们偷的。”此时，围了许多人，小华和小明为了表明自己的清白就让他搜了包。接着，小明在小华的帮助下上了医院，被诊断是脚扭伤骨折，花去医药费 450 元。小华在送小明回家的途中，发现新买的衣服已断线，扣子也掉了几颗，最后小华和小明同声说道：“真倒霉。”在该案中，店主侵犯了小华和小明的哪些合法权益？小华和小明应该怎么办？

保护消费者权益是保护弱者的现代法治观念的典型表现形式。在本例中，经营者侵犯了消费者的知情权、自主选择权、安全保障权、人格尊严权和公平交易权。她们有权依据《消费者权益保护法》的规定，维护自己的合法权益。

9.1 消费者权益保护法概述

消费作为社会再生产的一个重要环节，是生产、交换、分配的目的与归宿。它包括生产消费和生活消费两大方面。其中，生活消费作为人类的基本需要，是当今社会法律规制的重要领域。

9.1.1 消费者的概念

消费者权益保护法是保障消费者合法权益的法律，因此要搞清什么是消费者权益保护法，首先必须正确理解消费者的概念。所谓**消费者**，就是为了满足个人生活消费需要而购买、使用商品或者接受服务的人。它与经营者相对称，经营者就是向消费者出售商品或提供服务的市场主体。

消费者具有以下特征：①消费者的消费性质属于生活消费；②消费者消费的客体是法律允许提供的商品和服务；③消费者的消费方式包括购买、使用商品和接受服务；④消费者作为消费主体，其范围包括一切进行生活消费的个人及群体。

9.1.2 消费者权益保护法的概念

消费者权益保护法是保障消费者合法权益，规制经营者经营活动，调整生活消费关系的法律规范的总称。

广义的消费者权益保护法是指调整生活消费关系的所有法律、法规，包括《消费者权益保护法》、《反不正当竞争法》、《产品质量法》、《商标法》、《食品卫生法》以及其他法律、法规中有关消费者权益保护的规范。狭义的消费者权益保护法仅指《消费者权益保护法》（1993 年 10 月 31 日第八届全国人大常委会第四次会议通过，自 1994 年 1 月 1 日起施行。根据 2009 年 8 月 27 日第十一届全国人民代表大会常务委员会第十次会议《关于修改部分法律的决定》第一次修正，根据 2013 年 10 月 25 日第十二届全国人民代表大会常务委员会第五次会议《关于修改〈中华人民共和国消费者权益保护法〉的决定》第二次修正，自 2014 年 3 月 15 日施行）。该法是我国保护消费者权益的基本法律。

9.1.3 《消费者权益保护法》的适用范围

根据《消费者权益保护法》的规定，《消费者权益保护法》的适用范围是：

（1）消费者为生活消费需要购买、使用商品或者接受服务，其权益受本法保护。

（2）经营者为消费者提供其生产、销售的商品或者提供服务，应当遵守本法。

（3）在《消费者权益保护法》对某些问题未作规定时，经营者应当遵守其他有关法律、法规。

（4）农民购买、使用直接用于农业生产的生产资料，参照本法执行。

9.1.4 《消费者权益保护法》的基本原则

《消费者权益保护法》的基本原则，是指能全面反映《消费者权益保护法》所调整的生活消费关系的客观要求，并贯穿于《消费者权益保护法》之中的，保障消费者合法权益、规制经营者活动过程中必须遵循的基本准则。

（1）经营者依法提供商品或服务的原则。《消费者权益保护法》第 3 条规定：“经营者为消费者提供其生产、销售的商品或者提供服务，应当遵守本法；本法未作规定的，应当遵守其他有关法律、法规。”经营者在经营活动中严格履行法律的各项义务，是实现消费者有关权利的条件和前提。经营者向消费者提供商品或服务，应当符合有关法律、法规所规定的标准，应当保证其提供的商品或者服务符合保障人身、财产安全的要求。

（2）公平交易原则。《消费者权益保护法》第 4 条规定：“经营者和消费者进行交易，应当遵循自愿、平等、公平、诚实信用的原则。”这些原则都是《民商法》的基本原则，《消费者权益保护法》加以强调并确认为该法的原则，对于强化保护消费者合法权益的功能，显得尤为重要。这一原则要求：① 经营者与消费者进行交易时，双方当事人意思表示完全出于自愿，不允许一方将自己的意思强加给对方；② 经营者与消费者在交易过程中的法律地位平等，不允许经济实力强大的经营者欺凌相对弱小的消费者；③ 经营者与消费者在进行交易过程中，经营者提供商品或服务应得到公平的补偿，消费者应得到公平的价格和选择，即兼顾双方的利益；④ 经营者和消费者应相互尊重，平等协商，不允许采取欺诈、胁迫等手段进行交易。

（3）国家保障原则。《消费者权益保护法》第 5 条规定：“国家保护消费者的合法权益不受侵害。国家采取措施，保障消费者依法行使权利，维护消费者的合法权益。”国家倡导文明、健康、节约资源和保护环境的消费方式，反对浪费。这一原则是由国家的职能和性质，以及消费者的弱者地位决定的，体现了国家对生活消费关系的适度干预，是《消费者权益保护法》的最为重要的原则。其具体体现在以下几个方面：①国家通过立法保障消费者的合法权益；②国家通过行政管理手段保障消费者的合法权益；③国家通过加强司法工作保障消费者的合法权益。

（4）行政监督与社会监督相结合的原则。《消费者权益保护法》第6条规定："保护消费者合法权益是全社会的共同责任。国家鼓励、支持一切组织和个人对损害消费者合法权益的行为进行社会监督。"一方面应充分发挥国家有关行政管理机关的监督管理职能，另一方面社会组织和公民应通过各种渠道、各种途径对经营者损害消费者合法权益的行为进行社会监督。

【小思考9-1】

什么是生活消费？

答：所谓生活消费，是指人们在日常生活中消耗各种物质资料、精神产品及接受服务等用以满足自身或家庭生活需要的一系列行为或者过程，主要包括人们的衣、食、住、行等活动。机关、事业单位的日常工作消费也是应纳入生活消费之中的，工作消费在形式上是个体成员的集团性消费活动，在实质上仍是个体成员的消费活动。

9.2 消费者的权利和经营者的义务

消费者的权利与经营者的义务是对应的，消费者所享有的权利一般就是经营者所承担的义务。**消费者的权利**，*是指消费者为了满足生活消费需要，依法为或不为一定行为，以及要求经营者和其他有关主体为或不为一定行为的法律许可*。**经营者的义务**，*是指经营者依法必须为一定行为或不为一定行为，以满足和实现消费者的生活消费需要的责任*。

9.2.1 消费者的权利

《消费者权益保护法》第2章专门规定了消费者应当享有的权利。这些权利可以归纳为以下9项：

（1）**保障安全权**。它是消费者最基本的权利，*是消费者在购买、使用商品和接受服务时所享有的保障其人身、财产安全不受损害的权利*。由于消费者取得商品和服务是用于生活消费，因此，商品和服务必须绝对可靠，必须绝对保证商品和服务的质量不会损害消费者的生命与健康。消费者依法有权要求经营者提供的商品和服务必须符合保障人身、财产安全的条件。

（2）**知悉真情权**。它又称获取信息权、知情权、了解权，*是消费者享有的知悉其购买、使用的商品或者接受的服务的真实情况的权利*。依据该法规定，消费者有权根据商品或者服务的不同情况，要求经营者提供商品的价格、产地、生产者、用途、性能、规格、等级、主要成分、生产日期、有效期限、检验合格证明、使用方法说明书、售后服务，或者服务的内容、规格、费用等有关情况。唯有如此，才能保障消费者在与经营者签约时做到知己知彼，并表达其真实的意思。

（3）**自主选择权**。它*是指消费者享有的自主选择商品或者服务的权利*。该权利包括以下几个方面：①自主选择提供商品或者服务的经营者的权利；②自主选择商品品种或者服务方式的权利；③自主决定购买或者不购买任何一种商品、接受或者不接受任何一项服务的权利；④在自主选择商品或服务时所享有的进行比较、鉴别和挑选的权利。

（4）**公平交易权**。它是指消费者在购买商品或者接受服务时所享有的获得质量保障和价格合理、计量正确等公平交易条件的权利。为了保障消费者的公平交易的实现，必须依照《反垄断法》和《反不正当竞争法》等对劣质销售、价格不公、计量失度等不公平交易行为加以禁止。此外，消费者还有权拒绝经营者的强制交易行为，这与前述的《消费者权益保护法》的基本原则的要求也是一致的。

（5）**依法求偿权**。它是指消费者在因购买、使用商品或者接受服务而受到人身、财产损害时，依法享有的要求获得赔偿的权利。依法求偿权是弥补消费者所受损害的必不可少的救济性权利。

（6）**依法结社权**。它是指消费者享有的依法成立维护自身合法权益的社会组织的权利。政府对合法的消费者团体不应加以限制，并且，在制定有关消费者方面的政策和法律时，还应当向消费者团体征求意见，以求更好地保护消费者权利。消费者的依法结社权是十分重要的，它使消费者能够从分散、弱小走向集中和强大，并通过集体的力量来改变自己的弱者地位，以此与实力雄厚的经营者相抗衡。因此，对消费者的依法结社权必须予以保障。

（7）**接受教育权**。它也称获取知识权，是从知悉真情权中引申出来的一种消费者权利，是消费者所享有的获得有关消费和消费者权益保护方面的知识的权利。只有保障消费者的接受教育权，才能使消费者更好地掌握所需商品或者服务的知识和使用技能，以便基本正确使用商品，提高自我保护意识。由于厂商与消费者在信息、实力等方面的差距越来越大，因此，在今天强调消费者要接受教育，获取相关知识，以提高自我保护的能力，已变得越来越重要。

（8）**获得尊重权**。它是指消费者在购买、使用商品和接受服务时所享有的其人格尊严、民族风俗习惯得到尊重的权利。尊重消费者人格尊严和民族风俗，是社会文明进步的表现，也是尊重和保障人权的重要内容。

（9）**信息保护权**。它是指消费者在购买、使用商品和接受服务时，享有个人信息依法得到保护的权利。

（10）**监督批评权**。它是消费者享有的对商品和服务以及保护消费者权益工作进行监督的权利。此外，消费者有权检举、控告侵害消费者权益的行为和国家机关及其工作人员在保护消费者权益工作中的违法失职行为，有权对保护消费者权益工作提出批评、建议。

【观念应用 9-1】　　试衣服遭强卖，知情权被侵犯

2 月 28 日，我和同学在某服装店看见一款裙子，就忍不住试穿了一下，觉得很漂亮，一问价格，要 300 多元。我和同学没带那么多钱，只好把裙子放了回去。准备离开时，两位售货员小姐却拦住了我们的去路，说："试穿了，就必须买下，否则，别想离开。"我们据理力争，但两位售货员依然强词夺理。眼看天已经黑了，我们给售货员留下 20 元钱才得以离开。

请问：售货员的做法侵犯了消费者的权益吗？

法律分析：首先，应该肯定，售货员这样的做法是错误的，她们违反了《消费者权益保护法》，对消费者依法享有的自主选择权构成了侵犯。

买与不买，最终取决于消费者的购买决策和购买意愿。试穿，并不意味着就要买，试穿后，衣服质量合格，尺码合体，也不能强令消费者购买。试穿是消费者判断商品是否合格、是否合体的一种方法、一项权利，与购买并不存在直接、必然的联系。

《消费者权益保护法》第9条规定："消费者享有自主选择商品或者服务的权利。消费者有权自主选择提供商品或者服务的经营者，自主选择商品品种或者服务方式，自主决定购买或不购买任何一种商品、接受或者不接受任何一项服务。消费者在自主选择商品或者服务时，有权进行比较、鉴别和挑选。"

在实际生活中，由于消费者缺乏对具体商品和服务的认识和了解，经营者应当主动向消费者介绍该商品或者服务的知识，实事求是地推荐商品和服务。但是，这种介绍、推荐和帮助不能代替消费者的意志，更不能违背消费者的意愿。

因此，本案中的消费者可以将情况向消协等有关部门如实反映，相信一定会有一个妥善的处理，必要时也可通过法律途径解决。

9.2.2 经营者的义务

《消费者权益保护法》第3章专门规定了经营者的义务。这些义务可以归纳为以下9项：

1）依法定或约定履行的义务

经营者向消费者提供商品或服务，应当依照本法和其他有关法律、法规的规定履行义务，即经营者必须依法履行其法定义务。此外，经营者和消费者有约定的，应当按照约定履行义务，但双方的约定不得违背法律、法规的规定。可见，在不与现行法律、法规发生抵触的情况下，经营者应依约定履行义务。

经营者向消费者提供商品或者服务，应当恪守社会公德，诚信经营，保障消费者的合法权益；不得设定不公平、不合理的交易条件，不得强制交易。

2）听取意见和接受监督的义务

经营者应当听取消费者对其提供的商品或者服务的意见，接受消费者的监督。这是与消费者的监督批评权相对应的经营者义务。法律规定经营者的这一义务，有利于提高和改善消费者的地位。

3）保障人身和财产安全的义务

这是与消费者的保障安全权相对应的经营者的义务。

（1）经营者应当保证其提供的商品或者服务符合保障人身、财产安全的要求。对可能危及人身、财产安全的商品和服务，应当向消费者作出真实的说明和明确的警示，并说明和标明正确使用商品或者接受服务的方法以及防止危害发生的方法。

（2）宾馆、商场、餐馆、银行、机场、车站、港口、影剧院等经营场所的经营者，应当对消费者尽到安全保障义务。

（3）经营者发现其提供的商品或者服务存在缺陷，有危及人身、财产安全危险的，应当立即向有关行政部门报告和告知消费者，并采取停止销售、警示、召回、无害化处理、销毁、停止生产或者服务等措施。采取召回措施的，经营者应当承担消费者因商品被召回支出的必要费用。

4）提供真实信息的义务

（1）经营者向消费者提供有关商品或者服务的质量、性能、用途、有效期限等信息，应当真实、全面，不得作虚假或者引人误解的宣传。

（2）经营者对消费者就其提供的商品或者服务的质量和使用方法等问题提出的询问，应当作出真实、明确的答复。

（3）经营者提供商品或者服务应当明码标价。

5）标明真实名称和标记的义务

经营者应当标明其真实名称和标记。租赁他人柜台或者场地的经营者，应当标明其真实名称和标记。即使租赁期满后，在法律规定的情况下，消费者仍有权要求其承担责任。

6）出具发票或单据的义务

经营者提供商品或者服务，应当按照国家有关规定或者商业惯例向消费者出具发票等购货凭证或者服务单据；消费者索要发票等购货凭证或者服务单据的，经营者必须出具，这是经营者的义务。由于发票或者服务单据具有重要的证据价值，对于界定消费者和经营者的权利义务亦具有重要意义，因此，明确经营者出具相应的发票和单据的义务，有利于保护消费者权益。

7）保证商品与服务质量的义务

（1）经营者应当保证在正常使用商品或者接受服务的情况下其提供的商品或者服务应当具有的质量、性能、用途和有效期限；但消费者在购买该商品或者接受该服务前已经知道其存在瑕疵，且存在该瑕疵不违反法律强制性规定的除外。

（2）经营者以广告、产品说明、实物样品或者其他方式表明商品或者服务的质量状况的，应当保证其提供的商品或者服务的实际质量与表明的质量状况相符。

（3）经营者提供的机动车、计算机、电视机、电冰箱、空调器、洗衣机等耐用商品或者装饰装修等服务，消费者自接受商品或者服务之日起六个月内发现瑕疵，发生争议的，由经营者承担有关瑕疵的举证责任。

8）售后服务或退货的义务

该项义务也可以说是消费者的后悔权，体现在两个方面：

（1）经营者提供的商品或者服务不符合质量要求的，消费者可以依照国家规定、当事人约定退货，或者要求经营者履行更换、修理等义务。没有国家规定和当事人约定的，消费者可以自收到商品之日起七日内退货；七日后符合法定解除合同条件的，消费者可以及时退货，不符合法定解除合同条件的，可以要求经营者履行更换、修理等义务。

依照前款规定进行退货、更换、修理的，经营者应当承担运输等必要费用。

（2）经营者采用网络、电视、电话、邮购等方式销售商品，消费者有权自收到商品之日起七日内退货，且无需说明理由，但下列商品除外：①消费者定做的；②鲜活易腐的；③在线下载或者消费者拆封的音像制品、计算机软件等数字化商品；④交付的报纸、期刊。

除前款所列商品外，其他根据商品性质并经消费者在购买时确认不宜退货的商品，不适用无理由退货。

消费者退货的商品应当完好。经营者应当自收到退回商品之日起七日内返还消费者支付的商品价款。退回商品的运费由消费者承担，经营者和消费者另有约定的，按照约定处理。

9）不得从事不公平、不合理的交易的义务

经营者在经营活动中使用格式条款的，应当以显著方式提请消费者注意商品或者服务的数量和质量、价款或者费用、履行期限和方式、安全注意事项和风险警示、售后服务、民事责任等与消费者有重大利害关系的内容，并按照消费者的要求予以说明。

经营者不得以格式条款、通知、声明、店堂告示等方式，作出排除或者限制消费者权利、减轻或者免除经营者责任、加重消费者责任等对消费者不公平、不合理的规定，不得利用格式条款并借助技术手段强制交易。

格式条款、通知、声明、店堂告示等含前款所列内容的，其内容无效。

10）不得侵犯消费者的人身权的义务。消费者的人身权是最基本的人权，消费者的人身自由、人格尊严不受侵犯。经营者不得对消费者进行侮辱、诽谤，不得搜查消费者的身体及其携带的物品，不得侵犯消费者的人身自由。

11）依法保护消费者信息的义务。经营者收集、使用消费者个人信息，应当遵循合法、正当、必要的原则，明示收集、使用信息的目的、方式和范围，并经消费者同意。经营者收集、使用规则，不得违反法律、法规的规定和双方的约定收集、使用信息。

经营者及其工作人员对收集的消费者个人信息必须严格保密，不得泄露、出售或者非法向他人提供。经营者应当采取技术措施和其他必要措施，确保信息安全，防止消费者个人信息泄露、丢失。在发生或者可能发生信息泄露、丢失的情况时，应当立即采取补救措施。

经营者未经消费者同意或者请求，或者消费者明确表示拒绝的，不得向其发送商业性信息。

9.3 消费者合法权益的保护

在消费者权益的保护方面，不仅经营者负有直接的义务，而且国家、社会也都负有相应的义务。只有各类主体都有效地承担相应的保护消费者权益的义务，消费者的各项权利才能得到有效的保障。为此，《消费者权益保护法》对于国家和社会在保护消费者权益方面的义务也都作出了规定。

9.3.1 消费者合法权益的国家保护

国家采取各种措施，保障消费者依法行使权利，维护消费者的合法权益。根据《消费者权益保护法》第 4 章的规定，国家对消费者合法权益的保护主要体现在以下几个方面：

（1）立法保护。保护消费者合法权益，立法是基础。《消费者权益保护法》是保护消费者合法权益的基本法律。此外，我国制定和颁布的《产品质量法》、《反不正当竞争法》、《广告法》、《食品安全法》等也都体现了对消费者合法权益的保护。为了体现和保护消费者合法权益，国家制定有关法律、法规、规章和强制性标准时，应当听取消费者和消费者协会等组织的意见。

（2）行政保护。政府的行政管理工作与消费者权益的保护水平直接相关。各级人民政府应当加强领导，组织、协调、督促有关行政部门做好保护消费者合法权益的工作。各级人民政府应当加强监督，预防危害消费者人身、财产安全行为的发生，及时制止危害消费者人身、财产安全的行为。各级人民政府的工商行政管理部门和其他有关行政部门应当依照法律、法规的规定，在各自的职责范围内，采取措施，保护消费者的合法权益。有关行政部门应当听取消费者和消费者协会等组织对经营者交易行为、商品和服务质量的意见，及时调查处理。

（3）司法保护。对违法犯罪行为有惩处权力的有关国家机关，应当依照法律、法规的规定，惩处经营者在提供商品和服务质量中侵害消费者合法权益的违法犯罪行为。人民法院应当采取措施，方便消费者提起诉讼。对符合《民事诉讼法》规定的起诉条件的消费者权益争议，必须受理，及时审理，以使消费者权益争议尽快得到解决。

9.3.2　消费者合法权益的社会保护

保护消费者的合法权益是全社会的共同责任，国家鼓励、支持一切组织和个人对损害消费者合法权益的行为进行社会监督。尤其是广播、电视、报刊等大众传播媒介应当做好维护消费者合法权益的宣传，对损害消费者合法权益的行为进行舆论监督。

在保护消费者合法权益方面，各种消费者组织起着尤为重要的作用。《消费者权益保护法》第5章专门对消费者组织作了规定。依据该法规定，消费者组织包括消费者协会和其他消费者组织。**消费者协会和其他消费者组织**是依法成立的对商品和服务进行社会监督的保护消费者合法权益的社会组织。它们不得从事商品经营和营利性服务，不得以收取费用或者其他牟取利益的方式向社会推荐商品和服务。

中国消费者协会成立于1984年12月，并于1987年加入国际消费者联盟。消费者协会履行下列公益性职责：①向消费者提供消费信息和咨询服务，提高消费者维护自身合法权益的能力，引导文明、健康、节约资源和保护环境的消费方式；②参与制定有关消费者权益的法律、法规、规章和强制性标准；③参与有关行政部门对商品和服务的监督、检查；④就有关消费者合法权益的问题，向有关部门反映、查询，提出建议；⑤受理消费者的投诉，并对投诉事项进行调查、调解；⑥投诉事项涉及商品和服务质量问题的，可以委托具备资格的鉴定人鉴定，鉴定人应当告知鉴定意见；⑦就损害消费者合法权益的行为，支持受损害的消费者提起诉讼或依照本法提起诉讼；⑧对损害消费者合法权益的行为，通过大众传播媒介予以揭露、批评。

【小思考9-2】

消费者协会对哪些消费者的投诉不予受理？

答：根据消费者协会工作规则的规定，消费者协会对消费者投诉的下列案件不予受理：①消费者投诉时不能出具购物发票或小票的；②消费者购买的商品是处理品，并且销售者销售时声明是处理品，因出现问题而投诉的；③消费者向有关行政部门申诉，该部门已经处理完毕，或者由仲裁机构裁决以及向人民法院起诉，已经受理或判决的；④法律、法规规定必须取得许可证才能购买，而在没有许可证的情况下购买或禁止个人购买而购买的商品出现问题投诉的。

9.4 消费争议的解决

消费争议，是指消费者与经营者之间因商品或服务质量造成消费者人身、财产损失而引发的纠纷。

9.4.1 消费争议的解决途径

《消费者权益保护法》第34条规定了解决争议的5种途径和方式。5种方式的约束力度和效力是逐次增强的。

（1）与经营者协商和解。协商和解是消费者与经营者在平等自愿基础上，就有关争议进行协商，最终达成解决争议的方案。这是发生争议的初期常用的方式，具有方便、简捷、节约、及时等优点。

（2）请求消费者协会或者依法成立的其他调解组织调解。调解是指在消费者与经营者之间，由消费者协会作为第三方，就有关争议进行协调，双方达成协议，以解决争议的方式。消费者协会应在双方自愿的前提下，依法公平调解。

对侵害众多消费者合法权益的行为，中国消费者协会以及在省、自治区、直辖市设立的消费者协会，可以向人民法院提起诉讼。

（3）向有关行政部门投诉。它是指向工商行政管理机关、技术监督机关及各有关专业部门投诉。有关行政部门应当自收到投诉之日起7个工作日内，予以处理并告知消费者。有关行政部门对消费者的投诉及其他经营者的争议，可依法进行调解，也可依法律规定和自己的职权，作出处理决定；对有违法行为的经营者，可依法作出行政处罚。

（4）根据仲裁协议提请仲裁。

（5）向人民法院提起诉讼。

【小思考9-3】

消费争议有哪些种类？

答：从我国实践看，消费争议主要有以下4类：①消费者在购买、使用商品或接受服务的过程中，由于经营者不依法履行义务或不适当履行义务，或者消费者认为经营者不依法履行或不适当履行义务，致使消费者的合法权益受到损害所产生的争议；②消费者与经营者对提供的商品或者服务看法不一致所产生的争议；③经营者侵犯消费者的权利，或者消费者认为经营者侵犯其权利所产生的争议；④在消费过程中产生的其他争议。

9.4.2 求偿主体和赔偿主体的确定

为保证在发生消费争议时，能够准确确定责任承担者，我国《消费者权益保护法》就求偿主体以及最终赔偿主体（责任者）的确定，作出了如下规定：

（1）消费者在购买、使用商品时，其合法权益受到损害的，可以向销售者要求赔偿。销售者赔偿后，属于生产者的责任或者属于向销售者提供商品的其他销售者的责任的，销售者有权向生产者或者其他销售者追偿。

（2）消费者或者其他受害人因商品缺陷造成人身、财产损害的，可以向销售者要求赔偿，也可以向生产者要求赔偿。属于生产者责任的，销售者赔偿后，有权向生产者追偿。属于销售者责任的，生产者赔偿后，有权向销售者追偿。

（3）消费者在接受服务时，其合法权益受到损害的，可以向服务者要求赔偿。

（4）消费者在购买、使用商品或者接受服务时，其合法权益受到损害，因原企业分立、合并的，可以向变更后承受其权利义务的企业要求赔偿。

（5）使用他人营业执照的违法经营者提供商品或者服务，损害消费者合法权益的，消费者可以向其要求赔偿，也可以向营业执照的持有人要求赔偿。

（6）消费者在展销会、租赁柜台购买商品或者接受服务，其合法权益受到损害的，可以向销售者或者服务者要求赔偿。展销会结束或者租赁柜台租赁期满后，也可以向展销会的举办者、柜台的出租者要求赔偿。展销会的举办者、柜台的出租者赔偿后，有权向销售者或者服务者追偿。

（7）消费者通过网络交易平台购买商品或者接受服务，其合法权益受到损害的，可以向销售者或者服务者要求赔偿。网络交易平台提供者不能提供销售者或者服务者的真实名称、地址和有效联系方式的，消费者也可以向网络交易平台提供者要求赔偿；网络交易平台提供者作出更有利于消费者的承诺的，应当履行承诺。网络交易平台提供者赔偿后，有权向销售者或者服务者追偿。

网络交易平台提供者明知或者应知销售者或者服务者利用其平台侵害消费者合法权益，未采取必要措施的，依法与该销售者或者服务者承担连带责任。

（8）消费者因经营者利用虚假广告或者其他虚假宣传方式提供商品或者服务，其合法权益受到损害的，可以向经营者要求赔偿。广告经营者、发布者发布虚假广告的，消费者可以请求行政主管部门予以惩处。广告的经营者、发布者不能提供经营者的真实名称、地址和有效联系方式的，应当承担赔偿责任。

【观念应用 9-2】　　营业执照借他人，推卸责任法不允

胡燕于 2002 年 2 月 9 日在某时装店购买了一套价格不菲的时装准备过年，但在春节期间发现该套时装存在着严重的质量问题，明显与其当初的广告宣传不符。春节后胡燕去找该家时装店交涉，但发现该店已易主。新老板告诉她，老店主是借用了他的营业执照营业，现在已将店内所有物资盘给了他，他不可能承担老店主的任何责任，如果找，就要去找老店主。胡燕提着那套时装，站在时装店的门口不知如何是好。

请问：胡燕应向谁主张赔偿？

法律分析：胡燕此时应该运用法律来维护自己的合法权益，因为新店主依法应承担将其营业执照借予他人，对消费者造成损害的连带法律责任。

我国《消费者权益保护法》第 43 条规定："使用他人营业执照的违法经营者提供商品或者服务，损害消费者合法权益的，消费者可以向其要求赔偿，也可以向营业执照的持有人要求赔偿。"该事件中，老店主借用了他人的营业执照以营业执照持有人的名义销售存在严重质量问题的时装并且与其广告宣传明显不符，属欺诈行为。由于老店主将店内物资转让给了营业执照的持有人，即新店主，根据该条规定，胡燕除了向老店主主张赔偿外，还可以向新店主主张赔偿。《最高人民法院关于适用〈中华人民共和国民事诉讼法〉若干问题的意见》第 46 条第 2 款也规定："营业执照上登记的业主与实际经营者不一致的，以业主和实际经营者为共同诉讼人。”所以，营业执照持有人（新店主）以所卖时装的行为不是同一人所为，而不承担任何责任是错误的，胡燕在找不到老店主的情形下，他理应承担对胡燕的赔偿责任。具体赔偿数额根据《消费者权益保护法》第49条之规定：“经营者提供商品或者服务有欺诈行为的，应当按照消费者的要求增加赔偿其受到的损失，增加赔偿的金额为消费者购买商品的价款或者接受服务的费用的3倍。”

综上所述，胡燕的损失既可以向经营者本人主张赔偿，也可以向营业执照的持有人主张赔偿，营业执照的持有人依法不能推卸责任。胡燕能得到赔偿的数额将是除其所遭受损失以外的3倍。

9.5 法律责任

《消费者权益保护法》规定了3种责任形式。

9.5.1 民事责任

1）承担民事责任的概括性规定

经营者提供商品或者服务有下列情形之一的，除本法另有规定外，应当依照其他有关法律、法规的规定，承担民事责任：①商品或者服务存在缺陷的；②不具备商品应当具备的使用性能而出售时未作说明的；③不符合在商品或者其包装上注明采用的商品标准的；④不符合商品说明、实物样品等方式表明的质量状况的；⑤生产国家明令淘汰的商品或者销售失效、变质的商品的；⑥销售的商品数量不足的；⑦服务的内容和费用违反约定的；⑧对消费者提出的修理、重做、更换、退货、补足商品数量、退还货款和服务费用或者赔偿损失的要求，故意拖延或者无理拒绝的；⑨ 法律、法规规定的其他损害消费者权益的情形。

2）关于侵犯人身权的民事责任

《消费者权益保护法》第49～51条规定：

（1）经营者提供商品或者服务，造成消费者或者其他受害人人身伤害的，应当赔偿医疗费、护理费、交通费等为治疗和康复支出的合理费用，以及因误工减少的收入。造成残疾的，还应当赔偿残疾生活辅助具费和残疾赔偿金。造成死亡的，还应当赔偿丧葬费和死亡赔偿金。

（2）经营者侵害消费者的人格尊严、侵犯消费者人身自由或者侵害消费者个人信息依法得到保护的权利的，应当停止侵害、恢复名誉、消除影响、赔礼道歉，并赔偿损失。

（3）经营者有侮辱诽谤、搜查身体、侵犯人身自由等侵害消费者或者其他受害人人身权益的行为，造成严重精神损害的，受害人可以要求精神损害赔偿。

3）关于侵犯财产权的民事责任

《消费者权益保护法》第52条规定：

（1）经营者提供商品或者服务，造成消费者财产损害的，应当依照法律规定或者当事人约定承担修理、重做、更换、退货、补足商品数量、退还货款和服务费用或者赔偿损失等民事责任。

（2）经营者提供商品或者服务有欺诈行为的，应当按照消费者的要求增加赔偿其受到的损失，增加赔偿的金额为消费者购买商品的价款或者接受服务的费用的三倍；增加赔偿的金额不足五百元的，为五百元。法律另有规定的，依照其规定。

（3）经营者明知商品或者服务存在缺陷，仍然向消费者提供，造成消费者或者其他受害人死亡或者健康严重损害的，受害人有权要求经营者依照本法第49条、第51条等法律规定赔偿损失，并有权要求所受损失2倍以下的惩罚性赔偿。

（4）生产不符合食品安全标准的食品或者销售明知是不符合食品安全标准的食品，消费者除要求赔偿损失外，还可以向生产者或者销售者要求支付价款十倍的赔偿金。

【观念应用9-3】 经营者提供商品或服务造成人身伤害的法律责任

某年6月10日，原告舒某在其妹家中与其妹夫荣升碧、表弟李涛共进午餐。舒某拿起一瓶“蓝剑”啤酒，正欲开启，啤酒瓶突然爆炸，酒瓶的玻璃片击伤其左眼，导致左眼失明。舒某遂向四川省新津县人民法院提起诉讼，请求生产商蓝剑集团赔偿医疗费、住院费、护理费、误工损失、生活补助费等以及8万元的残疾赔偿金。原告起诉时，向法庭提交了破碎蓝剑啤酒瓶与华西医科大学附属第一医院的病历记录、病情证明。事故发生后不久，蓝剑集团曾派人向荣升碧、李涛作了调查，形成了笔录并提交给法庭。

请问：经营者承担侵犯人身权的责任范围是什么？

法律分析：《消费者权益保护法》第49条规定：“经营者提供商品或者服务，造成消费者或者其他受害人人身伤害的，应当赔偿医疗费、护理费、交通费等为治疗和康复支出的合理费用，以及因误工减少的收入。造成残疾的，还应当赔偿残疾生活辅助具费和残疾赔偿金。造成死亡的，还应当赔偿丧葬费和死亡赔偿金。”

9.5.2 行政责任

经营者有下列情形之一的，除承担相应的民事责任外，其他有关法律、法规对处罚机关和处罚方式有规定的，依照法律、法规的规定执行；法律、法规未作规定的，由工商行政管理部门或者其他有关部门责令改正，可以根据情节单处或者并处警告、没收违法所得、处以违法所得一倍以上十倍以下的罚款，没有违法所得的，处以五十万元以下的罚款；情节严重的，责令停业整顿、吊销营业执照。

（1）提供的商品或者服务不符合保障人身、财产安全要求的。

（2）在商品中掺杂、掺假、以假充真、以次充好，或者以不合格的商品冒充合格商品的。

（3）生产国家明令淘汰的商品或者销售失效、变质的商品的。

（4）伪造商品的产地，伪造或者冒用他人的厂名、厂址，篡改生产日期，伪造或者冒用认证标志、名优标志等质量标志的。

（5）销售的商品应当检验、检疫而未检验、检疫或者伪造检验、检疫结果的。

（6）对商品或者服务作虚假或者引人误解的宣传的。

（7）拒绝或拖延有关行政部门责令对缺陷商品或者服务采取停止销售、警示、召回、无害化处理、销毁、停止生产或者服务等措施的。

（8）对消费者提出的修理、重做、更换、退货、补足商品数量、退还货款和服务费用或者赔偿损失的要求，故意拖延或者无理拒绝的。

（9）侵害消费者人格尊严或者侵犯消费者人身自由的或者侵害消费者个人信息依法得到保护的权利的。

（10）法律、法规规定的对损害消费者权益应当予以处罚的其他情形。

9.5.3 刑事责任

有下列情形之一的，有关人员应依照有关法律、法规的规定，承担刑事责任：

（1）经营者提供商品或者服务，侵害消费者合法权益，构成犯罪的，依法追究刑事责任。

（2）以暴力、威胁等方法阻碍有关行政部门工作人员依法执行职务的，依法追究刑事责任；拒绝、阻碍有关行政部门工作人员依法执行职务，未使用暴力、威胁方法的，由公安机关依照《中华人民共和国治安管理处罚法》的规定处罚。

（3）国家机关工作人员有玩忽职守或者包庇经营者侵害消费者合法权益的行为的，由其所在单位或者上级机关给予行政处分；情节严重，构成犯罪的，依法追究刑事责任。

本章小结

本章结合我国《消费者权益保护法》的规定，对消费者权益保护法的适用范围、基本原则、消费者的权利、经营者的义务、国家及社会对消费者合法权益的保护、消费争议的解决以及法律责任的承担等，作了较系统的论述。

主要概念和观念

□ 主要概念

消费者　消费者权益保护法　消费者的权利　经营者的义务　消费者协会　消费争议

□ 主要观念

消费者的特征　消费者协会的性质及职能　消费者权益保护机构

基本训练

□ 知识题

9.1　阅读与理解

1）消费者的概念及特征是什么？

2）消费者有哪些权利？

3）经营者有哪些义务？

9.2　知识应用

1）判断题

（1）消费者是为个人生活消费需要购买、使用商品和接受服务的人。　（　）

（2）经营者不得搜查消费者的身体，但可以根据需要搜查消费者携带的物品。　（　）

(3) 消费者享有知悉其购买、使用的商品或接受的服务的真实情况的权利。 ( )

(4) 经营者提供的重要商品应当明码标价，一般商品由商店自主决定。 ( )

2) 选择题

(1) 经营者提供商品有欺诈行为的，应当按照消费者的要求增加赔偿其受到的损失，增加赔偿的金额为消费者购买商品价款的( )。

A. 1倍 B. 2倍 C. 3倍 D. 4倍

(2) 我国的消费者协会属于( )。

A. 国家机关 B. 事业单位

C. 企业单位 D. 社会团体

(3) 经营者不得以( )等方式作出对消费者不公平、不合理的规定，或者减轻、免除其损害消费者合法权益应当承担的民事责任。

A. 口头、书面 B. 合同、告示

C. 格式条款、通知、声明、店堂告示

(4) 民事责任中的“三包”主要指( )。

A. 包赔偿 B. 包修理 C. 包换货 D. 包退货

□ 技能题

9.1 规则复习

1)《消费者权益保护法》的原则有哪些?

2) 如何解决消费争议?

3) 在消费者权益纠纷中如何确定求偿主体和赔偿主体?

9.2 操作练习

某省某县和平乡10户瓜农，在县城种子站购进20袋西瓜种，出芽率标明为95%，种下后，出芽率只有25%。再补种已错过农时，造成无法挽回的经济损失。

试分析该10户瓜农的合法权益是否受《消费者权益保护法》的保护?该10户瓜农应向谁索赔?种子站应怎样承担责任?

观念应用

□ 案例分析

无效的店堂告示

2013年10月8日，夏某到附近的一家超市购买生活用品。一进这家超市的大门，一块鲜艳的告示牌就映入眼帘，上面赫然写着“谨慎购买，概不退换”8个大字。夏某在食品柜挑选了一袋奶粉，然后又挑选了其他一些日常生活用品。当天下午，夏某在冲奶粉喝的时候，发现这袋奶粉已经过了保质期。奶粉的包装袋上印着保质期为6个月，生产日期为2013年3月12日。夏某立刻来到这家超市要求退货。值班经理认为不能退货，因为商店已经以告示牌的形式向广大顾客声明，请大家谨慎购买商品，一旦购买，概不予退换，而且告示牌是在十分显眼的地方，每位顾客一进门就会发现。夏某认为奶粉过了保质期，已不能食用，商店当然应该退货，这是常识，任何一家商店都应该这么做。双方争执不下，夏某便投诉到工商局，坚决要求这家超市退货，并且向他赔礼道歉。

请问：

（1）本案中的这家超市违反了其应当承担的何种义务？我国的《消费者权益保护法》和《产品质量法》对这一问题是如何规定的？

（2）如何看待“谨慎购买，概不退换”这一店堂告示的效力？

□ 单元实训

作为消费者，进行维权诉讼应注意哪些问题？

提示：①明确对象；②反映当事人法律关系存在的证据；③反映损害事实存在的证据；④诉讼时效。

第10章

产品质量法

• 学习目标

通过本章学习，你应该达到以下目标：

知识目标：了解产品质量法的立法目的和适用范围，理解产品、产品质量、产品瑕疵、产品缺陷的含义，理解并掌握产品质量监督管理制度、生产者和销售者的产品质量责任和义务等方面的知识。

技能目标：一是正确理解产品的含义；二是熟悉产品质量检验、标准、认证及监督检查等制度的具体内容；三是熟悉生产者、销售者违法行为及处罚标准。

能力目标：掌握生产者、销售者的产品质量责任和义务；正确识别产品标识；提高解决产品质量纠纷的能力。

引例

冒用名优标志，应受行政处罚

2013 年 11 月，某县质监局在进行市场商品质量监督抽查时，发现从未获得过任何优质产品称号的某食品厂生产的“脆酥蛋卷”包装袋上赫然印有国家优质产品标志。经质监局调查，该食品厂 2012 年 7 月订购了 15 万条印有国家“优质”产品标志的包装袋，至查获时止，共用去 6 万多条，库存 8 万多条。县质监局据此作出理决定：没收该厂非法所得 5 000 元，罚款 1 500 元，责令厂方收回尚未售出的，印有国家优质产品标志包装袋包装的“脆酥蛋卷”，库存包装袋经技术处理，消除“优质”标志后方能使用。食品厂不服此处理决定，于 2013 年 12 月向县法院起诉。

《产品质量法》是规制市场秩序，保护产品用户和消费者权益的重要法律。本例中，食品厂的行为属于冒用质量标志的行为。质量标志是依一定程序颁发给产品质量达到一定水平的企业的证明。产品质量标志是不容冒用的，因为质量标志事实上代表了一定的质量评价。冒用质量标志，就会构成以次充好或以假充真，是对产品质量事实真相的隐瞒，违反了社会主义市场经济诚实信用的原则，是扰乱社会经济秩序的行为，《产品质量法》第 53 条规定：“生产者、销售者伪造产品的产地的，伪造或者冒用他人的厂名、厂址的，伪造或者冒用论证标志、名优标志等质量标志的，责令公开更正，没收违法所得，可以并处罚款。”县质监局对食品厂的处理完全符合法律规定，食品厂的败诉是必然的。

10.1 产品质量法概述

产品与产品质量的含义、产品质量法的立法宗旨以及调整对象是学习研究产品质量法的基础。

10.1.1 产品和产品质量

（1）产品的含义。产品这个词在经济生活中和法律领域中大量使用，被赋予了广泛的含义。经济学上称之为具有使用价值，能满足人们的物质需要或精神需要的劳动生产物。其在法律上的应用较为确定，但也不尽相同。例如，《美国统一产品责任法》规定，产品是“具有真正价值的、为进入市场而生产的、能够作为组装零件或者作为部件、零件交付的物品。但人体组织、器官、血液组成成分除外。”欧共体指令规定，产品是指“除初级农产品和狩猎产品以外的所有动产，即使已被组合在另一动产或不动产之内。初级农产品是指种植业、畜牧业、渔业产品，不包括经过加工的这类产品。产品亦包括电。”德国《产品责任法》规定，产品是指“任何动产，即使已被装配在另一动产或不动产之内，还包括电。但未经初步加工的包括种植业、畜牧业、养蜂业、渔业产品在内的农产品（初级农产品）除外，狩猎产品亦然。”

《中华人民共和国产品质量法》第 2 条规定：“本法所称**产品**是指经过加工、制作，用于销售的产品”，“建设工程不适用本法规定；但是，建设工程使用的建筑材料、建筑物配件和设备，属于前款规定的产品范围的，适用本法规定。”这就为产品的含义作了如下界定：①产品质量法中的产品，必须是经过加工、制作的产品；②产品质量法中的产品，必须是用于销售的产品；③建设工程不适用产品质量法的规定；④在一项建设工程中，作为构配件、零件、建筑材料使用在建设工程中的产品，都应受产品质量法的调整。

（2）产品质量的含义。依据国际标准化组织颁布的 ISO 8402-86《质量术语》对质量所下定义，所谓质量是指产品和服务满足规定或者潜在需要的特性和特征的总和。

一般认为，**产品质量**是指由国家的法律、法规、质量标准等所确定的或由当事人的合同所约定的有关产品适用、安全、外观等诸种特性的综合。它包括产品的性能、适用性、安全性、耐用性、可靠性、经济性、卫生性等。

10.1.2 产品质量法的概念

产品质量法，*是调整产品生产者、销售者与用户或消费者之间以及对产品进行监督管理过程中所发生的社会关系的法律规范的总称*。广义的产品质量法是指以产品质量为对象，由不同立法机关制定并具有不同层次效力的法律、法规所组成的产品质量法律体系。狭义的产品质量法特指 1993 年 2 月 22 日第七届全国人大常委会第三十次会议通过，后于 2000 年 7 月 8 日第九届全国人大常委会第十六次会议修正的《中华人民共和国产品质量法》（以下简称《产品质量法》）。这部法律是我国目前规范产品质量的基本依据。

10.1.3 产品质量法的立法目的

（1）加强对产品质量的监督管理，提高产品质量水平。产品质量对社会经济生活会产生重大的影响，它会影响国民经济的运行质量、国家综合国力的增强、国家的形象，还会对满足社会的需要、维护人民群众的利益、扩大出口、提高经济效益有直接的作用。因此，必须运用法律手段对其实施监督管理，将产品质量纳入法制的轨道，实现提高质量水平的目的。

（2）明确产品质量责任。产品生产者、销售者提供产品，就应当对其质量负责，明确这种产品质量责任是《产品质量法》的中心内容之一。首先明确产品质量责任是生产者、销售者的法定责任；其次明确产品质量责任实行严格归责原则；最后明确承担产品质量责任的基本规范形式。

（3）保护消费者的合法权益。加强产品质量管理，实施严格的产品质量监督，确立和实行严格的产品责任制度，明确产品生产者、销售者的产品质量和义务，其出发点和落脚点都是为了保护消费者的合法权益。它既是产品质量法的立法目的，也是贯穿产品质量各项立法内容的基本指导原则。

（4）维护社会经济秩序。通过建立、健全产品质量法律制度，全面提高产品的档次和质量水平，更多地提供能适应国内外市场需要的质量好的、可靠的产品，同时通过市场机制淘汰有悖于消费者需要的档次低、质量差的产品。加强对产品质量的监督检查，严厉打击产品质量方面的制假售假行为，严肃惩处产品质量方面的违法犯罪行为，将大大有利于治理整顿市场秩序，形成良好的社会经济秩序。

10.1.4 产品质量法的适用范围

从空间上说，在中华人民共和国境内从事产品生产、销售活动，包括销售进口商品，必须遵守《产品质量法》。

从客体上说，本法只适用生产、流通的产品，即各种动产，而不包括不动产。从主体上说，本法适用于生产者、销售者和消费者，以及监督管理机构。

【小思考 10-1】

电属于《产品质量法》中的产品吗？

答：《产品质量法》第 2 条规定："本法所称产品是指经过加工、制作，用于销售的产品。"因此，经过加工、制作是构成产品质量法中产品的必备条件，未经加工、制作的天然农产品、矿产品都不应列为产品质量法中的产品。按照须加工、制作这项条件，电应当作为产品，因为电力是将一次能源转化为二次能源的生产活动的产物。

10.2 产品质量监督管理制度

10.2.1 产品质量监督管理体制

产品质量监督管理体制，是指产品质量监督管理机构的设置及其权限划分的有关制度的总称。

我国《产品质量法》根据我国管理实际，在总结过去立法和实践经验的基础上，确立了统一管理、分工负责的产品质量监督管理体制。具体内容是：

（1）国务院产品质量监督部门主管全国产品质量监督工作。国务院有关部门在各自的职责范围内负责产品质量监督工作。国务院产品质量监督管理部门是归国务院直接领导的国家质量监督检验检疫总局，它负责对全国产品质量工作进行统一管理、组织协调，对产品质量管理进行宏观指导。

（2）县级以上地方产品质量监督部门主管本行政区域内的产品质量监督工作。县级以上地方人民政府有关部门在各自的职责范围内负责产品质量监督工作。

（3）各级人民政府应当把提高产品质量纳入国民经济和社会发展规划，加强对产品质量工作的统筹规划和组织领导，引导、督促生产者、销售者加强产品质量管理，提高产品质量，组织各有关部门依法采取措施，制止产品生产、销售中违反产品质量法规定的行为，保障法律的施行。

（4）法律对产品质量的监督部门另有规定的，依照有关法律的规定执行。例如，工商行政管理部门对产品质量管理也有一定职责，它与质量技术监督局的分工如下：①生产流通领域中的产品质量问题，由质量技术监督局查处，工商行政管理部门给予协助；②生产、经销掺假产品、冒牌产品的，由工商行政管理部门查处，质量技术监督局给予协助；③倒卖、骗卖劣质产品的，若质量技术监督局发现，则由其处理，工商行政管理部门给予协助；若工商行政管理部门发现，则由其处理，质量技术监督局给予协助。

此外，我国还有大量行业协会、部门、企业的质量监督管理机构，其质量监督活动属于内部监督的性质。这些机构在产品质量监督管理中的作用是必不可少的，但是这种质量监督属于自律性质，与国家的宏观监督管理活动的性质是有区别的。

10.2.2　产品质量检验制度

产品质量应当检验合格，不得以不合格产品冒充合格产品。产品质量检验机构必须具备相应的检测条件和能力，经省级以上人民政府产品质量监督部门或其授权的部门考核合格的，方可承担产品质量检验工作。法律、行政法规另有规定的，从其规定。

从事产品质量检验的社会中介机构必须依法设立，不得与行政机关和其他国家机关存在隶属关系或其他利益关系，必须依法按照有关标准，客观、公正地出具检验结果。

10.2.3　产品质量标准制度

《产品质量法》第 6 条规定："国家鼓励推行科学的质量管理方法，采用先进的科学技术，鼓励企业产品质量达到并且超过行业标准、国家标准和国际标准。"采用先进的产品标准，推行科学的质量管理方法，是提高产品质量的重要途径。我国《标准化法》规定，我国实行国家标准、行业标准、地方标准和企业标准四级标准体制。因为产品质量标准是标准中的一种，所以产品质量标准也同样分为以上四个级别。

根据我国《标准化法》的规定，国家标准划分为强制性标准和推荐性标准。强制性标准是强制执行的标准，企业必须执行。对此，《产品质量法》第 13 条作了明确具体的规定：

（1）生产、销售可能危及人体健康和人身、财产安全的工业产品，必须执行强制标准。这是运用国家的强制力量保护社会公共利益，保护使用这种产品的每个消费者的利益。

（2）生产、销售可能危及人体健康和人身、财产安全的工业品，所必须执行的标准是保障人体健康，人身、财产安全的国家标准、行业标准。使其产品符合这些标准的要求，是产品生产者、销售者所应履行的法定义务。

（3）未制定上述国家标准、行业标准的，则必须符合保障人体健康，人身、财产安全的要求。

（4）对于不符合保障人体健康和人身、财产安全的国家标准、行业标准的工业产品，以及不符合法定的保障人体健康和人身、财产安全的工业产品，禁止生产和销售。

（5）对制定和实施有关人体健康和人身、财产安全的具体管理规则、管理方法，则授权国务院作出规定。

10.2.4　产品质量体系认证和产品质量认证制度

1）企业质量体系认证制度

企业质量体系认证， *就是通过依法设立的认证机构对企业的质量体系进行评价，当证明其符合有关的标准，即予以认证注册，发给企业质量体系认证证书的制度。*《产品质量法》第 14 条第 1 款规定："国家根据国际通用的质量管理标准，推行企业质量体系认证制度。企业根据自愿原则可以向国务院质量监督部门认可的或者国务院产品质量监督部门授权的部门认可的认证机构申请质量体系认证。经认证合格的，由认证机构颁发企业质量体系认证证书"。

2）产品质量认证制度

产品质量认证，是指依据产品标准和相应技术要求，经认证机构确认并通过颁发认证证书和产品质量认证标志的形式，证明某一产品符合相应标准或相应技术要求的活动。《产品质量法》第14条第2款规定：“国家参照国际先进的产品标准和技术要求，推行产品质量认证制度。企业根据自愿原则可以向国务院产品质量监督部门认可的或者国务院质量监督部门授权的部门认可的认证机构申请产品质量认证。经认证合格的，由认证机构颁发产品质量认证证书，准许企业在产品或者包装上使用产品质量认证标志。”

10.2.5 产品质量监督检查制度

我国《产品质量法》明确规定，产品质量应当检验合格，不得以不合格产品冒充合格产品。国家对产品质量实行以抽查为主要方式的监督检查制度，对可能危及人体健康和人身、财产安全的产品，影响国计民生的重要工业品，以及消费者、有关组织反映有质量问题的产品进行抽查。

产品质量监督抽查工作由国务院产品质量监督部门规划和组织，县级以上的地方产品质量监督部门在本行政区域内也可以组织监督抽查。对依法进行的产品质量监督检查，生产者和销售者不得拒绝。

依照《产品质量法》的规定，对产品质量进行监督抽查应当注意以下问题：

（1）不得重复抽查。国家监督抽查的产品，地方不得另行重复抽查；上级监督抽查的产品，下级不得重复抽查。

（2）样品数量要合理，不得收取费用。对产品进行抽查检验的数量要合理，不得向被抽查检验人收取检验费用。

（3）产品抽查检验不合格的要依法处理。依照《产品质量法》规定进行抽查检验的产品，质量不合格的，由实施监督抽查的产品质量监督部门责令其生产者、销售者限期改正。逾期不改正的，由省级以上人民政府产品质量监督部门予以公告，公告后经复查仍不合格的，责令停业，限期整顿，整顿期满后经复查产品质量仍不合格的，吊销营业执照。

（4）对产品质量有严重问题的要依法处罚。监督抽查的产品有严重质量问题的，要依照《产品质量法》第5章“罚则”的有关规定予以相应的处罚。

（5）当事人对抽查检验结果有异议的可申请复检。生产者、销售者对抽查检验的结果有异议的，可以自收到检验结果之日起15日内向实施监督抽查的产品质量监督部门或者其上级产品质量监督部门申请复检，由受理复检的产品质量监督部门作出复检结论。

【小思考10-2】

怎样理解《产品质量法》中的生产者和销售者？

答：《产品质量法》中的生产者，一般地说是指从事产品生产的组织或个人，这里所称的组织包括相关组织等。产品生产应当包括产品的设计、制作、加工、组装、安装、包装等过程，如果细分，还可分为许多具体的环节，但它们的共同特点都是为了形成可以提供销售的产品，或者说是都属于产品的形成过程。生产者生产的产品，包括整件、零部件和原材料，也就是产品质量法中的生产者包括成品的生产者、零部件的生产者和原材料的生产者。

《产品质量法》中的销售者，是指从事产品销售业务的组织或者个人，这种销售包括将产品销售给最终消费者、售给加工者、售给再销售者、售给出租人等。

10.3 产品质量责任和义务

产品质量责任和义务，是指产品的生产者和销售者因生产和销售产品所应承担的产品质量责任和义务。

10.3.1 生产者的产品质量责任和义务

（1）生产者生产的产品应当符合法定质量标准：①不存在危及人身、财产安全的不合理的危险，有保障人体健康和人身、财产安全的国家标准、行业标准的，应当符合该标准；②具备产品应当具备的使用性能，但是，对产品存在使用性能的瑕疵作出说明的除外；③符合在产品或者其包装上注明采用的产品标准，符合以产品说明、实物样品等方式表明的质量状况。

（2）产品或者其包装上的标志应当真实，并符合下列要求：①有产品质量检验合格证明；②有中文标明的产品名称、生产厂厂名和厂址；③根据产品的特点和使用要求，需要标明产品规格、等级、所含主要成分的名称和含量的，用中文相应予以标明，需要事先让消费者知晓的，应当在外包装上标明，或者预先向消费者提供有关资料；④限期使用的产品，应当在显著位置清晰地标明生产日期和安全使用日期或者失效日期；⑤使用不当，容易造成产品本身损坏或者可能危及人身、财产安全的产品，应当有警示标志或者中文警示说明。但是，裸装的食品和其他根据产品的特点难以附加标志的裸装产品，可以不附加产品标志。

（3）易碎、易燃、易爆、有腐蚀性、有放射性等危险物品以及储运中不能倒置和其他有特殊要求的产品，其包装必须符合相应要求，依照国家有关规定作出警示标志或者中文警示说明，标明储运注意事项。

对特殊产品的包装必须符合国家法律、法规、规章、合同、标准以及规范性文件中规定的要求，保证人身、财产安全，防止产品损坏给消费者、用户及消费者的合法权益带来损害，并应在产品包装上标注相应的产品标识。

【补充阅读资料 10-1】　产品及产品包装的 9 种标志

根据国家有关法律法规的规定，产品或产品包装上的标志应有以下 9 种：①产品要有检验合格证。②有中文标明的产品名称、厂名和厂址。进口产品在国内市场销售，也必须有中文标志。③根据产品的特点和使用要求，需标明产品规格、等级，所含主要成分的名称和含量也应当予以标明。④限期使用的产品，应标明生产日期和失效期，包装食品一般都应标明生产期、保质期或保存期。⑤对于容易造成产品本身损坏或者可能危及人身、财产安全的产品要有警示标志或中文警示说明。⑥已被工商部门批准注册的商标，其标志为“R”或“注”。⑦已被专利部门授予专利的，可在产品上注明。⑧生产企业应在产品或其说明、包装上注明所执行标准的代号、编号、名称。我国现行标准分4级，即“国家标准（GB）、行业标准（HB）、地方标准（DB）、企业标准（QB）”。⑨已取得国家有关质量认证的产品，可在产品或包装上使用相应的安全或合格认证标志。

（4）生产者不得生产国家明令淘汰的产品。

（5）生产者不得伪造产地，不得伪造或者冒用他人的厂名、厂址。

（6）生产者不得伪造或者冒用认证标志等质量标志。

（7）生产者生产产品，不得掺杂、掺假，不得以假充真、以次充好，不得以不合格产品冒充合格产品。

【观念应用10-1】 销售者不得销售失效、变质的产品

某年4月11日，开原镇某村菜农郭海青，在开原市个体菜籽商店购买了几袋“夏阳”牌日本白菜籽，并种在自家6亩承包地中。郭海青按包装上的说明进行育苗、定植和田间管理，菜苗长出后只“蹿挺”，不“抱心”。后经农业技术人员鉴定，是种子有问题，郭海青的6亩菜地绝收，直接经济损失4万元。无奈，郭海青投诉到开原市消费者协会。

请问：销售者应怎样承担责任?

法律分析：经消费者协会核查，个体菜籽店经销的“夏阳”牌白菜籽，是日本繁育、中国香港经销的，店主从山东菜籽商处买进。菜籽无生产日期，经专家鉴定，属过期菜籽。

经消费者协会调解，个体菜籽店店主赔偿菜农郭海青经济损失6 000元。

10.3.2 销售者的产品质量责任和义务

销售者对其销售的产品应当采取措施，保证质量，并承担下列责任和义务：

（1）销售者应当建立并执行进货检查验收制度，验明产品合格证明和其他标志。

（2）销售者应当采取措施，保持销售产品的质量。

（3）销售者不得销售国家明令淘汰并停止销售的产品和失效、变质的产品。

（4）销售者销售的产品的标志应当符合《产品质量法》的有关规定。

（5）销售者不得伪造产地，不得伪造或者冒用他人的厂名、厂址。

（6）销售者不得伪造或者冒用认证标志等质量标志。

（7）销售者销售产品，不得掺杂、掺假，不得以假充真、以次充好，不得以不合格产品冒充合格产品。

10.4 损害赔偿

损害赔偿，是产品的生产者、销售者因生产、销售的产品质量不符合国家的相关规定、质量标准及合法约定的对产品适用、安全和其他特性的要求，给用户和消费者造成损失的，应当承担赔偿责任。为了保护消费者的利益，产品质量责任采用无过错责任制，即不论产品的制造者、销售者主观上有无过错，对于因产品质量问题造成的损失，均应承担责任。

10.4.1　销售者应当承担的损害赔偿责任

（1）售出的产品有下列情形之一的，销售者应当负责修理、更换、退货；给购买产品的消费者造成损失的，销售者应当赔偿损失：①不具备产品应当具备的使用性能而事先未作说明的；②不符合在产品或者其包装上注明采用的产品标准的；③不符合以产品说明实物样品等方式表明的质量状况的。

如果销售者未按照上述规定给予修理、更换、退货或者赔偿损失的，由产品质量监督部门或者工商行政管理部门责令改正。生产者之间、销售者之间、生产者与销售者之间订立的买卖合同、承揽合同有不同约定的，合同当事人按照合同约定执行。

（2）由于销售者的过错使产品存在缺陷，造成人身、他人财产损害的，销售者应当承担赔偿责任。销售者不能指明缺陷产品的生产者也不能指明缺陷产品的供货者的，销售者也应当承担赔偿责任。

10.4.2　生产者应当承担的损害赔偿责任

因为产品存在缺陷造成人身、缺陷产品以外的其他财产损害的，生产者应当承担赔偿责任。如果生产者能够证明有下列情形之一的，可以不承担赔偿责任：①未将产品投入流通的；②产品投入流通时，引起损害的缺陷尚不存在的；③将产品投入流通时的科学技术水平尚不能发现缺陷的存在的。

10.4.3　受害人要求赔偿的对象、范围和程序

1）受害人要求赔偿的对象

因产品存在缺陷造成人身、他人财产损害的，受害人可以向产品的生产者要求赔偿，也可以向产品的销售者要求赔偿。属于产品的生产者的责任，产品的销售者赔偿的，产品的销售者有权向产品的生产者追偿。属于产品的销售者的责任，产品的生产者赔偿的，产品的生产者有权向产品的销售者追偿。

2）受害人要求赔偿的范围

因产品存在缺陷造成受害人人身伤害的，侵害人应当赔偿医疗费、治疗期间的护理费、因误工减少的收入等费用；造成残疾的，还应当支付残疾者生活自助费、生活补助费、残疾赔偿金以及由其扶养的人所必需的生活费等费用；造成受害人死亡的，应当支付丧葬费、死亡赔偿金以及由死者生前扶养的人所必需的生活费等费用。

因产品存在缺陷造成受害人财产损失的，侵害人应当恢复原状或者折价赔偿。受害人因此遭受其他重大损失的，侵害人应当赔偿损失。

3）受害人要求赔偿的程序

因产品质量发生民事纠纷时，当事人可以通过协商或者调解解决。当事人不愿通过协商、调解解决或者协商、调解不成的，可以根据当事人各方的协议向仲裁机构申请仲裁；当事人各方没有达成仲裁协议或者仲裁协议无效的，可以直接向人民法院起诉。

10.4.4 受害人要求赔偿的时效

时效是指受害人因产品存在缺陷造成损害要求赔偿的有效期限。我国《产品质量法》第 45 条就赔偿时效作了明确规定。

(1) 产品存在缺陷造成损害要求赔偿的诉讼时效期间为 2 年，自当事人知道或者应当知道其权益受到损害时起计算。

(2) 因产品存在缺陷造成损害要求赔偿的请求权，在造成损害的缺陷产品交付最初消费者满 10 年丧失；但是，尚未超过明示的安全使用期的除外。

【观念应用 10-2】 销售者造成产品缺陷的损害赔偿责任

2013 年 8 月 3 日，消费者涂某在"红星"商店买了一杯冰镇饮料"雪碧"。他刚喝了一口，就发生口腔、咽喉、食道、胃肠灼痛，随后出现吐血、便血及头昏等症状，后经医院治疗痊愈。经查明，8 月 3 日那天，该商店的店员在往饮料桶里注入"雪碧"饮料时，因疏忽大意，将一瓶含有强碱性的毒液倒入饮料桶中，给消费者涂某造成了伤害。涂某要求商店赔偿损失。

请问：销售者应承担赔偿责任吗？

法律分析：产品责任是一种特殊的侵权责任。一般来说，产品缺陷是在生产过程中产生的，但是，也有些产品缺陷并不是在生产环节产生的，而是在销售环节中产生的。因此，销售者在一定的前提下也要承担产品侵权损害赔偿责任。《产品质量法》规定："由于销售者的过错使产品存在缺陷，造成人身、他人财产损害的，销售者应当承担赔偿责任。"该规定体现了民法关于侵权责任要件的基本原则。销售者承担侵权责任也应具备以下要件：第一，产品存在缺陷，而且这个缺陷是由销售者的过错所致；第二，存在着消费者人身、财产损害的事实；第三，产品缺陷和损害事实之间有因果关系。本案中，商店店员的过错，给消费者带来了危害，因此，商店应依法对消费者涂某造成的损害作出赔偿。

10.5 罚则

10.5.1 生产者、销售者的违法行为与罚则

(1) 生产、销售不符合保障人体健康和人身、财产安全的国家标准、行业标准的产品的，责令停止生产、销售，没收违法生产、销售的产品，并处违法生产、销售产品（包括已售出和未售出的产品，下同）货值金额等值以上 3 倍以下的罚款；有违法所得的，并处没收违法所得；情节严重的，吊销营业执照；构成犯罪的，依法追究刑事责任。所谓货值金额是指以违法生产、销售产品的标价计算的金额；没有标价的，按照同类产品的市场价格计算（下同）。

(2) 在产品中掺杂、掺假，以假充真，以次充好，或者以不合格产品冒充合格产品的，责令停止生产、销售，没收违法生产、销售的产品，并处违法生产、销售产品货值金额 50% 以上 3 倍以下的罚款；有违法所得的，并处没收违法所得；情节严重的，吊销营

业执照；构成犯罪的，依法追究刑事责任。

（3）生产国家明令淘汰的产品的，销售国家明令淘汰并停止销售的产品的，责令停止生产、销售，没收违法生产、销售的产品，并处违法生产、销售产品货值金额等值以下的罚款；有违法所得的，并处没收违法所得；情节严重的，吊销营业执照。

（4）销售失效、变质的产品的，责令停止销售，没收违法销售的产品，并处违法销售产品货值金额 2 倍以下的罚款；有违法所得的，并处没收违法所得；情节严重的，吊销营业执照；构成犯罪的，依法追究刑事责任。

（5）伪造产品产地的，伪造或者冒用他人厂名、厂址的，伪造或者冒用认证标志等质量标志的，责令改正，没收违法生产、销售的产品，并处违法生产、销售产品货值金额等值以下的罚款；有违法所得的，并处没收违法所得；情节严重的，吊销营业执照。

（6）产品标志不符合产品质量法规定的，责令改正；有包装的产品标志不符合产品质量法规定，情节严重的，责令停止生产、销售，并处违法生产、销售产品货值金额 30% 以下的罚款；有违法所得的，并处没收违法所得。

（7）销售者销售产品质量法禁止销售的产品，有充分证据证明其不知道该产品为禁止销售的产品并如实说明其进货来源的，可以从轻或者减轻处罚。

（8）拒绝接受依法进行的产品质量监督检查的，给予警告，责令改正；拒不改正的，责令停业整顿；情节特别严重的，吊销营业执照。

10.5.2 产品质量检验机构、认证机构等主体的违法行为及处理

（1）产品质量检验机构、认证机构伪造检验结果或者出具虚假证明的，责令改正，对单位处 5 万元以上 10 万元以下的罚款，对直接负责的主管人员和其他责任人员处 1 万元以上 5 万元以下的罚款；有违法所得的，并处没收违法所得；情节严重的，取消其检验资格、认证资格；构成犯罪的，依法追究刑事责任。

产品质量检验机构、认证机构出具的检验结果或者证明不实，造成损失的，应当承担相应的赔偿责任；造成重大损失的，撤销其检验资格、认证资格。

产品质量认证机构违反产品质量法的规定，对不符合认证标准而使用认证标志的产品，未依法要求其改正或者取消其使用认证标志资格的，对因产品不符合认证标准给消费者造成的损失，与产品的生产者、销售者承担连带责任；情节严重的，撤销其认证资格。

（2）社会团体、社会中介机构对产品质量作出承诺、保证，而该产品又不符合其承诺、保证的质量要求，给消费者造成损失的，与产品的生产者、销售者承担连带责任。

（3）生产不符合保障人体健康和人身、财产安全的国家标准、行业标准的产品以及国家明令淘汰的产品的，对生产者专门用于生产上述产品或者以假充真的产品的原辅材料、包装物、生产工具，应当予以没收。

（4）知道或者应当知道属于产品质量法规定禁止生产、销售的产品而为其提供运输、保管、仓储等便利条件的，或者为以假充真的产品提供制假生产技术的，没收全部运输、保管、仓储或者提供制假生产技术的收入，并处违法收入 50% 以上 3 倍以下的罚款；构

成犯罪的，依法追究刑事责任。

（5）服务业的经营者将产品质量法规定禁止销售的产品用于经营性服务的，责令停止使用；对知道或者应当知道所使用的产品属于产品质量法规定禁止销售的产品的，按照违法使用的产品（包括已使用和尚未使用的产品）的货值金额，依照产品质量法对销售者的处罚规定处罚。

（6）隐匿、转移、变卖、损毁被产品质量监督部门或者工商行政管理部门查封、扣押的物品的，处被隐匿、转移、变卖、损毁物品货值金额等值以上3倍以下的罚款；有违法所得的，并处没收违法所得。

（7）违反产品质量法规定，应当承担民事赔偿责任和缴纳罚款、罚金，其财产不足以同时支付时，先承担民事赔偿责任。

（8）以暴力、威胁方法阻碍产品质量监督部门或者工商行政管理部门的工作人员依法执行职务的，依法追究刑事责任；拒绝、阻碍未使用暴力、威胁方法的，由公安机关依照《治安管理处罚法》的规定处罚。

10.5.3 国家机关工作人员的违法行为与处罚

（1）各级人民政府工作人员和其他国家机关工作人员有下列情形之一的，依法给予行政处分；构成犯罪的，依法追究刑事责任：①包庇、放纵产品生产、销售中违反产品质量法规定行为的；②向从事违反产品质量法规定的生产、销售活动的当事人通风报信，帮助其逃避查处的；③阻挠、干预产品质量监督部门或者工商行政管理部门依法对产品生产、销售中违反产品质量法规定的行为进行查处，造成严重后果的。

（2）产品质量监督部门在产品质量监督抽查中超过规定的数量索取样品或者向被检查人收取检验费用的，由上级产品质量监督部门或者监察机关责令退还；情节严重的，对直接负责的主管人员和其他直接责任人员依法给予行政处分。

（3）产品质量监督部门或者其他国家机关违反产品质量法的规定，向社会推荐生产者的产品或者以监制、监销等方式参与产品经营活动的，由其上级机关或者监察机关责令改正，消除影响，有违法收入的予以没收；情节严重的，对直接负责的主管人员和其他直接责任人员依法给予行政处分。产品质量检验机构有前述所列违法行为的，由产品质量监督部门责令改正，消除影响，有违法收入的予以没收，可以并处违法收入1倍以下的罚款；情节严重的，撤销其质量检验资格。

（4）产品质量监督部门或者工商行政管理部门的工作人员滥用职权、玩忽职守、徇私舞弊，构成犯罪的，依法追究刑事责任；尚不构成犯罪的，依法给予行政处分。

本章小结

产品质量是产品的生命线，是企业生存和发展的基础，是消费者权益保障的基础，本章在分析了产品与产品质量含义、产品质量法及立法目的和适用范围的基础上，重点论述了我国产品质量法中产品质量监督管理制度的有关内容，较系统地阐述了各类主体的产品质量义务和产品质量责任。

主要概念和观念

□ 主要概念

产品 产品质量 产品质量法 产品质量监督管理体制 产品质量认证 产品质量责任和义务

□ 主要观念

产品质量法的适用范围 生产者的产品质量责任和义务 销售者的产品质量责任和义务

基本训练

□ 知识题

10.1 阅读与理解

1）如何理解我国《产品质量法》中产品的含义？

2）产品质量监督管理体制的主要内容有哪些？

10.2 知识应用

1）判断题

（1）建设工程中使用的建筑材料不适用产品质量法的调整。 （ ）

（2）产品质量应当检验合格，不得以不合格产品冒充合格产品。 （ ）

（3）生产者对产品的缺陷责任实行无过错责任原则。 （ ）

2）选择题

（1）因产品存在缺陷造成损害要求赔偿的诉讼时效期间为（ ）年，自当事人知道或者应知道其权益受到损害时起计算。

A. 1 B. 2 C. 4 D. 10

（2）限期使用的产品，应当在显著位置清晰地标明生产日期和安全使用日期或者（ ）。

A. 保质期 B. 保存期 C. 保鲜期 D. 失效日期

（3）下列产品中，（ ）不属于《产品质量法》调整。

A. 电 B. 汽车 C. 小麦 D. 服装

□ 技能题

10.1 规则复习

对生产、销售不符合保障人体健康和人身、财产安全的国家标准、行业标准产品的行为，如何处罚？

10.2 操作练习

甲企业违法生产不符合保障人体健康和人身安全国家标准的饮料 300 箱，每箱售价 60 元，已售出 100 箱，获价款 6 000 元。

请问：如果处以罚款，其基数是多少？

观念应用

□ 案例分析

合同有约定，依约定执行

某商店售出一批皮鞋，其中几双有质量问题，属生产厂的责任。某商店负责给消费者退换后，即向生产厂追偿。生产厂则认为，在订立该批货物的买卖合同中，已明确规定由生产厂多付10%的货物，生产厂不再承担产品的瑕疵担保责任。

请问：生产厂的理由是否合法，为什么？

□ 单元实训

《产品质量法》第27条规定："产品或者其包装上的标志必须真实，并符合下列要求……"利用课余时间去某一大型超市，调查一下产品包装的标志存在的问题。

第11章

价格法

• 学习目标

通过本章学习，你应该达到以下目标：

知识目标：了解价格、价格法的概念，理解经营者定价的原则和依据，掌握明码标价的范围、权限、依据和程序，理解价格总水平调控的措施，掌握经营者违反价格法的法律责任等方面的知识。

技能目标：一是熟悉明码标价的有关规定；二是熟悉低价倾销和价格欺诈行为的种类；三是理解和领会政府定价的范围；四是明确经营者违反价格法的法律责任。

能力目标：充分认识到价格法在国民经济中的杠杆作用，提高执行国家价格政策的意识，自觉维护国家的物价稳定。

引例

旅客状告铁道部提高火车票价案

2000年11月，国家计划委员会（以下简称"国家计委"）下发了《关于部分旅客列车实行政府指导价有关问题的批复》，批准了铁道部报送的《关于报批部分旅客列车政府指导价实施方案》，允许客流量较大线路和春运、暑运、"五一"、"十一"长假等重要节假日期间，票价适当上浮，允许部分与高速公路平行、竞争激烈及其他客流较少的线路列车票价适当下浮，允许对团购票和提前购票旅客的实行票价下浮，同时规定了浮动幅度、审批权限等。2000年12月，国家计委同意将铁道部部分有关的票价表，作为旅客列车实行浮动票价的中准价。铁道部依据国家计委批复，通知成都、郑州、北京、上海铁路局允许上浮20%～30%票价。

乔占祥于2001年1月17日和1月22日分别购买了去磁县和邯郸的车票，比过去分别上涨5元、4元，乔认为铁道部关于上浮的通知侵害了其合法权益，于2001年1月18日对铁道部申请行政复议，而后又提起诉讼。

价格是市场的核心要素之一，不仅直接关系到各种生产者、经营者和消费者的经济利益，也是配置资源、调节国民经济的重要手段。本例适逢2001年春节，由于涉及面广、影响面大，备受社会各界关注。

11.1 价格法概述

对价格的管理，我国曾实行"大一统"的国家计划管理体制，由国务院价格主管部门直接制定绝大多数商品和服务价格。改革开放以来，对价格实行了调放结合、逐步改革的办法，一方面逐步调整了许多商品的价格，另一方面又放开许多商品的价格，使之由市场调节。

11.1.1 价格与价格法的概念

（1）价格的概念。价格是价值的货币表现，价值是价格的本质。价格有广义和狭义之分。广义的价格包括商品价格、服务价格和生产要素价格；狭义的价格是指生产要素价格之外的商品价格和服务价格。本章所指的是狭义上的价格。

（2）价格法的概念。价格法是调整价格的制定、执行、监督、检查而发生各种经济关系的法律规范的总称。《中华人民共和国价格法》（以下简称《价格法》）于1997年12月29日经第八届全国人民代表大会常务委员会第二十九次会议审议通过，自1998年5月1日起生效。《价格法》共7章48条，它是调整我国价格关系的基本法律。

1998年7月1日，国家计委在《关于价格行政处罚有关问题的复函》中，对《价格法》施行后查处价格违法行为的法律适用问题规定：价格违法行为发生于1998年5月1日前的，适用1987年国务院发布的《价格管理条例》；价格违法行为由1998年5月1日前延伸到1998年5月1日后的，适用《价格法》。对国家行政机关收费问题，仍按现行有关规定进行管理和监督检查。

11.1.2 《价格法》的适用范围和原则

1)《价格法》的适用范围

(1)《价格法》在时间上的效力。《价格法》第 48 条规定，本法自 1998 年 5 月 1 日起施行。《价格法》在空间上的效力，适用于中华人民共和国全部领域，包括根据国际法和国际惯例视为我国的一切领域。

(2)《价格法》的适用对象，即《价格法》第 2 条规定，本法所称价格包括商品价格和服务价格。商品价格是指各类有形产品和无形资产的价格；服务价格是指各类有偿服务的收费。

2) 我国价格管理的基本形式

《价格法》第 3 条规定，国家实行并逐步完善宏观经济调控下的主要由市场形成价格的机制。市场调节价、政府指导价、政府定价，是我国价格管理的三种基本形式。

3) 政府管理价格的原则

《价格法》第 4 条规定，国家支持和促进公平、公开、合法的市场竞争，维护正常的价格秩序，对价格活动实行管理、监督和必要的调控。

11.1.3 价格法的作用

价格法的作用在于运用法律手段保证国家价格方针和政策的贯彻，促进价格的合理形成，促进市场经济秩序的健全和完善。具体来说，价格法的作用主要体现在以下几方面：

(1) 规范价格行为，优化资源配置。市场机制的作用主要通过价格来体现。为了使价格能灵活地反映市场供求关系和资源的稀缺程度，从而更好地使资源达到优化配置，就需要建立一个能使价格合理、平稳运行的市场环境。价格法确立了以市场调节价为主的价格机制，并明确规定经营者的价格行为和政府的定价行为，禁止不正当的市场价格竞争行为。这充分反映了市场竞争情况，能确保价格的合理形成，充分发挥价格合理配置资源的功能。

(2) 稳定市场价格总水平。市场价格总水平是国民经济运行总体情况的反映。价格法通过将市场价格总水平的调控目标列入国民经济和社会发展计划，并采取一系列经济、法律、行政等措施，实现市场价格总水平的基本稳定，以加强和改善宏观经济调控，维护社会经济秩序。

(3) 保护消费者和经营者的合法权益。《价格法》严禁损害消费者利益的各种不正当价格行为，明确规定经营者因价格违法行为给消费者造成损失的，应负责赔偿；同时，它还赋予消费者参与政府定价的权利，明确消费者有权对各种价格行为进行监督，对价格违法行为进行举报，并受有关部门的保护。从另一角度讲，价格法对非法价格行为的限制和禁止同样保护了经营者正当竞争的权益。因此，价格法对保护消费者和经营者的合法权益起着积极的作用。

11.2 经营者的价格行为

《价格法》所称经营者是指从事商品生产、商品经营或者提供有偿服务的法人、其他经济组织和个人。法人是指具有民事权利能力和民事行为能力，并依法独立享有民事权利和承担民事义务的组织；其他经济组织是指具有一定生产经营能力，但不具备法人资格，由工商行政管理部门发给营业执照的经济组织；个人，即指自然人，包括在法律允许的范围内，依法核准登记，从事工商业者或提供有偿服务的公民，以及按照规定从事商品经营的农村承包经营户。

11.2.1 市场调节价的范围

《价格法》第 3 条第 2 款规定，**市场调节价**，是指经营者自主制定，通过市场竞争形成的价格。《价格法》第 6 条规定了市场调节价的范围："商品价格和服务价格，除依照本法第 18 条规定适用政府指导价或者政府定价外，实行市场调节价，由经营者依照本法自主制定。"

【观念应用 11-1】　价格主管部门具有定价权

在引例中，关于铁路局的性质和铁路运输价格的确定问题，也值得我们去思索。根据铁路法规定，铁路局属于政企合一性质的机构。作为运输企业，铁路局是以营利为目的的企业，而不是福利机构，尽管目前仍有人称之为"铁老大"，但也有竞争机制，不允许其他经济成分的进入，垄断地位产生的垄断价格，当然会损害消费者的正当利益，正因如此，为了保护消费者的正当利益，需要对垄断者的价格进行限制，或者说由政府去确定这些垄断企业的价格。

请问：铁道部允许火车票价上浮合法吗?

法律分析：本案中，铁道部的通知实际上是作为主管部门的铁道部为具有垄断地位的铁路运输企业进行定价的行为，可见，在定价问题上，铁道部与铁路局之间的关系是铁路主管部门与铁路运输企业之间的关系，而非铁道部与下级铁路部门之间的内部关系。

11.2.2 经营者定价的原则和基本依据

1）经营者定价应遵循的原则

《价格法》第 7 条规定，经营者定价，应当遵循公平、合法和诚实信用的原则。公平是指经营者从事市场交易时，应兼顾消费者和其他经营者以及社会的利益，按等价交换原则约束自身的价格行为，合理地行使自主定价的权利。

合法是指经营者在市场交易中，交易双方法律地位平等，经营者不得以自身的优势强制消费者和其他经营者接受不合理、不合法的价格条件，作出任何法律禁止的价格违法行为。

诚实是指经营者在市场交易中，应当诚实待人、恪守信用，不得弄虚作假、损人利己。

2）经营者定价的基本依据

经营者定价的基本依据是生产经营成本和市场供求状况。生产经营成本是经营者定价的一个重要依据，它包括与生产经营者有关的各项费用。市场供求状况是影响价格形成的又一个重要因素。

另外，商品的寿命周期、商品的质量、商品的不同用途等，也是经营者定价时需要考虑的因素。

11.2.3　经营者进行价格活动的权利和义务

1）权利

（1）经营者有权自主制定属于市场调节的价格。这是经营者最基本的权利。

（2）经营者有权在政府指导价规定的幅度内制定价格。

（3）经营者有权制定属于政府指导价、政府定价产品范围内的新产品的试销价格（特定产品除外）。

2）义务

（1）遵守法律、法规。

（2）经营者必须执行依法制定的政府指导价、政府定价。

（3）经营者必须严格执行法定的价格干预措施和紧急措施。

11.2.4　明码标价的有关规定

明码标价是指经营者和行政事业单位在收购、销售商品或者收取费用时公开标明其商品价格或者收费标准。

明码标价的有关规定包括：

1）《价格法》第 13 条的规定

经营者销售、收购商品和提供服务，应当按照价格主管部门的规定明码标价，注明商品的品名、产地、规格、等级、计价单位、价格或者服务的项目、收费标准等有关情况。经营者不得在标价之外加价出售商品，不得收取任何未予标明的费用。

2）有关明码标价的行政法规

1994 年经国务院批准，国家计委颁布了《关于商品和服务实行明码标价的规定》，适用范围不仅包括经营者，还包括行政性收费的单位。其主要内容有：

（1）实行明码标价制度，必须做到价签价目齐全、标价准确、字迹清晰、货签对位、一货一签、标示醒目，价格变动时应及时更换。商品价格和收费标准一律使用阿拉伯数码标明人民币金额。对于少数用外币出售商品的商店、饭店，需要有一个过渡到人民币单一标价的过渡期，在此期间，可按市场汇率折算后，同时标明外币金额。

不得高于标价出售商品和收取费用，收取费用应列出具体收款项目和标准，不得另行收取未标明的费用。

（2）从事零售业务的，商品标价签应包括品名、产地、等级、计价单位、零售价格等主要内容，标价签由专、兼职物价员或指定专人签章。削价处理商品，必须以公开方式表示，以区别于正常商品价格。从事批发业务的，应实行明码标价。

由于行业特点需要减少标价签内容或某些特殊商品（如艺术珍品、古董等）不宜标价的，均须经价格主管部门核准。

（3）凡提供有偿服务的单位和个人，均须在其经营场所或交纳费用的地点的醒目位置公布其收费项目明细价目表。价目表应包括收费项目名称、等级或规格、服务内容、计价单位、收费标准主要内容。

（4）收购农副产品和废旧物资的，必须在收购点公布收购价目表，标明品名、规格、等级、计价单位和收购价格。

（5）进入生产资料交易市场的商品，应标明其品名、产地、规格、等级、型（牌）号、计价单位和销售价格等内容；进入批发市场交易农副产品和工业消费品，也应实行明码标价；进入房地产市场交易的房产、地产，应标明其坐落位置、结构、规格、计价单位、面积和销售（出租）价格。

价格主管部门对某些商品规定有最高限价、最低保护价或参考价的，市场管理部门应在市场醒目位置予以公布。

（6）城乡集贸市场按规定允许上市的农副产品和其他商品，参照本规定第5条实行明码标价，价格主管部门对某些商品规定有参考价或临时销售限价的，市场管理部门应在市场醒目位置予以公布。

11.2.5 明令禁止经营者的不正当价格行为

1）相互串通，操纵市场价格的行为

《价格法》第14条第1项规定，经营者“相互串通，操纵市场价格，损害其他经营者或者消费者的合法权益”的行为是不正当价格行为。

2）低价倾销行为

根据《价格法》第14条第2项规定，低价倾销是指在依法降价处理鲜活商品、季节性商品、积压商品等商品外，以排挤竞争对手或者独占市场为目的，以低于商品或服务成本的价格出售商品或提供服务，扰乱正常的生产经营秩序，损害国家利益或其他经营者的合法权益。根据1999年8月3日国家计委第2号发布的《关于制止低价倾销行为的规定》：

（1）依法降价处理的商品是指：①积压商品；②过季或者临近换季的商品；③临近保质期限、有效期限的商品；④临近保质期限的鲜活商品；⑤因依法清偿债务、破产、转产、歇业等原因需要以低于成本的价格销售的商品。

（2）以低于成本的价格倾销商品的行为是指：①生产企业销售商品的出厂价格低于其生产成本的，或经销企业的销售价格低于其进货成本的；②采用高规格、高等级充抵低规格、低等级等手段，变相降低价格，使生产企业实际出厂价格低于其生产成本，经销企业实际销售价格低于其进货成本的；③通过采取折扣、补贴等价格优惠手段，使生产企业实际出厂价格低于其生产成本，经销企业实际销售价格低于其进货成本的；④进行非对等物资串换，使生产企业实际出厂价格低于其生产成本，经销企业实际销售价格低于其进货成本的；⑤通过以物抵债，使生产企业实际出厂价格低于其生产成本，经销企业实际销售价格低于其进货成本的；⑥采取多发货少开票或不开票方法，使生产企业实际出厂价格低于其生产成本，经销企业实际销售价格低于其进货成本的；⑦通过多给数量、批量优惠等方式，变相降低价格，使生产企业实际出厂价格低于其生产成本，经销企业实际销售价格低于其进货成本的；⑧在招标投标中，采用压低标价等方式使生产企业实际出厂价格低于其生产成本，经销企业实际销售价格低于其进货成本的；⑨采用其他方式，使生产企业实际出厂价格低于其生产成本，经销企业实际销售价格低于其进货成本的。

3）哄抬价格行为

《价格法》第 14 条第 3 项规定，捏造、散布涨价信息，哄抬价格，推动商品价格过高上涨的行为是哄抬价格行为。

4）价格欺诈行为

《价格法》第 14 条第 4 项规定，经营者不得利用虚假的或者使人误解的价格手段，诱骗消费者或者其他经营者与其进行交易。这种价格违法行为通常称作价格欺诈行为，又称欺骗性价格表示。

《禁止价格欺诈行为的规定》自 2002 年 1 月 1 日起执行。13 种行为被认为是价格欺诈行为：

（1）标价签、价目表等所标示商品的品名、产地、规格、等级、质地、计价单位、价格等或者服务的项目、收费标准等有关内容与实际不符，并以此为手段诱骗消费者或者其他经营者购买的。

（2）对同一商品或者服务，在同一交易场所同时使用两种标价签或者价目表，以低价招徕顾客并以高价进行结算的。

（3）使用欺骗性或者误导性的语言、文字、图片、计量单位等标价，诱导他人与其交易的。

（4）标示的市场最低价、出厂价、批发价、特价、极品价等价格表示无依据或者无从比较的。

（5）降价销售所标示的折扣商品或者服务，其折扣幅度与实际不符的。

（6）销售处理商品时，不标示处理品和处理品价格的。

（7）采取价外馈赠方式销售商品和提供服务时，不如实标示馈赠物品的品名、数量或者馈赠物品为假劣商品的。

（8）收购、销售商品和提供服务带有价格附加条件时，不标示或者含糊标示附加条件的。

（9）虚构原价，虚构降价原因，虚假优惠折价，谎称降价或者将要提价，诱骗他人购买的。

（10）收购、销售商品和提供服务前有价格承诺，不履行或者不完全履行的。

（11）谎称收购、销售价格高于或者低于其他经营者的收购、销售价格，诱骗消费者或经营者与其进行交易的。

（12）采取掺杂、掺假、以假充真、以次充好、短缺数量等手段，使数量或者质量与价格不符的。

（13）对实行市场调节价的商品和服务价格，谎称为政府定价或者政府指导价的。

价格欺诈行为不仅损害其他经营者和消费者的利益，而且破坏正常的市场秩序，造成经济生活的紊乱。因此，属于法律禁止的不正当价格行为。

5）价格歧视行为

《价格法》第 14 条第 5 项规定，经营者提供相同商品或者服务，不得对具有同等条件的其他经营者实行价格歧视。

6）变相价格行为

《价格法》第 14 条第 6 项规定，采取抬高等级或者压低等级等手段收购、销售商品或者提供服务，变相提高或压低价格的行为，也是不正当的价格行为。

7）牟取暴利行为

《价格法》第14条第7项规定，经营者不得违反法律、法规的规定牟取暴利。1995年1月25日，经国务院批准，国家计委发布实施了《制止牟取暴利的暂行规定》，界定了暴利与合理利润的标准。其主要内容是，规定经营者经营某一商品或服务，其价格水平或差价率或利润率不得超过同一地区、同一时期、同一档次、同种商品或服务的市场平均价格或平均差价率或市场平均利润的合理幅度，即“四个同一”、“三个平均”和“一个幅度”的标准。

8）法律、行政法规禁止的其他不正当价格行为

各类中介机构提供有偿服务收取费用，应当遵守价格法的规定。经营者销售进口商品、收购出口商品，应当遵守价格法的有关规定，维护国内市场秩序。

11.3 政府的定价行为

政府指导价，*是指依照价格法规定，由政府价格主管部门或者其他有关部门，按照定价权限和范围规定基准价及其浮动幅度，指导经营者制定的价格。具有强制性和灵活性。*
政府定价，*是指依照价格法规定，由政府价格主管部门或者其他有关部门，按照定价权限和范围制定的价格。政府定价具有强制性，属于行政定价性质。*

11.3.1 政府定价行为的范围

《价格法》第18条规定，下列五类商品和服务价格，政府在必要时，可以实行政府指导价或政府定价：

1）与国民经济发展和人民生活关系重大的极少数商品价格

这类商品是人们赖以生存的重要生活资料，直接关系到国民经济的协调发展、人民生活的安定和市场价格的稳定。

（1）现行的粮食价格的管理体制是：①在正常情况下，粮食价格主要由市场供求决定，粮食企业按市场价格经营粮食。②政府制定主要粮食品种收购保护价。③定购粮收购价格，由省级政府按原则确定。④国务院确定销售限价的原则，省级政府制定销售限价的具体水平。⑤中央储备粮的购销价格按照保持市场粮价稳定的原则，由国家发展计划委员会会同财政部、国家粮食储备局等部门确定。省级储备粮的购销价格由省级政府确定。

（2）根据《国务院关于深化棉花流通体制改革的决定》（国发［1998］42号）精神，从1999年起，进一步放开棉花收购价格，棉花购销价格主要由市场形成；国家计委会同有关部门根据市场供求形势等因素于每年冬小麦播种前，研究发布下一年度的棉花收购指导性价格，引导棉花生产，促进总量平衡。

（3）食盐是关系国计民生的重要商品，属国家专营产品，不宜实行市场调节价。

【观念应用11-2】 **粮库的主体资格**

某年11月27日，原告娄本君到被告鹤壁国家粮食储备库（下称鹤壁粮库）购买花生油。该库花生油标价5.70元/千克，娄本君当即交款2 052元，购买花生油360千克，

由鹤壁粮库开票处开具了提油单据。娄本君随后多次持提油单到鹤壁粮库油库提油，油库出货员说油管冻结，以放不出油为由不予提货，直至 11 月 29 日，娄本君再次去提油，被油库负责人告知：油已涨价，没有提走的油不能再提，开过票的按每千克加价 0.20 元。对此，娄本君不同意，诉到人民法院，要求按原价给付花生油。

请问：该粮库的行为合法吗？

法律分析：首先，被告实质上是将自己混同于具有行政管理职能的政府职能机关，是对自己的主体资格认识上的错误。其次，被告作为国家粮食储备库，虽然能够根据政府指令对粮油市场起到一定的调节作用，但其在作为商品经营者进行粮油买卖活动时，是以平等主体的身份与卖方建立法律关系的。再次，本案买卖合同关系属即时清结的法律关系，不存在依情势变更可以变更履行的情况。最后，原告一经取得提货单，即享有随时要求被告按提货单交付货物的权利。

资料来源 根据找法网相关资料整理得来。

2）资源稀缺的少数商品价格

例如，1996 年，国家除对发电用煤实行政府指导价外，其他煤价全部放开。1998 年，国务院对石油、石化行业进行改革，重新组建中国石油天然气集团公司和中国石油化工集团公司。石油价格政策也作相应调整，国家除对供应军队、国家储备用油和化肥用重油、航空煤油实行政府定价，以及对成品油的销售中准价实行政府指导价外，其他原油、成品油价格全部放开，与国际接轨。

因天然气是稀缺资源且供求地域性较强，国家对天然气井口价格实行政府定价，对企业自销天然气价格实行政府指导价，但天然气价格较低，为理顺天然气价格，国家逐步提高天然气价格。

3）自然垄断经营的商品价格

1998 年，国家计委、建设部颁布的《城市供水价格管理办法》，其主要内容有：根据使用性质可分为居民生活用水、工业用水、行政事业用水、经营服务用水、特种用水等五类，按照类别来收费。

4）重要的公用事业价格

铁路运价一直实行政府定价，由价格主管部门会同铁路主管部门管理。铁路货运价格主要由计费重量、运价里程、运价号和运价率构成。例如，由北京整车运输 100 吨日用工业品（已带包装）到汉口，求全程运费。

（1）该日用工业品用 2 节重 50 吨的车皮运，则计费重量为 100 吨。

（2）从《货物运价里程表》中查出北京到汉口的运输里程为 1 192 公里。

（3）从《铁路货物运输品名分类与代码表》中查出该货物运价号为 9 号。

（4）根据查出的运价号和运距查《货物运价率表》，查出该货物整车运价为 36.10 元/吨。

（5）日用工业品的计费重量 100 吨，乘以运价率 36.10 元/吨，就得出全程运费，即全程运费 = 100×36.10 = 3 610 元。

5）重要的公益性服务价格

1995 年，国务院办公厅印发《仲裁委员会仲裁收费办法》中，对仲裁案件受理费规定为（见表 11-1）：

表 11-1 仲裁委员会仲裁案件受理费表

争议金额（人民币）	仲裁案件受理费（人民币）
1 000 元以下的部分	40～100 元
1 001～50 000 元的部分	按 4%～5% 交纳
50 001～100 000 元的部分	按 3%～4% 交纳
100 001～200 000 元的部分	按 2%～3% 交纳
200 001～500 000 元的部分	按 1%～2% 交纳
500 001～1 000 000 元的部分	按 0.5%～1% 交纳
1 000 001 元以上的部分	按 0.25%～0.5% 交纳

上述五类商品和服务一般都是供给弹性小或需求弹性小、垄断性强而对生产和生活影响大的，这部分商品和服务的价格由政府直接管理，有利于物价稳定和经济持续发展。

11.3.2 政府指导价和政府定价的权限和基本依据

1）定价权限

《价格法》第 20 条规定，国务院价格主管部门和其他有关部门，应当按照中央的定价目录规定的权限和具体适用范围制定政府指导价、政府定价；其中重要的商品和服务的政府指导价、政府定价，应当按照规定报国务院批准。

省、自治区、直辖市人民政府价格主管部门和其他有关部门，应当按照地方的定价目录规定的定价权限和具体适用范围制定在本地区执行的政府指导价、政府定价；市、县人民政府可以根据省级人民政府的授权，按照地方定价目录规定的定价权限和具体适用范围制定在本地区执行的政府指导价、政府定价。

2）基本依据

《价格法》第 21 条规定，制定政府指导价、政府定价，应当依据有关商品和服务的社会平均成本和市场供求状况、国民经济与社会发展要求以及社会承受能力，实行合理的购销差价、批零差价、地区差价和季节差价。

【小思考 11-1】

什么是具体行政行为和抽象行政行为？

答：具体行政行为是指国家行政机关和行政机关工作人员，法律法规授权的组织、行政机关委托的组织或者个人在行政管理活动中行使行政职权，针对特定的公民、法人或者其他组织，就特定的具体事项，作出的有关公民、法人或者其他组织权利义务的单方行为。

抽象行政行为是指行政机关针对不特定对象发布的能反复适用的行政规范性文件的行为。

二者的区别在于：调整的范围不同；能否反复适用不同；影响相对人权利和义务的方式不同；行为程序不同。

11.3.3　政府指导价和政府定价的制定程序

政府价格主管部门和其他有关部门制定政府指导价、政府定价，应当开展价格成本调查，听取消费者、经营者和有关方面的意见。政府价格主管部门开展对政府指导价、政府定价的价格成本调查时，有关单位应当如实反映情况，提供必需的账簿、文件以及其他资料。

关系群众切身利益的公用事业价格、公益性服务价格、自然垄断经营的商品价格等政府指导价、政府定价，应当建立听证会制度，由政府价格主管部门主持，征求消费者、经营者和有关方面的意见，论证其必要性、可行性。

政府指导价、政府定价制定后，由制定价格的部门向消费者、经营者公布。政府指导价、政府定价的具体适用范围、价格水平，应当根据经济运行情况，按照规定的定价权限和程序适时调整。消费者、经营者可以对政府指导价、政府定价提出调整建议。

11.4　价格总水平调控

保持物价总水平的基本稳定，避免不切实际的经济发展目标造成严重通货膨胀和物价过分的上涨，通过各种手段保持国内总供给和总需求的平衡以及重要的结构平衡，就必须对价格进行宏观调控。

11.4.1　价格宏观调控的目标和手段

1）目标

《价格法》第 26 条规定，稳定市场价格总水平是国家重要的宏观经济政策目标。国家根据国民经济发展的需要和社会承受能力，确定市场价格总水平调控目标列入国民经济和社会发展计划，并综合运用货币、财政、投资、进出口等方面的政策和措施，予以实现。

2）手段

首先，综合运用货币政策手段，合理调节投资需求；通过财政政策和措施，控制收支；通过运用进出口手段和政策，调剂国内商品的余缺。

其次，考虑到某些商品与人民生活关系紧密相关，万一出现闪失，就有可能导致物价的不稳定，所以《价格法》第 27 条又指出，政府可以建立重要商品的储备制度，设立价格调节基金，调控价格，稳定市场。

此外，《价格法》第 28 条规定，为适应价格调控和管理的需要，政府价格主管部门应当建立价格监测制度，对重要商品、服务价格的变动进行监测。

政府在粮食等重要农产品的市场购买价格过低时，可以在收购中实行保护价格，并采取相应的经济措施保证其实现。

11.4.2　政府对价格的干预、紧急措施

1）价格干预措施

当出现自然灾害等特殊原因，造成某些重要商品和服务价格显著上涨或者有可能显著

上涨，危及国家、经营者和消费者利益，影响社会稳定的情况下，政府需要采取行政手段对部分商品和服务价格进行干预。

价格干预，只有国务院和省、自治区、直辖市人民政府才能采取。省级以下人民政府和各级人民政府有关部门都没有这一权限。省、自治区、直辖市人民政府采取价格干预措施，应当同时报国务院备案。

价格干预措施主要有：限定差价率或者利润率、规定限价、提供申报制度、调价备案制度。

【观念应用 11-3】　　政府调价应举行听证会

在引例中，还有一个法律问题，即价格听证会问题。我国《价格法》第 23 条规定："制定关系群众切身利益的公用事业价格、公益性服务价格、自然垄断经营的商品价格等政府指导价、政府定价，应当建立听证会制度，由政府价格主管部门主持，征求消费者、经营者和有关方面的意见，讨论其必要性、可靠性。"

铁道部认为，铁路运价调整是否属于听证的范围，价格法没有明确规定；《价格法》第 23 条是规定建立听证会制度，而不是召开听证会制度；国家计委和铁道部曾联手召开具有听证会作用的论证会，还对客流进行过调查。而乔占祥则认为铁道部没有举行听证会而价格上浮，在程序上是违法的。

请问：该例中的价格听证会应由谁举行？

法律分析：我们认为，价格主管部门在没有举行听证会的情况下，即批准了铁道部的 2001 年春运价格上浮的请示，是违反法定程序的，因此，国家计委的批准行为在这个意义上也是无效的。当然，没有举行听证会，并不是铁道部的过错，因为铁道部并没有这个职权。乔占祥诉讼请求的主体也就是不正确的。

2）价格紧急措施

为了确保群众生活安定和国民经济顺利进行，政府需要采取紧急措施，对价格予以干预。只有当价格总水平出现持续全面上涨，而不是个别或者部分商品价格的上涨时，政府才可以采取价格紧急措施。

国务院可以在全国范围内或者部分区域内采取紧急措施。省级以下人民政府和各级人民政府有关部门都没有这一权限。

价格紧急措施主要有：集中定价权限、部分或者全面冻结价格。当价格规定的实行干预措施、紧急措施的情形消除后，应当及时解除干预措施、紧急措施，否则，也会出现或者造成新的不稳定因素。

11.5 价格监督检查

价格监督检查，是指价格主管部门依法对价格管理相对人遵守价格法律、法规、规章、政策情况所进行的监督检查活动。它属于行政监督检查的一种。

11.5.1 价格监督检查的种类、方法

价格监督检查根据不同的标准进行分类，可分 4 种：①一般价格监督检查和特定价格

监督检查；②全面价格监督检查和专项价格监督检查；③经常价格监督检查和临时价格监督检查；④联合价格监督检查和单独价格监督检查。

价格监督检查的方法主要有：调查、检查、调阅审查。价格监督检查的程序包括：表明身份、说明理由、告知权利。

11.5.2　价格监督检查的机构及其职责

价格监督检查的主体是县以上的各级人民政府的价格主管部门。

根据《价格法》，政府价格主管部门进行价格监督检查时，可以行使下列职权：

（1）询问当事人或者有关人员，并要求其提供说明材料和与价格违法行为有关的其他资料。

（2）查询、复制与价格违法行为有关的账簿、单据、凭证、文件及其他资料，核对与价格违法行为有关的银行资料。

（3）检查与价格违法行为有关的财物，必要时可责令当事人暂停相关营业。

（4）在证据可能灭失或者以后难以取得的情况下，可以依法先行登记保存，当事人或者有关人员不得转移、隐匿或者销毁。

此外，在价格监督检查中，经营者和工作人员有下列义务：

（1）经营者接受政府价格主管部门的监督检查时，应当如实提供价格监督检查所必需的账簿、单据、凭证、文件以及其他资料。

（2）政府部门价格人员不得将依法取得的资料或者了解的情况用于依法进行价格管理以外的任何其他目的，不得泄露当事人的商业秘密。

11.5.3　社会监督与舆论监督

职工价格监督是职工群众参与国家和社会事务管理，支持和协助政府搞好价格管理工作，维护国家和消费者利益的一种群众性的社会监督活动。

消费者协会在对价格行为进行社会监督时有如下职权：参与价格主管部门对商品和服务的监督检查；就有关消费者合法权益的问题，向价格主管部门反映、查询，提出建议；对损害消费者合法权益的价格行为，支持受损害的消费者提起诉讼；受理消费者的价格投诉，并对投诉事项进行调查、调解等。

居民（村民）委员会对价格行为进行监督，其重点是同人民群众生活密切相关的主副食品、日用工业消费品、农资、农副产品收购的价格和饮食、服务、修理行业、集贸市场的商品价格、收费标准以及各种非法的收费。

所谓价格舆论监督，是指新闻单位运用舆论工具，宣传价格法律、法规、规章和政策，正确引导生产、经营和消费，揭露价格违法行为，对经营者和政府有关部门的价格行为实施监督。

11.5.4　价格违法行为的举报制度

《价格法》对建立价格违法行为举报制度规定为：政府价格主管部门应当建立对价格违法行为的举报制度；任何单位和个人均有权对价格违法行为进行举报，政府价格主管部门应当对举报者给予鼓励，并负责为举报者保密。

11.6 违反价格法的法律责任

价格违法行为是指公民、法人以及其他组织违反价格法律、法规、规章的规定，给社会造成某种危害的行为。根据《价格法》第6章和国务院批准的由国家发展计划委员会1999年8月1日发布的《价格违法行为行政处罚规定》，违反《价格法》应承担民事责任、行政责任和刑事责任。

11.6.1 经营者的法律责任

(1) 经营者违反《价格法》第14条的规定，有下列情形之一的，责令改正，没收违法所得，可以并处违法所得5倍以下的罚款；没有违法所得的，给予警告，可以并处3万元以上30万元以下的罚款；情节严重的，责令停业整顿，或者由工商行政管理机关吊销营业执照：①相互串通，操纵市场价格，损害其他经营者或者消费者的合法权益的；②除依法降价处理鲜活商品、季节性商品、积压商品等商品外，为了排挤竞争对手或者独占市场，以低于成本的价格倾销，扰乱正常的生产经营秩序，损害国家利益或者其他经营者的合法权益的；③提供相同商品或者服务，对具有同等交易条件的其他经营者实行价格歧视的。

(2) 经营者违反《价格法》第14条的规定，捏造、散布涨价信息，哄抬价格，推动商品价格过高上涨的，或者利用虚假的或者使人误解的价格手段，诱骗消费者或者其他经营者与其进行交易的，责令改正，没收违法所得，可以并处违法所得5倍以下的罚款；没有违法所得的，给予警告，可以并处2万元以上20万元以下的罚款；情节严重的，责令停业整顿，或者由工商行政管理机关吊销营业执照。

(3) 经营者违反《价格法》第14条的规定，采取抬高等级或者压低等级等手段销售、收购商品或者提供服务，变相提高或者压低价格的，责令改正，没收违法所得，可以并处违法所得5倍以下的罚款；没有违法所得的，给予警告，可以并处1万元以上10万元以下的罚款，情节严重的，责令停业整顿，或者由工商行政管理机关吊销营业执照。

(4) 经营者不执行政府指导价、政府定价，有下列行为之一的，责令改正，没收违法所得，可以并处违法所得5倍以下的罚款；没有违法所得的，给予警告，可以并处2万元以上20万元以下的罚款；情节严重的，责令停业整顿：①超出政府指导价浮动幅度制定价格的；②高于或者低于政府定价制定价格的；③擅自制定属于政府指导价、政府定价范围内的商品或者服务价格的；④提前或者推迟执行政府指导价、政府定价的；⑤自立收费项目或者自定标准收费的；⑥采取分解收费项目、重复收费、扩大收费范围等方式变相提高收费标准的；⑦对政府明令取消的收费项目继续收费的；⑧违反规定以保证金、抵押金等形式变相收费的；⑨强制或者变相强制服务并收费的；⑩不按照规定提供服务而收取费用的；⑪不执行政府指导价、政府定价的其他行为。

(5) 经营者不执行法定的价格干预措施、紧急措施，有下列行为之一的，责令改正，没收违法所得，可以并处违法所得5倍以下的罚款；没有违法所得的，可以处4万元以上40万元以下的罚款，情节严重的，责令停业整顿：①不执行提价申报或者调价备案制度的；②超过规定的差价率、利润率幅度的；③不执行规定的限价、最低保护价的；④不执行集中定价权限措施的；⑤不执行冻结价格措施的；⑥不执行法定的价格干预措施、紧急措施的其他行为。

(6)《价格法》第 4 条至第 8 条规定，经营者为个人的，对其没有违法所得的价格违法行为，可以处 5 万元以下的罚款。

(7) 经营者违反法律、法规的规定牟取暴利的，责令改正，没收违法所得，可以并处违法所得 5 倍以下的罚款，情节严重的，责令停业整顿，或者由工商行政管理机关吊销营业执照。

(8) 经营者违反明码标价规定，有下列行为之一的，责令改正，没收违法所得，可以并处 5 000 元以下的罚款：①不标明价格的；②不按照规定的内容和方式明码标价的；③在标价之外加价出售商品或者收取未标明的费用的；④违反明码标价规定的其他行为。

(9) 政府价格主管部门进行监督检查时，发现经营者的违法行为同时具有下列三种情形的，可以依照《价格法》第 34 条第 3 项的规定责令其暂停相关营业：①违法行为情节复杂或者情节严重，经查明后可能给予较重处罚的；②不暂停相关营业，违法行为将继续的；③不暂停相关营业，可能影响违法事实的认定，采取其他措施又不足以保证查明的。

政府价格主管部门进行价格监督检查时，执法人员不得少于两人，并应当向经营者或者有关人员出示证件。

(10) 经营者因价格违法行为致使消费者或者其他经营者多付价款的，责令限期退还；难于查找多付价款的消费者、经营者的，责令公告查找；公告期限届满仍无法退还的价款，以违法所得论处。

(11) 经营者有《行政处罚法》第 27 条情形的，应当依法从轻或者减轻处罚。

经营者有下列情形之一的，应当从重处罚：①价格违法行为严重或者社会影响较大的；②屡查屡犯的；③伪造、涂改或转移、销毁证据的；④转移与价格违法行为有关的资金或者商品的；⑤应予以从重处罚的其他价格违法行为。

【小思考 11-2】

国家发展和改革委员会的“批复”是否在行政复议申请权的排除范围之内？

答：不在行政复议申请权的排除范围之内。因为《行政复议法》中规定，作为排除的部分是：(1) 国务院的行政法规；(2) 国务院制定的行政法规以外的其他抽象行政行为，即国务院制定的除称之为“条例”、“规定”、“办法”以外的规范性文件；(3) 国务院各部门的规章和地方人民政府制定的规章。因此，国家发展和改革委员会的“批复”无论从它的制定程序，还是从它的名称上看，“批复”都不是规章。

11.6.2　政府及其部门的法律责任

地方各级人民政府或者各级人民政府有关部门违反本法规定，超越定价权限和范围的擅自制定、调整价格或者不执行法定的价格干预措施、紧急措施的，责令改正，并可以通报批评；对直接负责的主管人员和其他直接责任人员，依法给予行政处分。

11.6.3 价格工作人员的法律责任

价格执法人员泄露国家秘密、经营者的商业秘密或者滥用职权、玩忽职守、徇私舞弊，构成犯罪的，依法追究刑事责任；尚不构成犯罪的，依法给予行政处分。

本章小结

本章简明扼要地介绍了政府制定价格的范围、权限、程序；经营者定价的范围，在价格活动中的权利和义务，消费者在价格与收费方面的合法权益；国家稳定物价、调控价格总水平的措施；违反价格法的法律责任。同时，穿插介绍了我国政府有关部门的收费项目和标准，目的在于帮助读者正确理解国家的商品价格和服务价格的相关政策。读者在学习这一章时，应参照原国家计委发布的《关于商品和服务实行明码标价的规定》、《制止牟取暴利的暂行规定》、《价格违法行为行政处罚规定》和《关于制止低价倾销行为的规定》，以弥补因《价格法》的单薄而无法整体把握的缺陷。

主要概念和观念

□ 主要概念

市场调节价　政府指导价

□ 主要观念

价格欺诈行为及其种类　低价倾销行为及其种类　政府定价的范围

基本训练

□ 知识题

11.1　阅读与理解

1）怎样理解经营者定价的基本原则？

2）明码标价的具体内容有哪些？

3）我国价格监督检查的种类和方法有哪些？

11.2　知识应用

1）判断题

（1）平均差价率所指的“差价率”包括进销差价率、批零差价率、毛利率和地区差率。（　）

（2）省、自治区、直辖市人民政府以下各级地方人民政府制定地方定价目录。（　）

（3）政府指导价、政府定价制定后，由县级以上物价部门向消费者和经营者公布。（　）

2）选择题

（1）价格法中的价格是指(　　)。

A. 商品价格　B. 无形资产价格　C. 有偿服务收费　D. 有形资产价格

(2) 经营者定价的基本依据是(　　)。

A. 商品的寿命周期　B. 商品的质量　C. 生产经营成本　D. 市场供求状况

E. 商品的不同用途

(3) 属于低价倾销行为的有(　　)。

A. 因依法清偿债务、破产、转产、歇业等原因降价处理商品的行为

B. 为推销积压商品而降价的行为

C. 以物抵债，使生产企业实际出厂价格低于其生产成本的行为

D. 以物抵债，使销售企业销售价格低于其进货成本的行为

□ 技能题

11.1　规则复习

1) 我国价格管理的基本形式是什么?

2) 政府定价的权限、依据是什么?

3) 如何判断某一行为构成低价倾销行为?

4) 如何判断某一行为是价格欺诈行为?

11.2　操作练习

请有条件的学校组织旁听一次价格听证会。

观念应用

□ 案例分析

免缴交通规费属具体行政行为

甲市人民政府在召集有关职能部门与城市公共交通运营公司（以下简称城市公交公司）召开协调会后，下发了甲市人民政府《会议纪要》，会议明确：城市公交公司的运营范围，界定在经批准的城市规划区内；城市公交公司在城市规划区内开通的线路要保证正常运营，免缴交通规费；在规划区范围内，原由交通部门负责的对城市公交公司违法运营的查处，交由建设部门负责。《会议纪要》下发后，甲市城区交通局按照《会议纪要》的要求，中止了对城市公交公司违法运营的查处。

田某、孙某和王某是经交通部门批准的三家运输经营户，他们运营的线路与《会议纪要》规定免缴交通规费的城市公交公司的两条运营线路重叠，但依《会议纪要》，不能享受免缴交通规费的优惠。三人不服，向法院提起诉讼，要求撤销《会议纪要》中关于城市公交公司免缴交通规费的规定，并请求确认市政府《会议纪要》关于中止城区交通局对城市公交公司违法运营查处的内容违法。

请问：

(1) 甲市人民政府《会议纪要》所作出的城市公交公司免缴交通规费的内容是属于何种法律的受案范围？为什么？

(2) 田某、孙某和王某三人是否具有原告资格？为什么？

(3) 田某、孙某和王某三人提出的确认甲市人民政府中止城区交通局对城市公交公司违法运营查处的内容违法的请求，是否属于法院的审理范围？为什么？

□ 单元实训

你所在的学校在收取学生培养费的时候，其价格属于市场定价还是属于政府指导价、政府定价？请指导老师和学院财务部门联系一下，找出下发收取学生培养费的文件，并就此文件下发的程序、培养费的收费标准做一次讨论。

第12章

证券法

• 学习目标

通过本章学习，你应该达到以下目标：

知识目标：了解证券的概念和特征，理解证券法的基本原则，掌握股票发行、上市和公司债券发行的条件，理解并掌握禁止的交易行为的种类，了解证券交易所、证券公司、交易服务机构的有关规定以及违反证券法的法律责任等方面的知识。

技能目标：一是能够熟练判断禁止的交易行为的种类；二是准确理解要约收购和协议收购的程序和应注意的问题；三是证券机构的职责及违反规定应承担的法律责任。

能力目标：深刻领会证券法对证券市场发展的作用，熟悉内幕交易行为、操纵证券市场行为、欺诈客户行为的种类及承担的法律责任。

引例

ST 圣方科技案

2001 年 8 月 27 日，中国证监会对西安圣方科技股份有限公司作出《关于西安圣方科技股份有限公司及王大中、刘晓卫违反证券法规行为的处罚决定》（证监罚字［2001］17 号），证监会经调查认定，西安圣方科技股份有限公司（以下简称“西安圣方”）存在以下违反证券法规的行为：

1999 年 12 月，西安圣方出资 20 941.3 万元收购牡丹江石化集团股份有限公司（以下简称“牡石化”）股权，1999 年 12 月 3 日，西安圣方在受让股权的公告中称“截至 10 月底，本公司总资产为 6 亿元，净资产为 4.5 亿元”。

西安圣方 1999 年 10 月 31 日资产负债表上的 4.5 亿元净资产中包括 1999 年 8 月“受馈赠”的 2.4 亿元无形资产，但这部分无形资产的评估报告是 2000 年 3 月才出具的，其中 1.7 亿元的无形资产是 1999 年 11 月才通过技术鉴定，公告当时不能确认为资产。因此在 1999 年 10 月底，西安圣方的实际净资产不超过 2.1 亿元（仅占其公告的 47%）。

按照《股票发行与交易管理暂行条例》第 74 条的规定，中国证监会对西安圣方给予警告，处以罚款 5 万元，对刘晓卫给予警告，处罚款 3 万元。

2002 年 1 月 29 日，哈尔滨市中级人民法院正式受理姚宝华等 5 人诉西安圣方案，后又有 67 人起诉。10 月，开庭审理了全部 72 件诉讼案。

“法制、监管、自律、规范”是中国发展证券市场的基本方针，证券法对证券市场和发展具有保障、促进、指引和规范的作用。

12.1 证券法概述

12.1.1 证券概述

1）证券的概念及特征

证券是指为证明或设定权利为目的所做成的书面凭证，它表明证券持有人有权取得证券所拥有的权利和利益。

证券具有以下特征：①证券是一种权利凭证；②证券是一种要式凭证；③证券是一种可转让的权利凭证，具有流通性；④证券是一种占有凭证。

2）证券的种类

我国目前证券市场上发行和流通的证券主要有：①股票。它是股份有限公司签发的证明股东所持股份的凭证。②债券。它是一种债务凭证，是对借款承担偿还本息义务的凭证。③认股权证。它是股份有限公司给予持证人的无期限或在一定期限内，以确定价格购买一定数量普通股份的权利凭证。④投资基金券。它是指经依法批准设立证券投资基金时，由基金发起人向投资者发行的证明持有基金单位的凭证。

3）证券的作用

证券的作用，一是规范证券发行和交易行为；二是保护投资者的合法权益；三是维护社会经济秩序和社会公共利益；四是促进社会主义市场经济的发展。

12.1.2　证券法的概念、适用范围和基本原则

1）证券法的概念

证券法是调整在证券发行、证券交易以及证券监督管理中所发生的社会关系的法律规范的总称。

证券法有广义与狭义之分。广义的证券法是指与证券有关的一切法律规范的总称，既包括专门的证券法，也包括公司法、票据法、民法、刑法、税法等法律中涉及证券部分的内容。狭义的证券法是指证券法典，在我国是指 1998 年 12 月 29 日由第九届全国人大常委会第六次会议审议通过并于 1999 年 7 月 1 日实施的《中华人民共和国证券法》（以下简称《证券法》）。为了贯彻实施行政许可法，十届全国人大常委会第十一次会议于 2004 年 8 月对《证券法》进行了修订。2005 年 10 月 27 日第十届全国人大常委会第十八次会议第二次对《证券法》进行了修订，自 2006 年 1 月 1 日起施行。

2）证券法的适用范围

《证券法》第 2 条规定，在中华人民共和国境内，股票、公司债券和国务院依法认定的其他证券的发行和交易，适用本法；本法未规定的，适用《中华人民共和国公司法》和其他法律、行政法规的规定。

政府债券、证券投资基金份额的上市交易，适用本法；其他法律、行政法规有特别规定的，适用其规定。证券衍生品种发行、交易的管理办法，由国务院依照本法的原则规定。

3）证券法的基本原则

(1) “三公原则”。证券的发行、交易活动，必须实行公开、公平、公正的原则。

(2) 自愿、有偿、诚实信用原则。

(3) 守法原则。证券的发行、交易活动，必须遵守法律、行政法规；禁止欺诈、内幕交易和操纵证券市场的行为。

(4) 分业经营、分业管理原则。《证券法》第 6 条规定，证券业和银行业、信托业、保险业实行分业经营、分业管理，证券公司与银行、信托、保险业务机构分别设立。国家另有规定的除外。

(5) 依法统一监管原则。国务院证券监督管理机构依法对全国证券市场实行集中统一监督管理。国务院证券监督管理机构根据需要可以设立派出机构，按照授权履行监督管理职责。

(6) 国家监管和自律管理相结合的原则。在国家对证券发行、交易活动实行集中统一监督管理的前提下，依法设立证券业协会，实行自律性管理。

(7) 依法进行审计监督原则。国家审计机关依法对证券交易所、证券公司、证券登记结算机构、证券监督管理机构进行审计监督。

12.2　证券发行制度

证券发行是证券发行人向社会公众或特定的人以同一条件销售证券（股票或公司债券等）的活动，目的是筹集资金。通过证券发行而建立起来的市场称为证券发行市场，

它一般由发行人、承销机构和投资人构成。

12.2.1 股票的发行

（1）股票的概念和种类。股票是股份有限公司签发的证明股东按其所持股份享有权利和承担义务的书面凭证。股票是股份有限公司发给股东，表明其入股的股份，并据以行使权利的凭证，股票同时又是代表具有财产价值的股东权的有价证券。由于股票发行与交易的管理方式不同，由于股票所代表的权利义务关系不同，股票可分为普通股、优先股；国有股、发起人股、社会公众股；公司职工股和内部职工股；外资股；记名股、无记名股等。

（2）公司股票、债券比较（见表 12-1）。

表 12-1 公司股票、债券比较

	公司股票	公司债券
发行时间	公司募集设立发行股份	公司设立后募集资金
发行条件	生产经营符合国家产业政策； 发行的普通股限于一种同股同权； 发起人认购部分不少于公司发行的股本总额的 35%； 发起人认购部分不少于人民币 3 000 万元，国家另有规定的除外； 向社会公众发行部分不少于公司发行的股本总额的 25%，在法律特别规定情况下最低也不少于 10%； 发起人在近 3 年内没有重大违法行为； 中国证监会委员会规定的其他条件	股份有限公司净资产额不低于人民币 3 000 万元，有限责任公司净资产额不低于人民币 6 000 万元； 累计债券总额不超过公司净资产额的 40%； 最近 3 年平均可分配利润足以支付公司债券 1 年的利息； 筹集资金的投向符合国家产业政策； 债券的利率不得超过国务院限定的利率水平； 国务院规定的其他条件
主体	股东	债权人
权利性质	股东权	可将公司债券转成股票
相互转换	可转换股份（优先股—普通股）	可将公司债券转成股票
解散后分配	股东在后	债权人在先
经营权	有经营参与权（股东）	债权人无经营参与权
利率	股票利率不固定，不事先约定，股利的有无、大小取决于公司经营情况	双方约定，并可计入成本，如数、如期发放
本金偿还	不得退股，无限期使用	使用有期限
公司	公司或者股东不得参加破产程序，接受分配	债权人可作为破产债权人
收购	不允许收购自己的股份，特定情况下除外	公司可收购自己的债券，收后可销毁
溢价公司	可溢价发行，不得低于面值发行	一般无溢价发行，有贴损发行

（3）证券发行的核准制度。公开发行证券，必须符合法律、行政法规规定的条件，并依法报经国务院证券监督管理机构或者国务院授权的部门核准；未经依法核准，任何单位和个人不得公开发行证券。有下列情形之一的，为公开发行：一是向不特定对象发行证券；二是向累计超过 200 人的特定对象发行证券；三是法律、行政法规规定的其他发行行为。非公开发行证券，不得采用广告、公开劝诱和变相公开方式。

【小思考 12-1】

为扩大生产规模，筹集公司发展所需资金，飞龙股份有限公司拟发行 1 亿元的股票。下列哪一种说法符合《证券法》的规定：（　　）

A. 根据需要可向特定对象公开发行股票

B. 董事会决定后即可径自发行

C. 可采取溢价发行方式

D. 不必上报证券会备案

答：C

（4）公开发行法定证券应当聘请保荐人。发行人申请公开发行股票、可转换为股票的公司债券，依法采取承销方式的，或者公开发行法律、行政法规规定实行保荐制度的其他证券的，应当聘请具有保荐资格的机构担任保荐人。

（5）公开发行股票应当具备的条件和报送的文件。设立股份有限公司公开发行股票，应当符合《公司法》规定的条件和经国务院批准的国务院证券监督管理机构规定的其他条件，向国务院证券监督管理机构报送募股申请和下列文件：公司章程；发起人协议；发起人姓名或者名称，发起人认购的股份数、出资种类及验资证明；招股说明书；代收股款银行的名称及地址；承销机构名称及有关的协议。依照本法规定聘请保荐人的，还应当报送保荐人出具的发行保荐书。法律、行政法规规定设立公司必须报经批准的，还应当提交相应的批准文件。

（6）公司公开发行新股应当具备的条件。公司公开发行新股，应当符合下列条件：具备健全且运行良好的组织机构；具有持续盈利能力，财务状况良好；最近 3 年财务会计文件无虚假记载，无其他重大违法行为；经国务院批准的国务院证券监督管理机构规定的其他条件。

（7）公司公开发行新股应当报送的文件。其包括：公司营业执照、公司章程、股东大会决议、招股说明书、财务会计报告、代收股款银行的名称及地址、承销机构名称及有关的协议。依照本法规定聘请保荐人的，还应当报送保荐人出具的发行保荐书。

（8）公司公开发行股票所募集资金用途。公司对公开发行股票所募集资金，必须按照招股说明书所列资金用途使用。改变招股说明书所列资金用途，必须经股东大会作出决议。擅自改变用途而未作纠正的，或者未经股东大会认可的，不得公开发行新股，上市公司也不得非公开发行新股。

12.2.2　公司债券的发行

（1）公司债券的定义。公司债券是指公司依照法定程序发行的、约定在一定期限还本付息的有价证券。

（2）发行公司债券的条件。其包括：①股份有限公司的净资产不低于人民币 3 000 万元，有限责任公司的净资产不低于人民币 6 000 万元；②累计债券总额不超过公司净资产的 40%；③最近 3 年平均可分配利润足以支付公司债券 1 年的利息；④筹集的资金投向符合国家产业政策；⑤债券的利率不超过国务院限定的利率水平；⑥国务院规定的其他条件。

公开发行公司债券筹集的资金，必须用于核准的用途，不得用于弥补亏损和非生产性支出。

【观念应用 12-1】　　发行公司债券的条件

某股份有限公司 2009 年 4 月份发行 1 年期公司债券 1 000 万元。2011 年 3 月份又申请并发行 3 年期公司债券 2 000 万元。公司为了扩大生产经营规模，计划于 2013 年 6 月再次申请发行 3 年期公司债券 4 000 万元。截至 2013 年 5 月底该公司总资产 19 000 万元，总负债 7 000 万元。

请问：本项计划发行的公司债券能否得到批准？

法律分析：发行公司债券累计债券总额不超过公司净资产的 40%。

该公司净资产：

19 000－7 000＝12 000（万元）

12 000×40%＝4 800（万元）

4 800－2 000＝2 800（万元）

计划发行 4 000 万元公司债券超过了 2 800 万元的最高限额，故不能得到批准。

（3）发行可转换公司债券的条件。其包括：①最近 3 年连续盈利，且最近 3 年净资产利润率平均在 10% 以上，属于能源、原材料、基础设施类的公司可以略低，但是不得低于 7%；②可转换公司债券发行后，资产负债率不高于 70%；③累计债券余额不超过公司净资产的 40%；④募集资金的投向符合国家产业政策；⑤可转换公司债券的利率不超过银行同期存款的利率水平；⑥可转换公司债券的发行额不少于人民币 1 亿元；⑦国务院证券委员会规定的其他条件。

12.2.3　证券投资基金的发行

投资基金实行专家管理和投资组合，一个基金投资于股票、债券的比例，不低于该基金资产总值的 80%。一个基金持有一家上市公司的股票，不得超过该基金资产净值的 10%。另外，投资基金以间接投资的形式，取得直接投资的效果。

12.2.4　证券的承销

公开发行证券的发行人有权依法自主选择承销的证券公司。证券公司不得以不正当竞争手段招揽证券承销业务。向不特定对象公开发行的证券票面总值超过人民币 5 000 万元的，应当由承销团承销，承销团应当由主承销和参与承销的证券公司组成。证券的代销、包销期限最长不得超过 90 日。

股票发行采用代销方式，代销期限届满，向投资者出售的股票数量未达到拟公开发行股票数量 70% 的，为发行失败。发行人应当按照发行价并加算银行同期存款利息返还股票认购人。

12.3 证券交易制度

证券交易是指已经发行的证券在不同的证券投资者之间再次进行交换的行为。证券交易当事人依法买卖的证券必须是依法发行并交付的证券。依法发行的股票、公司债券及其他证券，法律对其转让有限制性规定的，在限定的期限内，不得买卖。依法公开发行的股票、公司债券及其他证券，应当在依法设立的证券交易所上市交易或者在国务院批准的其他证券交易场所转让。

12.3.1 证券交易的一般原则

（1）证券必须合法。

（2）经依法核准上市交易的证券，应当在证券交易所挂牌交易。

（3）交易方式：证券在证券交易所上市交易，应当采用公开的集中交易方式或者国务院证券监督管理机构批准的其他方式。

（4）证券形式：证券交易当事人买卖的证券可以采用纸面形式或者国务院证券监督管理机构规定的其他形式。

（5）证券交易种类：证券交易以现货和国务院规定的其他方式进行。

（6）限制性规定：证券交易所、证券公司和证券登记结算机构的从业人员，证券监督管理机构的工作人员以及法律、行政法规禁止参与股票交易的其他人员，在任期或者法定限期内，不得直接或者以化名、借他人名义持有、买卖股票，也不得收受他人赠送的股票。任何人在成为前款所列人员时，其原已持有的股票，必须依法转让。

（7）证券交易的收费：证券交易的收费必须合理，并公开收费项目、收费标准和收费办法。证券交易的收费项目、收费标准和管理办法由国务院有关主管部门统一规定。

（8）公司人员的禁止性规定：上市公司董事、监事、高级管理人员、持有上市公司股份 5% 以上的股东，将其持有的该公司的股票在买入后 6 个月内卖出，或者在卖出后 6 个月内又买入，由此所得收益归该公司所有，公司董事会应当收回其所得收益。但是，证券公司因包销购入售后剩余股票而持有 5% 以上股份的，卖出该股票不受 6 个月时间限制。

公司董事会不按照前款规定执行的，股东有权要求董事会在 30 日内执行。公司董事会未在上述期限内执行的，股东有权为了公司的利益以自己的名义直接向人民法院提起诉讼。

公司董事会不按照第一款的规定执行的，负有责任的董事依法承担连带责任。

12.3.2 证券上市

（1）股票上市的必备条件。其包括：①股票经国务院证券监督管理机构核准已公开发行；②公司股本总额不少于人民币 3 000 万元；③公开发行的股份达到公司股份总数的 25% 以上，公司股本总额超过人民币 4 亿元的，公开发行股份的比例为 10% 以上；④公司最近 3 年无重大违法行为，财务会计报告无虚假记载。

证券交易所可以规定高于前款规定的上市条件，并报国务院证券监督管理机构批准。

国家鼓励符合产业政策并符合上市条件的公司股票上市交易。

（2）股票的暂停上市或终止上市。上市公司有下列情形之一的，由证券交易所决定暂停其股票上市交易：①公司股本总额、股权分布等发生变化不再具备上市条件；②公司不按照规定公开其财务状况，或者对财务会计报告作虚假记载，可能误导投资者；③公司有重大违法行为；④公司最近3年连续亏损；⑤证券交易所上市规则规定的其他情形。

上市公司有下列情形之一的，由证券交易所决定终止其股票上市交易：①公司股本总额、股权分布等发生变化不再具备上市条件，在证券交易所规定的期限内仍不能达到上市条件；②公司不按照规定公开其财务状况，或者对财务会计报告作虚假记载，且拒绝纠正；③公司最近3年连续亏损，在其后1个年度内未能恢复盈利；④公司解散或者被宣告破产；⑤证券交易所上市规则规定的其他情形。

（3）公司申请公司债券上市交易的条件。公司申请公司债券上市交易，应当符合下列条件：①公司债券的期限为1年以上；②公司债券实际发行额不少于人民币5 000万元；③公司申请债券上市时仍符合法定的公司债券发行条件。

（4）暂停公司债券上市交易的条件。公司债券上市交易后，公司有下列情形之一的，由证券交易所决定暂停其公司债券上市交易：①公司有重大违法行为；②公司情况发生重大变化不符合公司债券上市条件；③公司债券所募集资金不按照核准的用途使用；④未按照公司债券募集办法履行义务；⑤公司最近2年连续亏损。

12.3.3 持续信息公开制度

（1）经国务院证券监督管理机构核准依法发行股票，或者经国务院授权的部门批准依法发行公司债券，依照《公司法》的规定，应当公告招股说明书、公司债券募集办法。依法发行新股或者公司债券的，还应当公告财务会计报告。

（2）公司公告的股票或者公司债券的发行和上市文件，必须真实、准确、完整，不得有虚假记载、误导性陈述或者重大遗漏。

（3）股票或者公司债券上市交易的公司，应当在每一会计年度的上半年结束之日起2个月内，向国务院证券监督管理机构和证券交易所提交记载以下内容的中期报告，并予公告：①公司财务会计报告和经营情况；②涉及公司的重大诉讼事项；③已发行的股票、公司债券变动情况；④提交股东大会审议的重要事项；⑤国务院证券监督管理机构规定的其他事项。

（4）上市公司和公司债券上市交易的公司，应当在每一会计年度结束之日起4个月内，向国务院证券监督管理机构和证券交易所报送记载以下内容的年度报告，并予公告：①公司概况；②公司财务会计报告和经营情况；③董事、监事、高级管理人员简介及其持股情况；④已发行的股票、公司债券情况，包括持有公司股份最多的前十名股东名单和持股数额；⑤公司的实际控制人；⑥国务院证券监督管理机构规定的其他事项。

（5）发生可能对上市公司股票交易价格产生较大影响的重大事件，投资者尚未得知时，上市公司应当立即将有关该重大事件的情况向国务院证券监督管理机构和证券交易所报送临时报告，并予公告，说明事件的起因、目前的状态和可能产生的法律后果。下列情况为前款所称重大事件：①公司的经营方针和经营范围的重大变化；②公司的重大投资行为和重大的购置财产的决定；③公司订立重要合同，可能对公司的资产、负债、权益和经营成果产生重要影响；④公司发生重大债务和未能清偿到期重大债务的违约情况；⑤公司发生重大亏损或者重大损失；⑥公司生产经营的外部条件发生的重大变化；⑦公司的董事长、1/3以上董事或者经理发生变动；⑧持有公司5%以上股份的股东或者实际控制人，其持有股份或者控制公司的情况发生较大变化；⑨公司减资、合并、分立、解散及申请破产的决定；⑩涉及公司的重大诉讼，股东大会、董事会决议被依法撤销或者宣告无效；⑪公司涉嫌犯罪被司法机关立案调查，公司董事、监事、高级管理人员涉嫌犯罪被司法机关采取强制措施；⑫国务院证券监督管理机构规定的其他事项。

（6）发行人、上市公司公告的招股说明书、公司债券募集办法、财务会计报告、上市报告文件、年度报告、中期报告、临时报告以及其他信息披露资料，有虚假记载、误导性陈述或者重大遗漏，致使投资者在证券交易中遭受损失的，发行人、上市公司应当承担赔偿责任；发行人，上市公司的董事、监事、高级管理人员和其他直接责任人员以及保荐人、承销的证券公司，应当与发行人、上市公司承担连带赔偿责任，但是能够证明自己没有过错的除外；发行人，上市公司的控股股东、实际控制人有过错的，应当与发行人、上市公司承担连带赔偿责任。

12.4 禁止的交易行为

禁止的交易行为包括禁止内幕交易的行为，禁止操纵证券市场的行为，禁止虚假陈述和信息误导的行为，禁止欺诈客户的行为和禁止的其他行为。

12.4.1 禁止内幕交易的行为

禁止证券交易内幕信息的知情人和非法获取内幕信息的人利用内幕信息从事证券交易活动。证券交易内幕信息的知情人包括：①发行人的董事、监事、高级管理人员；②持有公司5%以上股份的股东，公司的实际控制人及董事、监事、高级管理人员；③发行人控股的公司及董事、监事、高级管理人员；④由于所任公司职务可以获取公司有关内幕信息的人员；⑤证券监督管理机构工作人员以及由于法定职责对证券的发行、交易进行管理的其他人员；⑥保荐人、承销的证券公司、证券交易所、证券登记结算机构、证券服务机构的有关人员；⑦国务院证券监督管理机构规定的其他人。

【观念应用12-2】 **内幕交易行为**

2010年7月15日，中山公用公告显示，公司原董事长谭庆中和原总经理郑旭龄因涉嫌泄露内幕信息犯罪被刑事拘留，7月5日经广东省人民检察院批准逮捕。这一公告将尘封了3年之久的内幕交易案打开了冰山一角，中山公用2007年16个涨停背后的秘密被揭开。

2007年9月10日，中山公用已经连续16个涨停，股价从6.76元一跃升至31.10元，翻了4倍，而股价的飞涨与当年的重组有关。中山公用的前身为广东首家商业上市公司佛山兴华，随后被中山公用集团收购。2007年7月，公用科技以8.15元/股换股吸收合并公用集团，并用新增股份收购了五家乡镇供水公司的供水资产，并实现更名。此后，股价便开始了涨停之旅。

媒体披露，谭庆中和郑旭龄都有在银河证券中山营业部就职的经历，而且在第16个涨停的当天，即2007年9月10日，银河证券中山营业部就开始抛售。当日，中山公用成交总额达15.13亿元，其中，银河证券中山营业部卖出7 066.44万元，约占当日成交金额的4%，由此，其内幕交易渐出水面。

资料来源 郭文珺．内幕交易典型案例［N］．新闻晨报，2010-11-20.

下列信息皆属内幕信息：①《证券法》第67条第2款所列重大事件；②公司分配股利或者增资的计划；③公司股权结构的重大变化；④公司债务担保的重大变更；⑤公司营业用主要资产的抵押、出售或者报废一次超过该资产的30%；⑥公司的董事、监事、高级管理人员的行为可能依法承担重大损害赔偿责任；⑦上市公司收购的有关方案；⑧国务院证券监督管理机构认定的对证券交易价格有显著影响的其他重要信息。

证券交易内幕信息的知情人和非法获取内幕信息的人，在内幕信息公开前，不得买卖该公司的证券，或者泄露该信息，或者建议他人买卖该证券。持有或者通过协议、其他安排与他人共同持有公司5%以上股份的自然人、法人、其他组织收购上市公司的股份，本法另有规定的，适用其规定。内幕交易行为给投资者造成损失的，行为人应当依法承担赔偿责任。

12.4.2 禁止操纵证券市场的行为

操纵证券市场，是指以获取利益或者减少损失为目的，利用手中掌握的资金等优势影响证券市场价格，制造证券市场假象，诱导或者致使投资者在不了解事实真相的情况下作出证券投资决定，扰乱证券市场秩序的行为。

【观念应用12-3】 **操纵证券市场行为**

根据上海证券交易所监控发现的线索，2011年1月，证监会对“徐某某”等账户涉嫌操纵陕西航天动力高科技股份有限公司（以下简称“航天动力”）股价行为立案稽查。

经查，唐建平通过控制“徐某某”等19个证券账户在2010年4月2日至7月28日期间操纵“航天动力”股票价格，至12月23日，合计买卖股票1.2亿余股，违法所得1.68亿余元。

2010年4月2日至7月28日共72个交易日中，唐建平有70个交易日交易“航天动力”股票，交易量排名第一的占52个交易日，交易数量占该股市场成交量比例超过20%的有10个交易日，6月24日，其交易量占市场成交量比例达50.14%。

2010年6月11日至7月28日共25个交易日中，唐建平有16个交易日在自己实际控制的证券账户之间交易“航天动力”股票，总量达657万余股，交易数量占市场成交量比例超过10%的有9个交易日，7月6日，该比例达32.06%。

唐建平在2010年4月2日至7月28日连续交易“航天动力”股票、在自己实际控制的证券账户之间交易该股票，交易量较大且占市场成交量比例较高，致使“航天动力”股票价格从2010年4月1日的14.09元（收盘价）上升至2010年7月28日的19.54元；其中2010年6月10日，该股价格达20.51元。

资料来源 作者根据相关资料整理。

请问：证监会该如何处理？

法律分析：证监会认定，唐建平的上述行为违反了《证券法》第七十七条关于禁止操纵股票价格的规定，构成了《证券法》第二百零三条所述操纵股票价格行为。根据当事人违法行为的事实、性质、情节与社会危害程度，依据《证券法》第二百零三条的规定，证监会决定：没收唐建平违法所得1.68亿余元，并对唐建平处以1.68亿余元罚款。

本案中，唐建平的行为是一种介于长线操纵和短线操纵之间的新型操纵行为，违法手段隐蔽，通过融资和多点布局，造成交易行为真实、活跃的假象，意图掩饰操纵股价的实质。唐建平的操纵行为涉及金额十分巨大，性质较为恶劣，应受到法律严惩。

禁止任何人以下列手段操纵证券市场：①单独或者通过合谋，集中资金优势、持股优势或者利用信息优势联合或者连续买卖，操纵证券交易价格或者证券交易量；②与他人串通，以事先约定的时间、价格和方式相互进行证券交易，影响证券交易价格或者证券交易量；③在自己实际控制的账户之间进行证券交易，影响证券交易价格或者证券交易量；④以其他手段操纵证券市场。

12.4.3 禁止虚假陈述和信息误导的行为

禁止国家工作人员、传播媒介从业人员和有关人员编造、传播虚假信息，扰乱证券市场。

禁止证券交易所、证券公司、证券登记结算机构、证券服务机构及其从业人员，证券业协会、证券监督管理机构及其工作人员，在证券交易活动中作出虚假陈述或者信息误导。

各种传播媒介传播证券市场信息必须真实、客观，禁止误导。

12.4.4 禁止欺诈客户的行为

禁止证券公司及其从业人员从事下列损害客户利益的欺诈行为：①违背客户的委托为其买卖证券；②不在规定时间内向客户提供交易的书面确认文件；③挪用客户所委托买卖的证券或者客户账户上的资金；④未经客户的委托，擅自为客户买卖证券，或者假借客户的名义买卖证券；⑤为牟取佣金收入，诱使客户进行不必要的证券买卖；⑥利用传播媒介或者通过其他方式提供、传播虚假或者误导投资者的信息；⑦其他违背客户真实意思表示，损害客户利益的行为。

12.4.5 禁止的其他行为

禁止法人非法利用他人账户从事证券交易；禁止法人出借自己或者他人的证券账户。依法拓宽资金入市渠道，禁止资金违规流入股市。禁止任何人挪用公款买卖证券。国有企业和国有资产控股的企业买卖上市交易的股票，必须遵守国家有关规定。证券交易所、证券公司、证券登记结算机构、证券服务机构及其从业人员对证券交易中发现的禁止的交易行为，应当及时向证券监督管理机构报告。

12.5 上市公司的收购制度

上市公司收购是公司购并的一种主要形式，法律对上市公司收购进行规范具有重大的现实意义。一方面有利于优化资源配置，加速资本集聚，促进规模经济的形成；另一方面有利于证券市场的稳定和有序运作，维护投资公众，特别是被收购公司小股东的合法权益。

12.5.1 上市公司收购的概念和方式

（1）上市公司收购的概念。**上市公司的收购**，是指投资者为取得某一上市公司的控股权或实施对某一上市公司兼并，依法定程序公开购入该公司发行在外的部分或全部股份的行为。

（2）上市公司收购的方式。《证券法》规定了两种上市公司收购的方式，即要约收购和协议收购。

12.5.2 上市公司收购的规则和程序

（1）持股披露规则。通过证券交易所的证券交易，投资者持有或者通过协议、其他安排与他人共同持有一个上市公司已发行的股份达到5%时，应当在该事实发生之日起3日内，向国务院证券监督管理机构、证券交易所作出书面报告，通知该上市公司，并予公告；在上述期限内，不得再行买卖该上市公司的股票。投资者持有或者通过协议、其他安排与他人共同持有一个上市公司已发行的股份达到5%后，其所持该上市公司已发行的股份比例每增加或者减少5%，应当依照前款规定进行报告和公告。在报告期限内和作出报告、公告后2日内，不得再行买卖该上市公司的股票。

（2）要约收购的程序。通过证券交易所的证券交易，投资者持有或者通过协议、其他安排与他人共同持有一个上市公司已发行的股份达到30%时，继续进行收购的，应当依法向该上市公司所有股东发出收购上市公司全部或者部分股份的要约。收购上市公司部分股份的收购要约应当约定，被收购公司股东承诺出售的股份数额超过预定收购的股份数额的，收购人按比例进行收购。

收购人在依照规定报送上市公司收购报告书之日起15日后，公告其收购要约。在上述期限内，国务院证券监督管理机构发现上市公司收购报告书不符合法律、行政法规规定的，应当及时告知收购人，收购人不得公告其收购要约。收购要约约定的收购期限不得少于30日，并不得超过60日。

在收购要约确定的承诺期限内，收购人不得撤销其收购要约。收购人需要变更收购要约的，必须事先向国务院证券监督管理机构及证券交易所提出报告，经批准后，予以公告。

（3）要约收购中的信息披露。收购要约人在发出收购要约前应当向证监会作出有关收购的书面报告；在发出收购要约的同时应当向受要约人、证券交易场所提供本身情况的说明和与该要约有关的全部信息，并保证材料真实、准确、完整，不产生误导。收购要约发生后，主要要约条件改变的，收购要约人应当立即通知所有受要约人。

（4）被收购公司股东的公平待遇。收购要约提出的各项收购条件，适用于被收购公司的所有股东。采取要约收购方式的，收购人在收购期限内，不得卖出被收购公司的股票，也不得采取要约规定以外的形式和超出要约的条件买入被收购公司的股票。

（5）协议收购的规则。采取协议收购方式的，收购人可以依照法律、行政法规的规定同被收购公司的股东以协议方式进行股份转让。以协议方式收购上市公司时，达成协议后，收购人必须在 3 日内将该收购协议向国务院证券监督管理机构及证券交易所作出书面报告，并予公告。在公告前不得履行收购协议。

采取协议收购方式的，收购人收购或者通过协议、其他安排与他人共同收购一个上市公司已发行的股份达到 30% 时，继续进行收购的，应当向该上市公司所有股东发出收购上市公司全部或者部分股份的要约。但是，经国务院证券监督管理机构免除发出要约的除外。

12.6 证券机构

证券机构包括证券的管理机构、经营机构和服务机构。

12.6.1 证券交易所

证券交易所是为证券集中交易提供场所和设施，组织和监督证券交易，实行自律管理的法人。证券交易所的设立和解散，由国务院决定。设立证券交易所必须制定章程。证券交易所章程的制定和修改，必须经国务院证券监督管理机构批准。证券交易所必须在其名称中标明证券交易所字样。其他任何单位或者个人不得使用证券交易所或者近似的名称。

证券交易所可以自行支配的各项费用收入，应当首先用于保证其证券交易场所和设施的正常运行并逐步改善。

实行会员制的证券交易所的财产积累归会员所有，其权益由会员共同享有，在其存续期间，不得将其财产积累分配给会员。证券交易所设会员大会、理事会。证券交易所设总经理 1 人，由国务院证券监督管理机构任免。

【小思考 12-2】

根据我国现行法律规定，证券交易所的总经理由下列哪个机构任免？

A. 证券业协会　　B. 国务院证券监督管理机构

C. 证券交易所会员大会　　D. 证券交易所理事会

答：B

证券交易所应当对上市公司及相关信息披露义务人披露信息进行监督，督促其依法及时、准确地披露信息。证券交易所根据需要，可以对出现重大异常交易情况的证券账户限制交易，并报国务院证券监督管理机构备案。

证券交易所应当将收存的风险基金存入开户银行专门账户，不得擅自使用。证券交易所的负责人和其他从业人员在执行与证券交易有关的职务时，与其本人或者亲属有利害关系的，应当回避。

12.6.2 证券公司

证券公司是指依照《公司法》和《证券法》规定设立的经营证券业务的有限责任公司或者股份有限公司。设立证券公司，必须经国务院证券监督管理机构审查批准。未经国务院证券监督管理机构批准，任何单位和个人不得经营证券业务。

（1）设立证券公司应当具备的条件。其包括：①有符合法律、行政法规规定的公司章程；②主要股东具有持续盈利能力，信誉良好，最近3年无重大违法违规记录，净资产不低于人民币2亿元；③有符合《证券法》规定的注册资本；④董事、监事、高级管理人员具备任职资格，从业人员具有证券从业资格；⑤有完善的风险管理与内部控制制度；⑥有合格的经营场所和业务设施；⑦法律、行政法规规定的和经国务院批准的国务院证券监督管理机构规定的其他条件。

（2）公司业务种类。经国务院证券监督管理机构批准，证券公司可以经营下列部分或者全部业务：①证券经纪；②证券投资咨询；③与证券交易、证券投资活动有关的财务顾问；④证券承销与保荐；⑤证券自营；⑥证券资产管理；⑦其他证券业务。

证券公司必须在其名称中标明证券有限责任公司或者证券股份有限公司字样。

（3）公司注册资本最低限额。证券公司经营上述第①～③项业务的，注册资本最低限额为人民币5 000万元；经营第④～⑦项业务之一的，注册资本最低限额为人民币1亿元；经营第④～⑦项业务中两项以上的，注册资本最低限额为人民币5亿元。证券公司的注册资本应当是实缴资本。国务院证券监督管理机构根据审慎监管原则和各项业务的风险程度，可以调整注册资本最低限额，但不得少于前款规定的限额。

（4）证券公司设立程序。国务院证券监督管理机构应当自受理证券公司设立申请之日起6个月内，依照法定条件和法定程序并根据审慎监管原则进行审查，作出批准或者不予批准的决定，并通知申请人；不予批准的，应当说明理由。证券公司设立申请获得批准的，申请人应当在规定的期限内向公司登记机关申请设立登记，领取营业执照。证券公司应当自领取营业执照之日起15日内，向国务院证券监督管理机构申请经营证券业务许可证。未取得经营证券业务许可证，证券公司不得经营证券业务。

（5）其他规定。证券公司应当建立、健全内部控制制度，采取有效隔离措施，防范公司与客户之间、不同客户之间的利益冲突。

证券公司必须将其证券经纪业务、证券承销业务、证券自营业务和证券资产管理业务分开办理，不得混合操作。

证券公司应当妥善保存客户开户资料、委托记录、交易记录和与内部管理、业务经营有关的各项资料，任何人不得隐匿、伪造、篡改或者毁损。上述资料的保存期限不得少于20年。

12.6.3 证券登记结算机构

证券登记结算机构是为证券交易提供集中登记、存管与结算服务，不以营利为目的的法人。

（1）设立证券登记结算机构，应当具备的条件。其包括：①自有资金不少于人民币 2 亿元；②具有证券登记、存管和结算服务所必需的场所和设施；③主要管理人员和从业人员必须具有证券从业资格；④国务院证券监督管理机构规定的其他条件。

证券登记结算机构的名称中应当标明证券登记结算字样。

（2）证券登记结算的基本原则。证券登记结算机构为证券交易提供净额结算服务时，应当要求结算参与人按照货银对付的原则，足额交付证券和资金，并提供交收担保。在交收完成之前，任何人不得动用用于交收的证券、资金和担保物。

结算参与人未按时履行交收义务的，证券登记结算机构有权按照业务规则处理前款所述财产。

12.6.4　证券服务机构

投资咨询机构、财务顾问机构、资信评级机构、资产评估机构、会计师事务所从事证券服务业务，必须经国务院证券监督管理机构和有关主管部门批准。

投资咨询机构及其从业人员从事证券服务业务不得有下列行为：①代理委托人从事证券投资；②与委托人约定分享证券投资收益或者分担证券投资损失；③买卖本咨询机构提供服务的上市公司股票；④利用传播媒介或者通过其他方式提供、传播虚假或者误导投资者的信息；⑤法律、行政法规禁止的其他行为。有前款所列行为之一，给投资者造成损失的，依法承担赔偿责任。

证券服务机构为证券的发行、上市、交易等证券业务活动制作、出具审计报告、资产评估报告、财务顾问报告、资信评级报告或者法律意见书等文件，应当勤勉尽责，对所制作、出具的文件内容的真实性、准确性、完整性进行核查和验证。

12.6.5　证券监督管理机构

国务院证券监督管理机构依法对证券市场实行监督管理，维护证券市场秩序，保障其合法运行。

国务院证券监督管理机构在对证券市场实施监督管理中履行下列职责：①依法制定有关证券市场监督管理的规章、规则，并依法行使审批或者核准权；②依法对证券的发行、上市、交易、登记、存管、结算，进行监督管理；③依法对证券发行人、上市公司、证券交易所、证券公司、证券登记结算机构、证券投资基金管理公司、证券服务机构的证券业务活动，进行监督管理；④依法制定从事证券业务人员的资格标准和行为准则，并监督实施；⑤依法监督检查证券发行、上市和交易的信息公开情况；⑥依法对证券业协会的活动进行指导和监督；⑦依法对违反证券市场监督管理法律、行政法规的行为进行查处；⑧法律、行政法规规定的其他职责。

国务院证券监督管理机构工作人员必须忠于职守，依法办事，公正廉洁，不得利用职务便利牟取不正当利益，不得泄露所知悉的有关单位和个人的商业秘密。

国务院证券监督管理机构应当与国务院其他金融监督管理机构建立监督管理信息共享机制。国务院证券监督管理机构依法履行职责，进行监督检查或者调查时，有关部门应当予以配合。

12.7 违反证券法的责任

违反证券法的责任是指证券法律关系的主体违反证券法律、法规的规定应受到的惩罚。违反证券法的责任从责任的主体上划分，则可以分为五大类：证券发行机构及其人员的法律责任；证券交易机构及其人员的法律责任；证券机构管理、人员管理的法律责任；证券机构的法律责任和证券其他人员的法律责任。

12.7.1 违反证券发行的法律责任

（1）未经法定机关核准，擅自公开或者变相公开发行证券的，责令停止发行，退还所募资金并加算银行同期存款利息，处以非法所募资金金额1%以上5%以下的罚款；对擅自公开或者变相公开发行证券设立的公司，由依法履行监督管理职责的机构或者部门会同县级以上地方人民政府予以取缔。对直接负责的主管人员和其他直接责任人员给予警告，并处以3万元以上30万元以下的罚款。

（2）证券公司承销或者代理买卖未经核准擅自公开发行的证券的，责令停止承销或者代理买卖，没收违法所得，并处以违法所得1倍以上5倍以下的罚款；没有违法所得或者违法所得不足30万元的，处以30万元以上60万元以下的罚款。给投资者造成损失的，应当与发行人承担连带赔偿责任。对直接负责的主管人员和其他直接责任人员给予警告，撤销任职资格或者证券从业资格，并处以3万元以上30万元以下的罚款。

（3）依照《证券法》规定，经核准上市交易的证券，其发行人未按照有关规定披露信息，或者所披露的信息有虚假记载、误导性陈述或者有重大遗漏的，由证券监督管理机构责令改正，对发行人处以30万元以上60万元以下的罚款。对直接负责的主管人员和其他直接责任人员给予警告，并处以3万元以上30万元以下的罚款。构成犯罪的，依法追究刑事责任。上述发行人未按期公告其上市文件或者报送有关报告的，由证券监督管理机构责令改正，对发行人处以5万元以上10万元以下的罚款。

12.7.2 违反证券交易的法律责任

（1）证券交易内幕信息的知情人员或者非法获取证券交易内幕信息的人员，在涉及证券的发行、交易或者其他对证券的价格有重大影响的信息尚未公开前，买入或者卖出该证券，或者泄露该信息，或者建议他人买卖该证券的，责令依法处理非法获得的证券，没收违法所得，并处以违法所得1倍以上5倍以下或者非法买卖的证券等值以下的罚款。构成犯罪的，依法追究刑事责任。证券监督管理机构工作人员进行内幕交易的，从重处罚。

（2）违反《证券法》的规定，操纵证券交易价格，或者制造证券交易的虚假价格或者证券交易量，获取不正当利益或者转嫁风险的，没收违法所得，并处以违法所得1倍以上5倍以下的罚款。构成犯罪的，依法追究刑事责任。

（3）违反《证券法》规定，挪用公款买卖证券的，没收违法所得1倍以上5倍以下的罚款；属于国家工作人员的，还应当依法给予行政处分。构成犯罪的，依法追究刑事责任。

（4）编造并且传播影响证券交易的虚假信息，扰乱证券交易市场的，处以3万元以上 20 万元以下的罚款。构成犯罪的依法追究刑事责任。

（5）证券交易所、证券公司、证券登记结算机构、证券交易服务机构、社会中介机构及其从业人员，或者证券业协会、证券监督管理机构及其工作人员，在证券交易活动中作出虚假陈述或者信息误导的，责令改正，处以 3 万元以上 20 万元以下的罚款；属于国家工作人员的，还应当依法给予行政处分。构成犯罪的，依法追究刑事责任。

（6）违反《证券法》规定，法人以个人名义设立账户买卖证券的，责令改正，没收违法所得，并处以违法所得 1 倍以上 5 倍以下的罚款；其直接负责的主管人员和其他直接责任人员属于国家工作人员的，依法给予行政处分。

12.7.3 违反证券机构管理、人员管理的法律责任

（1）非法开设证券交易场所的，由证券监督管理机构予以取缔，没收违法所得，并处以违法所得 1 倍以上 5 倍以下的罚款。没有违法所得，处以 10 万元以上 50 万元以下的罚款。对直接负责的主管人员和其他直接责任人员给予警告，并处以 3 万元以上 30 万元以下的罚款。构成犯罪的，依法追究刑事责任。

（2）未经批准并领取业务许可证，擅自设立证券公司经营证券业务的，由证券监督管理机构予以取缔，没收违法所得，并处以违法所得 1 倍以上 5 倍以下的罚款。没有违法所得的，处以 3 万元以上 10 万元以下的罚款。构成犯罪的，依法追究刑事责任。

（3）法律、行政法规规定禁止参与股票交易的人员，直接或者以化名、借他人名义持有、买卖股票的，责令依法处理非法持有的股票，没收违法所得，并处以所买卖股票等值以下的罚款；属于国家工作人员的还应当依法给予行政处分。

（4）证券交易所、证券公司、证券登记结算机构、证券交易服务机构的从业人员、证券业协会或者证券监督管理机构的工作人员，故意提供虚假资料，伪造、变造或者销毁交易记录，诱骗投资者买卖证券的，取消从业资格，并处以 3 万元以上 5 万元以下的罚款；属于国家工作人员的，还应当依法给予行政处分。构成犯罪的，依法追究刑事责任。

12.7.4 证券机构的法律责任

（1）综合类证券公司违反《证券法》规定，假借他人名义或者以个人名义从事自营业务的，责令改正，没收违法所得，并处以违法所得 1 倍以上 5 倍以下的罚款；情节严重的，停止其自营业务。

（2）证券公司违背客户的委托买卖证券、办理交易事项以及其他违背客户真实意思表示，办理交易以外的其他事项，给客户造成损失的，依法承担赔偿责任，并处以 1 万元以上 10 万元以下的罚款。

（3）证券公司、证券登记结算机构及其从业人员，未经客户的委托，买卖、挪用、出借客户账户上的证券或者将客户的证券用于质押的，或者挪用客户账户上的资金的，责令改正，没收违法所得，处以违法所得 1 倍以上 5 倍以下的罚款，并责令关闭或者吊销责任人员的从业资格证书。构成犯罪的，依法追究刑事责任。

（4）证券公司经办经纪业务，接受客户的全权委托买卖证券的，或者对客户买卖证券的收益或者赔偿证券买卖的损失作出承诺的，责令改正，处以 5 万元以上 20 万元以下

的罚款。

(5) 证券公司及其从业人员违反规定，私下接受客户委托买卖证券，证券公司未经批准经营非上市挂牌证券的交易的，责令改正，没收违法所得，并处以违法所得1倍以上5倍以下的罚款。

(6) 证券公司成立后，无正当理由超过3个月未开始营业的，或者开业后自行停业连续3个月以上的，由公司登记机关吊销其公司营业执照。

(7) 证券公司违反《证券法》规定，超出业务许可范围经营证券业务的，责令改正，没收违法所得，并处以违法所得1倍以上5倍以下的罚款；情节严重的，责令关闭。证券公司同时经营证券经纪业务和证券自营业务，不依法分开办理，混合操作的，责令改正，没收违法所得，并处以违法所得1倍以上5倍以下的罚款；情节严重的，由证券监督管理机构撤销原核定的证券业务。

(8) 提交虚假证明文件或者采取其他欺诈手段隐瞒重要事实骗取证券业务许可的，或者证券公司在证券交易中有严重违法行为，不再具备经营资格的，由证券监督管理机构取消其证券业务许可，并责令关闭。

(9) 未经证券监督管理机构批准，擅自设立证券登记结算机构或者证券交易服务机构的，由证券监督管理机构予以取缔，没收违法所得，并处以违法所得1倍以上5倍以下的罚款。证券登记结算机构和证券交易服务机构违反《证券法》规定或者证券监督管理机构统一制定的业务规则的，由证券监督管理机构责令改正，没收违法所得，并处以违法所得1倍以上5倍以下的罚款；情节严重的，责令关闭。

(10) 证券监督管理机构的工作人员和发行审核委员会的组成人员，不履行《证券法》规定的职责，徇私舞弊、玩忽职守或者故意刁难有关当事人的，依法给予行政处分。构成犯罪的，依法追究刑事责任。

12.7.5 会计师事务所、资产评估机构、律师事务所的法律责任

(1) 为股票的发行或者上市出具审计报告、资产评估报告或者法律意见书等文件的专业机构和人员。违反《证券法》的规定买卖股票的，责令依法处理非法获得的股票，没收违法所得，并处以所买卖的股票等值以下的罚款。

(2) 为证券的发行、上市或者证券交易活动出具审计报告、资产评估报告或者法律意见书等文件的专业机构，就其所应负责的内容弄虚作假的，没收违法所得，并处以违法所得1倍以上5倍以下的罚款，并由有关主管部门责令该机构停业，吊销直接责任人员的资格证书。造成损失的，承担连带赔偿责任。构成犯罪的，依法追究刑事责任。

本章小结

证券法是调整证券关系的法律规范的总称，即调整证券的发行关系和证券的交易关系。本章主要阐述证券和证券法的概念、证券法的基本原则、证券发行制度、证券交易制度、上市公司收购制度以及法律责任等内容。

主要概念和观念

□ 主要概念

证券　证券法　证券发行　证券交易　上市公司的收购

□ 主要观念

公司债券及发行条件　股票上市的条件　禁止交易行为的种类

基本训练

□ 知识题

12.1　阅读与理解

1）怎样理解证券法的基本原则？

2）股票与债券的区别是什么？

3）证券机构有哪些？

12.2　知识应用

1）判断题

（1）某公司在其招股说明书中所列的募集资金用途为收购一条彩管生产线。股票发行上市后，该上市公司发现该项目市场前景欠佳，遂决定取消该项目，将所募集资金用于其他项目。根据《证券法》的规定，上述行为须经原投资项目审批机构批准。（　　）

（2）根据规定，证券投资基金应当实行组合投资。一个基金投资于股票，债券的比例不得低于该基金资产总值的10%。一个基金持有一家上市公司的股票，不得超过该基金资产净值的80%。（　　）

（3）某上市公司的总资产为56 800万元，净资产为25 560万元，其中已申请发行12 000万元的可转换公司债券。该公司申请发行的可转换公司债券额度符合有关法律法规的规定。（　　）

2）选择题

（1）收购要约期满后，收购人持有的被收购公司的股份数达到该公司已发行的股份总数的（　　）的，该上市公司的股票应当在证券交易所终止上市交易。

A. 30%　　B. 75%　　C. 90%　　D. 60%

（2）属于操纵市场的行为的有（　　）。

A. 以散布谣言等手段影响证券发行、交易

B. 为制造证券的虚假价格，与他人串通，进行不转移证券所有权的虚买虚卖

C. 以提高或压低证券交易价格为目的，连续交易某种证券

D. 证券经营机构以多获取佣金为目的，误导顾客进行不必要的证券买卖

（3）证券的承销中，不论是代销还是包销，其期限最长不得超过（　　）。

A. 60日　　B. 80日　　C. 90日　　D. 120日

□ 技能题

12.1 规则复习

1）哪些信息属于内幕信息？

2）公司债券及发行的条件是什么？

3）上市公司收购的规则和程序是怎样的？

12.2 操作练习

1）收购人以要约方式收购上市公司，在依照规定报送有关收购报告书并公告收购要约后，即可在收购要约的期限内实施收购。根据证券法律制度的规定，该收购要约的期限为多少日？

2）某上市公司董事会秘书甲将公司收购计划告知同学乙，乙据此买卖该公司股票并获利5万元。该行为属于什么行为？为什么？

观念应用

□ 案例分析

违反证券交易的法律责任

某渔业股份有限公司，符合上市条件，经依法批准，在证券交易所上市交易。2013年10月，经中国证监会查实，该公司在股票发行期间及上市之后，存在以下主要违反法规行为：①在股票发行上市申报材料中，将2012年度的实际亏损，虚报盈利；②该公司上市后，在2013年中期报告中，将上半年的亏损披露为盈利；③公司由于在禁渔期、禁渔区内非法从事捕捞作业，被有关主管部门给予处罚，此事未予披露；④挪用募集资金，投入股市，以多个个人股票账户名义买卖股票。

请问：该股份有限公司股票发行及上市的违法、违规行为，具体应界定为何种违法行为？对该上市公司可采取什么措施予以处理？

□ 单元实训

组织学生共同学习股票、基金等交易的流程、通过实际操作学习相关证券知识。

第13章

经济仲裁与经济诉讼

• 学习目标

通过本章学习，你应该达到以下目标：

知识目标：了解经济仲裁和经济诉讼的概念，理解经济仲裁的基本原则和制度，掌握经济诉讼案件的管辖、提起诉讼的条件等方面的知识。

技能目标：一是熟悉经济仲裁和经济诉讼的程序；二是正确理解经济仲裁的基本原则和制度；三是熟悉经济诉讼案件的管辖。

能力目标：能正确理解经济仲裁的范围，掌握民事诉讼中起诉的条件，能学会仲裁和诉讼的各种法律文书的写作。

引例

仲裁协议失效

甲、乙两厂签订了一份加工合同，并达成了仲裁协议。后因甲厂加工的产品质量达不到合同的要求，乙厂遂向法院起诉。法院受理了该案，在法庭辩论过程中，甲厂提出依仲裁协议，法院对该案没有管辖权。法院对该案应该如何处理？

仲裁和诉讼是当事人之间解决经济纠纷的两种途径。我国实行的是“或裁或审”的制度，即当事人之间发生纠纷后要么申请仲裁，要么提起诉讼。

本例中甲、乙两厂事先签订了仲裁协议，在一般情况下，应该通过仲裁的方式解决纠纷，但是，根据《仲裁法》的规定：“当事人达成仲裁协议，一方向人民法院起诉未声明有仲裁协议，人民法院受理后，另一方在首次开庭前提交仲裁协议的，人民法院应当驳回起诉，但仲裁协议无效的除外；另一方在首次开庭前未对人民法院受理该案提出异议的，视为放弃仲裁协议，人民法院应当继续审理。”所以，法院对该案应当继续审理。

13.1 经济仲裁

13.1.1 经济仲裁概述

1）经济仲裁的概念

仲裁，亦称公断，是指双方当事人在对某一事件或问题发生争执时，自愿选择或同意由一定的机构以第三者的身份，对争议作出判断和裁决的活动。

经济仲裁是仲裁的一种，是指双方当事人在经济活动中对某一事件或问题发生争执时，自愿选择或同意由仲裁机关对争议作出判断和裁决活动。

通过仲裁方式，解决经济纠纷的范围相当广泛，如合同纠纷、商标纠纷、专利纠纷、税务纠纷、涉外经济纠纷等。对上述经济纠纷和其他财产权益纠纷的仲裁，统称为经济仲裁。

2）我国经济仲裁的发展

在我国，经济仲裁制度大致可分为两个阶段：

第一阶段：从建国初期至1994年，这一阶段我国经济仲裁制度方面没有统一的仲裁法，只有单行仲裁条例，如1989年1月1日起施行新的《仲裁规则》，1983年国务院颁布了《中华人民共和国经济合同仲裁条例》。

第二阶段：1994年8月31日，第八届全国人大常委会第九次会议通过了《中华人民共和国仲裁法》（以下简称《仲裁法》），自1995年9月1日起施行沿用至今。这标志着我国进入统一仲裁法的颁布实施阶段。

3）仲裁法的适用范围

我国《仲裁法》的仲裁适用范围是根据下列原则规定的：第一，发生纠纷的双方应当是属于平等主体的当事人；第二，仲裁的事项，应当是当事人有权处分的。因此，仲裁委员会受理平等主体的公民、法人和其他组织之间发生的合同纠纷和其他财产权益纠纷。但下列纠纷不能仲裁：①与人身关系相联系的婚姻、收养、监护、扶养、继承纠纷；②依法应由行政机关处理的行政争议。

另外，由于劳动争议和农业集体经济组织内部的农业承包合同纠纷不同于一般经济纠纷，它们各自都有自己的特点，因此，劳动争议和农业集体经济组织内部的农业承包合同纠纷的仲裁另行规定，也不属于仲裁法的受理范围。

4）经济仲裁的基本原则

经济仲裁的基本原则，是指运用仲裁方式解决经济纠纷过程中和在仲裁的主要阶段上起指导作用的准则。经济仲裁的基本原则有：

（1）自愿原则。它是仲裁制度的一个重要原则。它体现在：第一，当事人采用仲裁方式解决纠纷，应当双方自愿，达成仲裁协议。第二，向哪个仲裁委员会申请仲裁，由当事人双方协商，自愿选定。第三，仲裁事项可以由当事人双方约定。第四，仲裁员由当事人自主选定或者委托仲裁委员会主任指定，仲裁庭的组成形式也可由当事人约定。第五，当事人可以约定开庭的形式、审理方式等有关程序。

（2）以事实为根据，以法律为准绳的原则。以事实为根据，就是要实事求是，忠于事实真相，全面、客观、细致、深入地查清与案件有关的事实情况。以法律为准绳，就是仲裁庭要在查明仲裁案件事实的基础上，按照法律的规定，分清是非曲直，确认当事人各方的权利与义务。

（3）当事人双方在适用法律上一律平等的原则。这一原则要求仲裁机构在解决争议时，不论争议双方的所有制性质、隶属关系、规模大小有何不同，都应平等地适用法律，不能偏袒任何一方，特别是不搞地方保护主义；同时争议双方在仲裁活动中的地位也是平等的。

（4）仲裁依法独立进行的原则。仲裁机构的设置、仲裁庭对仲裁纠纷的处理坚持不依赖于任何行政机关、团体和个人，依法不受任何行政机关、团体和个人干涉的独立性。没有独立的仲裁，就没有真正的仲裁制度。

5）经济仲裁的基本制度

（1）协议仲裁制度。协议仲裁是指经济纠纷的当事人按照合同约定的仲裁条款或者事后达成的书面仲裁协议向仲裁机构申请仲裁，没有仲裁协议的，仲裁机关不予受理。《仲裁法》第 4 条规定：“当事人采用仲裁方式解决纠纷，应当双方自愿达成协议，没有仲裁协议，一方申请仲裁的，仲裁委员会不予受理。”

（2）一裁终局制度。《仲裁法》第 9 条规定：“仲裁实行一次仲裁制度。裁决作出后，当事人就同一纠纷再申请仲裁或者向人民法院起诉的，仲裁委员会或者人民法院不予受理。”当事人一方在法定期限内不履行仲裁裁决书的，另一方可以申请人民法院强制执行。

（3）回避制度。仲裁机关实行回避制度是保障当事人平等行使权利，保证仲裁人员公正处理案件的一项重要制度。依照法律规定的条件，经仲裁机关的批准，仲裁员及有关工作人员退出或避开对案件的审理，称回避。

（4）先行调解制度。尽管经济纠纷当事人是在协商、调解不成的情况下进入仲裁阶段的。但仲裁机关受理案件后，应先行调解。只有当调解不成时，才行使仲裁权。《仲裁法》第 51 条规定：“仲裁庭在作出仲裁前可以先行调解。当事人自愿调解的，仲裁庭应当调解，调解不成的，应及时作出裁决。”

（5）财产保全制度。《仲裁法》第 28 条规定：“一方当事人因另一方当事人的行为或者其他原因，可能使裁决不能执行或者难以执行的，可以申请财产保全。”

（6）仲裁时效制度。《仲裁法》第74条规定：“法律对仲裁时效有规定的，适用该规定。法律对仲裁时效没有规定的，适用诉讼时效的规定。”

13.1.2 仲裁组织

（1）中国仲裁协会。它是由全国的仲裁委员会组成的，是社会团体法人，是仲裁委员会的自律性组织。中国仲裁协会的章程由全国委员会大会制定，并根据章程对仲裁委员会及其组成人员、仲裁员的违纪行为进行监督。

（2）仲裁委员会。《仲裁法》第10条规定：“仲裁委员会可以在直辖市和省、自治区人民政府所在地的市设立，也可以根据需要在其他设区的市设立，不按行政区划层层设立。”

设立仲裁委员会，应当经省、自治区、直辖市的司法行政部门登记，并具备下列条件：①有自己的名称、住所和章程；②有必要的财产；③有该委员会的组成人员；④有聘任的仲裁员。

仲裁委员会是常设性仲裁机构，独立于行政机关，与行政机关没有隶属关系，仲裁委员会之间也没有隶属关系。

仲裁委员会由主任1人、副主任2~4人和委员7~11人组成。仲裁委员会的主任、副主任和委员由法律、经济贸易专家和有实际工作经验的人担任。仲裁委员会的组成人员中，法律、经济贸易专家不得少于2/3。仲裁员的条件根据仲裁法规定，应当符合下列条件之一：①从事仲裁工作满8年的；②从事律师工作满8年的；③曾任审判员满8年的；④从事法律研究、教学工作具有高级职称的；⑤具有法律知识、从事经济贸易专业工作并具有高级职称或具有同等专业水平的。仲裁委员会按照不同专业设仲裁员名单。

13.1.3 仲裁协议

（1）仲裁协议的概念和内容。**仲裁协议**是双方当事人决定将纠纷事项提请仲裁的共同意思表示，包括双方当事人在合同中订立的仲裁条款和以其他书面方式在纠纷发生前或者纠纷发生后达成的请求仲裁的协议。仲裁协议是仲裁委员会受理案件的前提条件。具有仲裁协议，仲裁委员会应当受理，否则双方当事人应当向人民法院起诉。

仲裁协议应当具有下列内容：①请求仲裁的意思表示；②仲裁事项；③选定的仲裁委员会。以上三项内容，缺少任何一项，都会导致仲裁协议的不完整，直接影响到仲裁协议本身的效力。

【观念应用13-1】 **仲裁协议无效**

A市甲公司与B市乙公司在C市签订一份合同，该合同履行地在D市，合同中的仲裁条款约定，如本合同发生争议提交C市仲裁委员会仲裁。现甲、乙两公司发生合同纠纷，甲公司欲申请仲裁，得知C市未设立仲裁委员会，但A、B、D三市均设立了仲裁委员会。

请问：甲公司应当怎么办？

A. 向A市仲裁委员会申请仲裁　　B. 向B市仲裁委员会申请仲裁

C. 向D市仲裁委员会申请仲裁　　　　D. 向C市或D市法院起诉

法律分析：首先，根据《仲裁法》第18条规定，该仲裁协议无效；其次，A、B、D三个城市尽管设立了仲裁委员会，但不是当事人协议选择的地点。因此，选项A、B、C是错误的，选项D正确。

（2）仲裁协议的效力。仲裁协议独立存在，合同的变更、解除、终止或者无效，不影响仲裁协议效力。仲裁庭有权确认合同的效力。当事人对仲裁协议的效力有异议的，可以请求仲裁委员会或者请求人民法院作出裁定。一方请求仲裁委员会作出决定，另一方请求人民法院作出裁定的，由人民法院裁定。当事人对仲裁协议的效力有异议，应当在仲裁庭首次开庭前提出。

（3）仲裁协议无效的法定情形。根据仲裁法的规定，有下列情形之一的，仲裁协议无效：①约定的仲裁事项超出法律规定的仲裁范围的；②无民事行为能力人或者限制民事行为能力人订立的仲裁协议；③一方采取胁迫手段，迫使对方订立仲裁协议的。另外，仲裁协议对仲裁事项或者仲裁委员会没有约定或者约定不明确的，当事人如果达不成补充协议，也会导致仲裁协议的无效。

13.1.4 仲裁程序

仲裁程序是根据仲裁法规定进行仲裁活动的操作规程。仲裁机关和仲裁当事人只有严格按照仲裁程序进行仲裁活动，才能使案件得到正确解决。根据《仲裁法》规定，仲裁程序一般分为以下几个阶段：

1）申请与受理

（1）申请，指一方当事人，根据合同仲裁条款或者事后达成的仲裁协议，依法向仲裁委员会请求对所发生的纠纷进行仲裁的行为。申请人应向仲裁机关递交仲裁申请书，并按被诉人的人数提交副本。申请书应写明下述内容：①申请人名称、地址；②法定代表人名称、职务；③申请的理由和要求；④提供的证据、证人姓名和地址，证据包括原合同副本及来往文件等。

仲裁申请书（实例）

申请人：××省物资贸易公司

地址：××市淮河路350号

法定代表人：夏××　　　　职务：总经理

委托代理人：杨××，×××律师事务所律师

被申请人：××市×××贸易公司

地址：××市正义路135号

法定代表人：李××　　　　职务：经理

案由：购销合同货款纠纷

仲裁请求：1. 付清所欠货款××万元

2. 赔偿申请人经济损失××万元

事实和理由：

×年×月×日，申请人和被申请人签订了一份钢材购销合同，合同中对钢材的规格、数量、品名、价款、交货地点、付款方式和期限等都有明确的约定（详见合同）。合同签订

后，申请人按照合同的约定向被申请人交付××吨钢材，总货款××万元，被申请人收货后仅付货款××万元，尚欠××万元。申请人多次催要，被申请人以经济效益不好为借口，至今未付清所欠货款，由于被申请人的违约行为严重影响了申请人正常的经营活动，给申请人造成了巨大的经济损失。

为维护申请人的合法权益，根据双方的仲裁协议特向贵仲裁委员会申请仲裁。证据和证据来源：

×年×月×日申请人与被申请人签订的钢材购销合同；×年×月×日被申请人向申请人支付的银行汇票一张。

此致

××仲裁委员会

申请人：××省物资贸易公司

法定代表人：夏××

委托代理人：（签名、盖章）

×年×月×日

附：1. 钢材购销合同一份；

2. 银行汇票一张；

3. 本申请书副本×份。

资料来源 韩一夫．经济仲裁案件律师办案指引［M］．北京：中国检察出版社，2001.

（2）受理，指仲裁委员会审查仲裁申请后，认为符合受理条件，应当受理并通知当事人；认为不符合受理条件的，书面通知当事人不予受理，并说明理由。仲裁委员会决定是否受理的时限是5日；仲裁委员会受理仲裁申请后，应当在仲裁规则规定的期限内将仲裁规则和仲裁员名册送达被申请人。被申请人收到仲裁申请书副本后，应当在仲裁委员会规定的期限内向仲裁委员会提交答辩书；可以承认或者反驳仲裁请求，也有权提出反请求。仲裁委员会收到答辩书后，应当在仲裁规则规定的期限内，将答辩书副本送达申请人。被申请人未交答辩书的，不影响仲裁程序的进行。

仲裁答辩状（实例）

答辩人：××市×××贸易公司

地址：××市沿河路×××号

法定代表人：雷××　　　　职务：总经理

委托代理人：杨××　　　　××市××律师事务所律师

答辩人就申请人因与答辩人之间发生的购销合同货款争议向你会提出的仲裁请求提出答辩如下：

答辩人与申请人×年×月×日签订的钢材购销合同，合同对钢材的规格、数量、质量、品名、付款方式及期限作了明确约定。合同签订后，申请人虽然按照合同约定的期限向答辩人交付×吨钢材，答辩人验收时发现该批钢材有×吨规格和品名与合同的约定不相符合，且有质量问题。答辩人按照合同的约定的期限向申请人支付了合格部分的钢材货款×万元，同时，要求申请人严格履行双方订立的钢材购销合同，向答辩人提供符合合同约定的钢材，但申请人至今未能向答辩人提供符合约定的钢材。

综上所述，申请人所提的要求和事实不符合双方实际履行合同的状况。答辩人对不符合合同规定的钢材拒绝支付货款有合法依据，履行合同过程中无违约行为，依法不承担申请人的经济损失。故提请仲裁委员会驳回申请人的仲裁请求。

此致

××仲裁委员会

答辩人：××市××贸易公司（盖章）
法定代表人：（签名、盖章）
委托代理人：（签名、盖章）
×年×月×日

附：1. 钢材购销合同一份；
2. 质检报告书；
3. 本答辩书副本×份。

资料来源　韩一夫．经济仲裁案件律师办案指引［M］．北京：中国检察出版社，2001.

2）仲裁庭组成

仲裁委员会仲裁案件是通过一定形式实现的，开庭和裁决仲裁案件的组织形式即仲裁庭。我国《仲裁法》赋予仲裁庭的组成形式有两种：①由一个仲裁员组成的仲裁庭，习惯称独任仲裁庭；②由三个仲裁员组成的仲裁庭，又叫合议庭。其组成的特点是组织方式由当事人约定，仲裁员由当事人选定或委托仲裁委员会主任指定，有仲裁员回避制度，自主进行仲裁程序。仲裁庭组成后，仲裁委员会应将仲裁庭的组成情况书面通知当事人。仲裁员应在认真审阅申请书、答辩书和有关证据的基础上，对案件的事实进行调查。

仲裁员有下列情形之一的，应当回避，当事人也有权提出回避申请：①是本案当事人或者当事人、代理人的近亲属；②与本案有利害关系；③与本案当事人、代理人有其他关系，可能影响公正仲裁的；④私自会见当事人、代理人，或者接受当事人、代理人的请客送礼的。仲裁员是否回避，由仲裁委员会主任决定；仲裁委员会主任担任仲裁员时，由仲裁委员会集体决定。

3）开庭和裁决

开庭，是指仲裁庭在双方当事人的法定代表人或委托代理人、律师等参加下，对仲裁请求进行审理和裁决的活动。开庭前，按照法律规定，仲裁庭应将开庭的时间、地点用书面形式通知当事人。申请人经两次通知拒不到庭，视作撤销申请；被申请人经两次通知拒不到庭，可以按缺席仲裁。

案件办理过程中，为避免造成更大的财产损失或保障案件终结后仲裁决定书的执行，仲裁机关可根据当事人的申请，作出保全措施裁定。保全措施包括：中止合同履行；查封或扣押货物；变卖不易保存的货物保存价款；责令被申请人提供担保以及法律允许采取的其他方法。

仲裁庭开庭时，由首席仲裁员宣布仲裁员、书记员名单，并询问当事人是否申请仲裁组成人员回避。在仲裁庭主持下，由当事人按申诉人、被申诉人的顺序，各自陈述自己的事实和理由，并对有争议的事实进行当庭辩论，辩论结束后，由首席仲裁员询问双方当事人的最后意见，并再次对双方进行当庭调解。调解若能达成协议的，应制作调解书。达不成协议的，经仲裁庭评议后作出裁决。

裁决，是指仲裁庭依法满足或驳回申请人的仲裁请求，对解决纠纷的实体事项作出的决定。对因达不成调解协议的由仲裁庭评议后作出裁决。仲裁决定书应写明：申请人和被申请人的名称、地址及其代表人或代理人的姓名、职务；申请的理由、争议的事实和要求；裁决认定的事实、理由和适用的法律；裁决的结果和仲裁费用的负担；裁决书由仲裁员签名，加盖仲裁委员会印章。仲裁一般不公开进行，但当事人协议同意公开的，可以公开进行，但涉及国家秘密的除外。裁决书自作出之日起发生法律效力，双方当事人必须自觉执行，否则，可以向人民法院申请执行。

4）关于申请撤销裁决的规定

（1）申请撤销裁决的条件和期限。根据《仲裁法》的规定，当事人提出证据证明有以下情形之一者，可以向仲裁委员会所在地的中级人民法院申请撤销裁决：①没有仲裁协议的；②裁决的事项不属于仲裁协议范围或者仲裁委员会无权仲裁的；③仲裁庭的组成或者仲裁程序违反法定程序的；④裁决所根据的证据是伪造的；⑤对方当事人隐瞒了足以影响公正裁决的证据的；⑥仲裁员在仲裁该案时有索贿受贿、徇私舞弊、枉法裁决行为的。当事人申请撤销裁决的，应自收到裁决书之日起6个月内提出。

撤销仲裁裁决申请书

申请人：

法定代表人：

委托代理人：

申请撤销的事实和理由：

……

根据《仲裁法》第58条第1款的规定，特向××市中级人民法院提出申请，请求撤销××仲裁委员会的仲裁裁决。

此致

××市中级人民法院

申请人：×××

法定代表人：×××

委托代理人：×××

×年×月×日

附：仲裁裁决书副本一份。

资料来源　韩一夫．经济仲裁案件律师办案指引［M］．北京：中国检察出版社，2001.

【小思考13-1】

某仲裁机构对甲公司与乙公司之间的合同纠纷进行裁决后，乙公司不履行仲裁裁决。甲公司向法院申请强制执行，乙公司申请法院裁定不予执行。经审查，法院认为乙公司的申请理由成立，裁定不予执行该仲裁裁决。对此，下列哪一种说法是正确的？

A. 甲公司可以就法院的裁定提请复议一次

B. 甲公司与乙公司可以重新达成仲裁协议申请仲裁

C. 甲公司与乙公司可以按仲裁协议重新申请仲裁

D. 当事人不可以再就该纠纷重新达成仲裁协议，此案只能向法院起诉

答：C

（2）人民法院对撤销裁决申请的处理。人民法院组成合议庭审查核实裁决有仲裁法规定情形之一的应当裁定撤销。人民法院认定裁决违背社会公共利益的，应当裁定撤销。人民法院应当在受理撤销裁决申请之日起 2 个月内作出撤销裁决或者驳回申请的裁定。人民法院在受理撤销裁决的申请后，认为可以由仲裁庭重新仲裁的，通知仲裁庭在一定期限内重新仲裁，并裁定中止撤销程序。仲裁庭拒绝重新仲裁的，人民法院应当裁定恢复撤销程序。

13.2 经济诉讼

【观念应用 13-2】 专属管辖

北京市民李德功有子女 3 人，在哈尔滨市有房屋 5 间，一直由其长子李林居住，李林在哈尔滨市某区工作，次子李冰在北京市某区工作，女儿李娟在天津居住。李德功一直随次子李冰生活，并于 2011 年 5 月在北京去世。李德功去世后，李冰对 5 间房产主张权利被李林拒绝。李冰为此于 2013 年 2 月向北京某区法院起诉。一审法院判决争议之房产中 3 间归李冰所有，李林不服提起上诉。上诉期间，李娟向法院提出争议之房屋应有自己的份额。

请问：（1）北京市某区法院对此案是否有管辖权？为什么？

（2）二审法院应如何处理本案？

法律分析：北京某区法院有管辖权。因为本案属于继承纠纷，按民事诉讼法的规定，因继承遗产纠纷产生的诉讼，由被继承人死亡时的住所地或主要遗产所在地法院专属管辖。本案主要遗产所在地在哈尔滨，而被继承人死亡时的住所地在北京某区，据此两地法院皆有管辖权。法律规定，两个以上法院都有管辖权的，原告可向其中的一个法院起诉。本案原告选择向北京某区法院起诉，符合法律规定。就第二个问题而言，李娟系本案的必要共同诉讼人，而一审法院在未通知李娟参诉的情况下，即作出判决，剥夺了李娟的诉权，属于民事诉讼法规定的“原判决违反法定程序，可能影响案件正确判决的”这一情形。二审法院审理期间，如果李娟同意，可以对纠纷进行调解。如李娟不同意调解或调解不成时，二审法院不应直接作出判决，而应裁定撤销原判，将案件发回一审法院重审。

13.2.1 经济诉讼概述

1）诉讼和经济诉讼的概念

诉讼是指国家司法机关，在当事人及其他诉讼参与人的参加下，为解决案件并进行判决的活动。不同的法律关系应采取不同的诉讼形式，目前我国诉讼的形式有：刑事诉讼、行政诉讼、民事诉讼。

经济诉讼是指人民法院在双方当事人和其他诉讼参与人的参与下，按照法定程序，审理、解决经济纠纷案件并作出判决的活动。由于我国还没有专门的经济诉讼法，因此，经济诉讼法所依据的程序法，主要是《民事诉讼法》的有关规定。

2）经济诉讼适用的基本原则

（1）依法独立行使审判权的原则。司法实践表明，审判中发生的错误，主要是审判人员对事实的认定和对法律的理解有误或受外界各种非法干预和影响。因此，除提高审判人员的思想和业务水平外，必须坚持依法独立行使审判权的原则，严格按照法律规定对经济纠纷案件独立进行审判，保证办案质量。我国宪法和人民法院组织法明确规定，任何单位和组织或个人都无权干涉人民法院独立行使审判权。人民法院在审理案件中绝对服从法律。

（2）以事实为依据，以法律为准绳的原则。这是我国司法工作的指导方针和根本原则。"以事实为依据"，就是以案件的全部真实情况，作为分清当事人谁是谁非、责任大小、适用法律进行裁决的前提和依据，而不是以审判员了解的局部情况或主观臆断为依据。

"以法律为准绳"，就是以法律为尺度来衡量经济纠纷案件中涉及的活动与行为的是与非，合法与非法，违法还是犯罪，从而确定案件的性质并依法作出相应的裁判和处理。

（3）对当事人在适用法律上一律平等的原则。在审理经济纠纷案件中，对当事人在适用法律上一律平等，不允许有超越法律之上的特殊公民和组织。《人民法院组织法》、《民事诉讼法》对此都作了明确的规定。

（4）根据自愿进行调解的原则。在审理经济纠纷案件时，调解是经济审判的重要原则。经济纠纷案件大都是我国企业之间、企业与其他经济组织之间的经济争议。他们之间虽因这样或那样的原因发生利益纠纷或矛盾，但他们之间并没有根本的利害冲突，是在经济协作过程中发生的暂时的、局部的不协调。

13.2.2 经济审判组织及受案范围

1）我国的经济审判机构

根据《人民法院组织法》规定，在我国各级人民法院和专门法院内逐步设立了专门审理各种经济纠纷案件的经济审判机构。根据法律规定，我国的经济审判机关或机构由两部门组成：一是最高人民法院和地方各级人民法院所普遍设立的民事审判庭；二是国家设立的各专门经济法院审理其管辖范围内的专门经济纠纷案件。

2）经济审判管辖

经济审判管辖是指人民法院系统内、上下级人民法院之间及同级人民法院之间受理第一审经济纠纷案件的分工和权限。其主要包括：

（1）级别管辖。它指上下级法院之间在受理第一审经济纠纷案件上的分工和权限。根据我国《民事诉讼法》的规定，基层人民法院管辖除法律规定由上级人民法院管辖以外的所有第一审经济纠纷案件；中级人民法院管辖重大涉外案件、本辖区有重大影响的案件以及最高人民法院确定由中级人民法院管辖的第一审经济纠纷案件；高级人民法院管辖在本辖区有重大影响的案件；最高人民法院管辖在全国有重大影响的案件和认为应当由其审理的案件。

（2）地域管辖。它是指同级人民法院之间受理第一审经济纠纷案件的分工和权限。当一个案件根据级别管辖的规定，确定了由哪一级法院管辖之后，还必须进一步根据地域管辖的原则和规定，确定应由该级法院的哪一个法院管辖。地域管辖一般分为：

第一，一般地域管辖，是指案件应由被告人住所地的人民法院管辖。这种管辖通常实行原告就被告的原则。

第二，特殊地域管辖，是指因合同提起的诉讼，由被告所在地或者合同履行地人民法院管辖。

买卖合同的双方当事人在合同中对交货地点有约定的，以约定的交货地点为合同履行地，没有约定的，依交货方式确定合同履行地；实际履行地点同合同中约定的交货地点不一致的，以实际履行地点为合同履行地。

承揽合同，以行为地为合同履行地，合同另有约定的除外。

因保险合同纠纷提起的诉讼，由被告住所地或者被保险标的物所在地人民法院管辖。因票据纠纷提起的诉讼，由票据支付地或者被告居住地人民法院管辖。因铁路、公路、水路、航空运输和联合运输合同纠纷提起的诉讼，由运输始发地、目的地或者被告住所地人民法院管辖。因侵权行为提起的诉讼，由侵权行为地或者被告住所地人民法院管辖。因铁路、公路、水上和航空事故请求损害赔偿提起的诉讼，由事故发生地或者车辆、船舶最先到达地、航空器最先降落地或者被告住所地人民法院管辖。因船舶碰撞或者其他海事损害事故请求损害赔偿提起的诉讼，由碰撞发生地、碰撞船舶最先到达地、加害船舶被扣留地或者被告住所地人民法院管辖。因海难救助费用提起的诉讼，由救助地或者被救助船舶最先到达地人民法院管辖。因共同海损提起的诉讼，由船舶最先到达地、共同海损理算地或者航程终止地人民法院管辖。海事、海商案件由海事法院管辖。铁路运输合同纠纷中仅与铁路运输有关的侵权纠纷，由铁路运输法院管辖。因产品质量不合格造成他人财产、人身损害提起的诉讼，产品制造地、产品销售地、侵权行为地和被告住所地人民法院都有管辖权。

第三，专属管辖，是指法律强制规定某些案件专门由特定的人民法院管辖，其他人民法院无管辖权，当事人也不得协议变更人民法院管辖，如因不动产纠纷提起的诉讼由不动产所在地人民法院管辖。

第四，协议管辖，是指双方当事人在纠纷发生之前或之后，以书面方式约定特定案件的管辖法院。协议管辖应符合以下条件：仅适用合同纠纷中的第一审案件，必须采用书面形式，只能在原告住所地、被告住所地、合同签约地、合同履行地、标的物所在地的法院中选择一个法院，不得违反有关级别管辖和专属管辖的规定。

(3) 移送管辖。它是指法院受理某一案件后，发现自己对此案并无管辖权，便移送给有管辖权的法院受理；或者在特定情况下，下级法院将自己有管辖权的案件，报请上级法院审理，或者上级法院将自己有管辖权的案件，交给下级法院审理。

(4) 指定管辖。它是指两个不同的法院之间对管辖权发生争议，或者某个有管辖权的法院由于特殊原因不能行使审判权的，由上级法院指定某一个法院或另一个法院管辖。

3) 经济审判机构的受案范围

(1) 人民法院的受案范围。当前，经济审判受理的案件有以下九类：①合同纠纷案件。②涉外经济纠纷案件。当事人订有书面仲裁协议或者已由我国仲裁机构裁决的案件，人民法院不予受理。③农村承包合同纠纷案件。④经济损害赔偿纠纷案件。⑤工业产权纠纷案件。⑥企业破产案件。⑦专利纠纷案件。⑧企业承包、租赁经营和联营合同纠纷案件。⑨其他经济纠纷案件。

(2) 海事法院的受案范围。根据《最高人民法院关于海事法院收案范围的规定》，海事法院受理我国法人、公民之间，我国法人、公民同外国或地区法人、公民之间，外国或者地区法人、公民之间的下列五个方面的案件：①海事侵权纠纷案件；②海商合同纠纷案件；③其他海事、海商案件；④海事执行案件；⑤海事请求保全案件。

（3）铁路运输法院的受案范围。各铁路运输法院受理与铁路运输有关的经济纠纷案件，包括：①与铁路运输有关的合同纠纷案件；②与铁路运输有关的侵权纠纷案件；③违反铁路安全保护法规的案件；④最高人民法院指定铁路运输法院受理的经济案件；⑤与铁路运输有关的其他经济纠纷案件。

4）经济纠纷案件的诉讼时效

诉讼时效是指权利人在时效期间内不行使其权利，即丧失由人民法院依照诉讼程序保护其权利的权利。有关经济法律、法规对经济纠纷的诉讼时效作了明确规定，如专利侵权纠纷等诉讼时效为2年，自权利人知道或者应当知道权利被侵害之日起计算；产品质量争议（产品质量损害赔偿除外）等诉讼时效为1年；国际货物买卖合同和技术进出口合同的诉讼时效是4年等。经济纠纷的当事人向人民法院提起经济诉讼，应当遵守诉讼时效之规定。

13.2.3 经济诉讼的审判程序

经济诉讼的审判程序，也叫经济纠纷案件的审判程序。它是人民法院在处理经济纠纷案件过程中所必须遵循的规则和制度。经济审判程序分第一审程序和第二审程序。

1）第一审普通程序

经济审判的第一审程序主要分为以下几个步骤：

（1）起诉与受理。原告提起经济诉讼应符合的条件：①原告必须是与本案有直接利害关系的公民、法人和其他经济组织；②有明确的被告；③有具体的诉讼请求和事实、理由；④属于人民法院受理的经济诉讼的范围和受诉人民法院管辖。只要符合上述条件，人民法院必须受理。根据法律规定，双方当事人对经济合同纠纷自愿达成书面协议向仲裁机关申请仲裁的，人民法院不予受理。原告向人民法院起诉应首先向人民法院递交起诉状，并按被告人数多少提出与其相同的副本。

起诉书应写明以下事项：①当事人的姓名、性别、年龄、民族、籍贯、职业、工作单位和住址，法人的名称、住址和法定代表人或者主要责任人的姓名、职务；②诉讼请求和所根据的事实与理由；③证据和证据来源，证人姓名和住所（见表13-1）。

受理，是指人民法院接受审理原告提出诉讼请求的案件。人民法院收到起诉书后，经审查，认为符合条件的，应在7日内立案，并通知原告在7日内预交案件受理费；认为不符合条件的，应当在7日内裁定不予受理；原告对裁定不服的，可以提出上诉。在起诉受理过程中，人民法院对可能因当事人一方的行为或者其他原因，使判决不能执行或难以执行的案件，可根据当事人的申请作出财产保全的裁决，当事人没有提出申请的，法院在必要时也可裁定采取财产保全措施。财产保全可采取查封、冻结、扣押或者法律规定的其他办法。如果被申请提供担保的，人民法院应当解除财产保全。

（2）审理前的准备。人民法院应当在立案之日起5日内将起诉状副本送达被告。被告自收到诉状副本之日起15日内提供答辩状（见表13-2），答辩状应对原告的指控和请求作出回答，陈述自己的观点理由，并提出必要的证据，也可提出反诉。

表 13-1 起诉状

原告	被告
姓名、性别、年龄、民族、籍贯、职业、工作单位、住址	姓名、性别、年龄、民族、籍贯、职业、工作单位、住址

请求事项：

事实和理由：

证据和证据来源，证人姓名和住址：

此致

×××××人民法院

具状人：×××（签名或盖章）

××××年××月××日

附：1. 本状副本：×份；

2. 证物：×件；

3. 书证：×件。

表 13-2 答辩状

答辩人：姓名：×××，性别：×，年龄：××，民族：××，职业：×××××，工作单位：×××××××，住址：×××××××××

接________人民法院转来________一案的诉状副本一份，现提出答辩，事实及理由如下：

此致

×××××人民法院

答辩人：×××（签名或盖章）

××××年××月××日

收到被告提出答辩状的人民法院，应当在收到之日起 5 日内将答辩状副本发送原告；被告不提出答辩的不影响人民法院对案件的审理，诉讼程序照常进行。立案受理后，审判人员要认真审核诉讼材料，调查此案必要的证据，人民法院可派出人员进行调查，在必要时也可委托外地人民法院协助调查。审核诉讼材料，是对案件调查研究的重要步骤，也是发现问题、线索并进一步调查的重要手段。原告或被告对自己的诉讼请求或主张都负有举证责任。调查取证是弄清事实和查明案情的主要手段，也是正确运用法律，分清是非和责任的必要条件。人民法院有权向有关单位和个人调查取证，有关单位或个人有义务协助人民法院进行调查。在证明案件的主要情节和主要事实时，应尽可能地搜索、使用原始证据和直接证据，以保证案件合理、正确、及时解决。

(3) 进行调解。调解，是在查明事实、分清是非和责任的基础上，根据当事人的自愿和合法原则进行的。因经济案件纠纷大都是法人之间和其他经济组织，在经济协作或往来中发生的，虽然一时发生纠纷和争议，但一般都希望继续保持协作关系，因此通过对当事人宣传教育，做好其思想工作，多数经济案件纠纷的当事人是能够互谅互让、自愿协商达成和解协议。对那些事实清楚、责任明确、当事人申请调解或自愿接受人民法院的调解案件，可以在开庭前调解，实行快调快结，提高办案效率。对有的案件，也可以在开庭审理时当庭进行调解。经调解结案的，人民法院当制作调解书，调解书与判决书具有同等的法律效力。调解书应写明诉讼请求、案件事实和调解结果，并由审判人员、书记员署名，加盖人民法院印章，送达双方当事人。未达成协议或调解无效的，人民法院应及时进行判决。

(4) 审理与判决。法庭审理是诉讼程序中的一个主要阶段。除涉及国家机密或者法律另有规定的以外，一律公开进行。人民法院决定开庭审理的案件，应在开庭3日前通知当事人和其他诉讼参与人。公开审判的，应当公告当事人姓名、案由和开庭的时间、地点。开庭前，书记员应查明当事人和其他诉讼参与人是否到庭，宣布法庭纪律。审理时由审判长核对当事人，宣布审判人员、书记员名单，告知当事人有关的诉讼权利和义务，询问当事人是否提出回避申请。提出回避申请的，经审查，如有正当理由，可按照有关规定程序更换被申请回避的人员。审判开始，由审判长报告案情，简要说明原告起诉的要求和理由，被告答辩的内容和根据，双方当事人争执的焦点，接着由双方当事人陈述，他们可以补充审判人员的说明，也可以提出证据，证明自己的请求或者答辩。审判人员认为不明确的，还可以询问当事人，接着再分别询问证人、鉴定人，审查书证、物证。这个阶段也叫法庭调查阶段。接着是法庭辩论阶段，即双方当事人对法庭调查过的事实和证据，提出自己的意见，并且相互辩驳。在辩论中当事人可以对如何认定案情提出意见，也可以对怎样适用法律和适用什么法律提出意见。当事人在提出自己意见的同时，还可以反驳对方的意见，辩论中应当引用法庭调查过的事实和证据。法庭辩论是为阐明各自的主张和理由，但在当事人阐述意见时，必须遵守诉讼秩序和纪律，不能无理狡辩或哄闹法庭，反之可视情节追究其责任。

辩论结束后，应最后进行调解，仍达不成协议时，作出公证、合理的判决。在开庭审理时，原告经传唤无正当理由拒不到庭的或未经法庭许可中途退庭的，可以按撤诉处理；被告反诉的，可以缺席判决。被告经传唤无正当理由拒不到庭的或未经许可中途退庭的，按缺席判决。经过开庭审理，应在查清案情的基础上作出判决。判决书应当写明：①案由、诉讼请求，争议事实、理由；②判决认定的事实、理由和运用的法律依据；③判决结果和诉讼费用承担；④上诉期限和上诉法院。最后由审判人员、书记员署名并加盖人民法院印章。当庭宣判的10日内发送判决；定期宣判的，宣判后立即发给判决书。宣告判决时，必须告知当事人上诉的权利。

2) 第二审程序

当事人不服第一审判决的，有权在判决书送达之日起15日内向上一级人民法院提起上诉；当事人不服一审法院裁定的，有权在裁定书送达之日起10日内向上一级人民法院提起上诉。上诉应递交上诉状（见表13-3），上诉状应写明原审人民法院名称、案件编号和案由，以及上诉的请求和理由。

表 13-3　**上诉状**

上诉人	被上诉人
姓名、性别、年龄、民族、籍贯、职业、工作单位、住址	姓名、性别、年龄、民族、籍贯、职业、工作单位、住址

上诉人因××××××××××××××××××一案，不服×××××人民法院于××××年××月××日×××字第××××号民事判决（或裁定），现提出上诉，上诉的请求和理由如下：

此致

×××××人民法院

上诉人：×××（签名或盖章）

××××年××月××日

附：1. 本状副本：×份；

2. 证物：×件；

3. 书证：×件。

上诉状应通过原审法院提出，当事人直接向二审法院上诉的，二审法院应当在 5 日内将上诉状移交原审法院，原审法院收到上诉状，应在 5 日内将上诉状副本送达对方当事人，对方当事人在收到之日起 15 日内提出答辩状，人民法院应在收到答辩状之日起 5 日内将副本送达上诉人。当事人不提出答辩的不影响人民法院审理。原审人民法院收到上诉状、答辩状，应在 5 日内连同全部案卷和证据，报送二审法院。

二审法院对收到的上诉案件，应当组织合议庭开庭审理。经过阅卷和调查，询问当事人。在事实核对清楚后，认为不需要开庭审理的，可进行判决或裁定。

二审法院对上诉案件经过审理可作出如下判决：①原判决认定事实清楚，适用法律正确，驳回上诉，维持原判；②原判决适用法律错误的，依法改判；③原判决认定事实错误，或原判决认定事实不清，证据不足，撤销原判发回重审或查清事实后改判；④原判决违反法定程序，可能影响案件正确判决的，裁定撤销原判决，发回原审法院重审。当事人对重审案件的判决、裁定，可以上诉。第二审人民法院对不服第一审人民法院裁定的上诉案件的处理，一律使用裁定。二审法院审理上诉案件，可以进行调解。调解达成协议的应制作调解书，调解书送达后，原审法院的判决视为撤销。二审法院的判决、裁定，是终审判决、裁定。

人民法院对判决的上诉案件，应在二审立案后 3 个月内审结；对裁定的上诉案件，应在立案后 30 日内作出终审裁定。

3）审判监督程序

审判监督程序是对已经发生法律效力的判决或裁定，发现确有错误而进行再审的程序。根据《人民法院组织法》规定，各级人民法院院长对本院已经发生法律效力的判决或裁定，发现确有错误，认为需要再审的，提交审判委员会讨论决定；最高人民法院对地方各级人民法院已经发生法律效力的判决或裁定发现确有错误的，有权提审或者指定下级人民法院再审；当事人对已经发生法律效力的判决或裁定，认为有错误的，可向原审人民法院的上一级人民法院申请再审，但当事人不得停止判决、裁定的执行。

当事人对已经发生法律效力的调解书，提出证据证明调解违反自愿原则或调解协议的内容违反法律的，可以申请再审，经人民法院审查属实的，应当再审。当事人申请再审，应当在判决、裁定发生法律效力后2年内提出。按照审判监督程序决定再审的案件，裁定中止原判的执行。

按照监督程序执行，对于提高审判办案质量，保护当事人的合法权益，维护法律的尊严，维护和提高人民法院的威信，加强社会主义法制，维护良好的社会经济秩序，促进安定团结，都具有十分重要的意义。

4）执行程序

经济诉讼的执行程序是指人民法院的执行机构依法对已经生效的判决、裁定和调解协议中的财产部分按其内容和要求一一付诸实现的活动。执行程序是经济诉讼的一个最后阶段。

判决、裁定或调解书生效后，当事人应认真自觉地履行，一方不履行的，对方当事人可以向人民法院申请执行，也可由审判员移送执行员执行。

申请执行的期限，双方当事人或者一方当事人是公民的为1年；双方是法人或者其他组织的为6个月。从法律文书规定履行期限的最后一日起计算；规定是分期履行的，应从规定的每次履行期限的最后一日起计算。

执行员接到申请执行书或者移交的执行书时，应当向被执行人发出执行通知，责令其在指定期间履行，逾期不履行的，则实行强制执行，如冻结、划拨债务人的存款，扣留、提取债务人的收入，查封、扣押、拍卖、变卖债务人的财产等。

本章小结

本章介绍的是经济纠纷的解决方式，即协商解决、调解解决、仲裁解决和诉讼解决。重点是介绍我国的仲裁和经济诉讼过程中涉及的法律问题。经济仲裁是当事人因经济争议到仲裁机关请求裁决的活动，在了解我国经济仲裁的基本原则和基本制度的基础上，按照仲裁程序达到解决经济争议的目的；经济诉讼是当事人因经济争议到人民法院请求判决而解决经济纠纷的活动，在明确人民法院的管辖和诉讼时效的基础上，依照收案范围，按照诉讼程序，解决经济纠纷。在上述两种方法中，我国采用的是或裁或审的原则。

主要概念和观念

□ 主要概念

经济仲裁　仲裁协议　经济诉讼

□ 主要观念

仲裁协议及内容　经济审判管辖及种类

基本训练

□ 知识题

13.1　阅读与理解

1）经济仲裁的基本原则和制度有哪些？

2）仲裁协议无效的法定情形有哪些？

3）什么是移送管辖和指定管辖？

13.2　知识应用

1）判断题

（1）仲裁不实行级别管辖和地域管辖，仲裁机构之间也是相互独立的。（　）

（2）因票据纠纷提起的诉讼，由票据支付地或者被告住所地人民法院管辖。（　）

（3）当事人对已发生法律效力的调解书，提出证据证明调解违反自愿原则或调解协议的内容违反法律的，申请人民法院再审，经查属实的，尽管在时效范围内，人民法院也不予再审。（　）

2）选择题

（1）发生经济纠纷的当事人的一方请求仲裁委员会作出裁决，另一方请求人民法院作出裁定的，由（　）裁定。

A. 仲裁机关　B. 人民法院　C. 人大常委会　D. 上级主管部门

（2）因产品质量不合格造成他人财产、人身损害提起的诉讼，由（　）人民法院管辖。

A. 产品制造地　B. 产品销售地　C. 侵权行为地　D. 被告人所在地

（3）申请执行的期限，双方当事人或一方当事人是公民的，其时效为（　）；双方是法人或者其他组织的为（　）。

A. 1 年　B. 2 年　C. 4 年　D. 5 年

E. 6 个月

□ 技能题

13.1　规则复习

1）《仲裁法》适用的范围是什么？

2）原告提起经济诉讼的条件是什么？

13.2　操作练习

请教师组织有关案例材料，指导学生撰写一份民事起诉状。

观念应用

□ 案例分析

借款纠纷案

A 县甲借给 B 县乙 10 万元，B 县乙借给 C 县丙 20 万元。此两项借款均已到还款期限，甲急于用款，但经调查了解乙无力还款，便多次催促乙向丙索还欠款，乙置之不理。

请问：(1) 在已知乙无力还款的情况下，甲欲实现债权，可行使何种权利？

(2) 甲基于第 (1) 问中所指的权利，如果提起诉讼，如何确定乙和丙的诉讼地位？

(3) 甲提起第 (2) 问中所指的诉讼，什么地方的人民法院具有管辖权？

(4) 假设甲提起第 (2) 问中所指的诉讼，法院受理后，D 县丁又提出乙欠其 5 万元贷款，到期无力归还，因此，丁采取与甲同样的实现债权的方式，向该法院起诉，在这种情况下，法院对甲和丁各自提起的诉讼如果合并审理，甲和丁在民事诉讼上是什么关系？

(5) 假设甲提起第 (2) 问中所指的诉讼，但没有足够的证据证明乙与丙之间存在借贷关系，法院是否应当受理起诉？为什么？

(6) 假设甲提起第 (2) 问中所指的诉讼，诉讼过程中法院得知乙与丙之间的借贷关系存在争议，并根据双方签订的仲裁协议正在进行仲裁，法院对甲提起的诉讼应当如何处理？为什么？

(7) 假设出现第 (4) 问所述的情况，一审法院判决支持甲和丁的诉讼请求，丙提起上诉。在第二审程序中甲又向法院提出乙除了 10 万元借款外，还欠贷款 8 万元，请求采取同样的诉讼方式实现这一债权，从程序上看，法院应当如何处理这一诉讼请求？

(8) 假设在第二程序中，二审法院发现本案一审的审判长是原告人甲的前妻，未进行回避，二审法院可以作何程序上的处理？

□ 单元实训

组织学生到法院参加一次经济诉讼案件的旁听。

综合案例与综合实训

案例1 合伙企业财产清偿案

某年1月，甲、乙、丙三人合伙开办了一家普通合伙企业，甲出资3万元、乙出资2万元、丙以劳务出资，合伙协议订立得比较简单，未约定利润分配和亏损分担比例，只约定三人共同管理企业。6月，甲想把自己的一部分财产份额转让给丁，乙同意但丙不同意，因多数合伙人同意丁入伙成为新的合伙人，丙便提出退伙，甲、乙表示同意丙退伙，丁入伙。此时，该合伙企业欠长城公司货款3万元一直未还。10月，甲私自以合伙企业的名义为其朋友的4万元贷款提供担保，银行对甲的私自行为并不知情。第二年4月，由于经营不善，该合伙企业宣告解散，企业又负债9万元无法清偿。

根据案情，请回答下列问题：

（1）丁认为长城公司的欠款是其入伙之前发生的，与自己无关，自己不应该对该笔债务承担责任，丁的看法是否正确？

（2）丙认为其早已于6月退伙，该合伙企业的债务与其无关，丙的看法是否正确？

（3）若甲的朋友到期不能清偿贷款，银行是否有权要求合伙企业承担担保责任？

（4）若其他合伙人在得知甲私自以该普通合伙企业的财产提供担保后，一致同意将其除名，该决议是否有效？

（5）在合伙企业清算后，长城公司、贷款银行和该合伙企业的债权人认为乙个人资金雄厚，要求其做全部的清偿，这些债权人的要求是否可以得到支持？

案例2 公司临时股东会增资案

甲、乙国有企业与另外7家国有企业拟联合设立“永发有限责任公司”（以下简称“永发公司”），公司章程的部分内容是：公司股东会除召开定期会议外，还可以召开临时会议，临时会议须经代表1/2以上表决权的股东、1/2以上的董事或1/2以上的监事提议召开。在申请公司设立登记时，工商行政管理机关指出了公司章程中规定的关于召开临时股东会议方法的不合法之处。经全体股东协商后，予以纠正。

2012年3月，永发公司依法登记设立，注册资本为1亿元，其中甲以工业产权出资，协议作价金额1 200万元；乙出资1 400万元，是出资最多的股东。公司成立后，由甲召集和主持首次股东会会议，设立了董事会。2012年5月，永发公司董事会发现，甲作为出资的工业产权的实际价额显著低于公司章程所定的价额，为了使公司股东出资总额仍达到1亿元，董事会提出了解决方案，即：由甲补足差额，如果甲不能补足差额，则由其他股东按出资比例分担该差额。

2013年5月，公司经过一段时间的运作后，经济效益较好，董事会拟定了一个增加注册资本的方案，方案提出将公司现有的注册资本由1亿元增加到1.5亿元。增资方案提交到股东会讨论表决时，有7家股东赞成增资。7家股东出资总和为5 830万元，占表决权总数的58.3%；有2家股东不赞成增资，2家股东出资总和为4 170万元，占表决权总数的41.7%。股东会通过增资决议，并授权董事会执行。

2013年3月，永发公司因业务发展需要，依法成立了上海分公司。上海分公司在生产经营过程中，因违约被诉至法院，对方以永发公司是上海分公司的总公司为由，要求永发公司承担违约责任。

根据上述事实，请按照《公司法》的规定，分析回答下列问题：

（1）永发公司订立的公司章程中关于召开临时股东会议的规定有哪些不合法之处？说明理由。

（2）永发公司的首次股东会议由甲召集和主持是否合法？为什么？

（3）永发公司董事会作出的关于甲出资不足的解决方案的内容是否合法？说明理由。

（4）永发公司股东会作出的增资决议是否合法？说明理由。

（5）永发公司是否应替上海分公司承担违约责任？说明理由。

案例3 转让资产合同纠纷案

甲公司因转产致使一台价值1 000万元的精密机床闲置。该公司董事长与乙公司签订了一份机床转让合同。合同规定：精密机床作价950万元，甲公司于10月31日前交货，乙公司在交货后10天内付清款项。在交货日前，甲公司发现乙公司的经营状况恶化，通知乙公司中止交货并要求乙公司提供担保，乙公司予以拒绝。又过了1个月，乙公司的经营状况进一步恶化，于是甲公司提出解除合同。乙公司遂向法院起诉。法院查明：甲公司股东会决议规定对精密机床的处置应经股东会特别决议。甲公司的机床原由丙公司保管，保管期限至10月31日，保管费50万元。11月5日，甲公司将机床提走，并约定10天内交付保管费，如果10天内不付保管费，丙公司可对该机床行使留置权。现丙公司要求对该机床行使留置权。

依据《合同法》和《担保法》回答下列问题：

（1）甲公司与乙公司之间转让机床的合同是否有效？为什么？

（2）甲公司中止履行合同的理由能否成立？为什么？

（3）甲公司能否解除合同？为什么？

（4）丙公司能否行使留置权？为什么？

综合实训

模拟法庭教学。

主要参考书目

［1］李艳芳．以案说法·经济法篇［M］．北京：中国人民大学出版社，1998.

［2］石少侠．经济法概论［M］．北京：法律出版社，1999.

［3］关怀．合同法教程［M］．北京：首都经济贸易大学出版社，1999.

［4］潘静成，刘文华．经济法［M］．北京：中国人民大学出版社，1999.

［5］刘景一．中华人民共和国合同法实用问答［M］．北京：中国经济出版社，1999.

［6］刘亚天，李美云．经济法原理与案例解析［M］．北京：人民法院出版社，2000.

［7］张正明．价格与收费法律知识手册［M］．北京：法律出版社，2000.

［8］卞耀武．产品质量法诠释［M］．北京：人民法院出版社，2000.

［9］李仁玉．民法学分论［M］．北京：中共中央党校出版社，2000.

［10］杨紫烜，徐杰．经济法学［M］．北京：北京大学出版社，2001.

［11］姜丽勇．证券违法案例［M］．北京：经济日报出版社，2001.

［12］黄勤南．知识产权法案例教程［M］．北京：知识产权出版社，2001.

［13］韩一夫．经济仲裁案件律师办案指引［M］．北京：中国检察出版社，2001.

［14］李建伟．案例分析导读［M］．北京：时事出版社，2001.

［15］杨志清．CPA 快速过关——经济法［M］．北京：中信出版社，2001.

［16］张健，王旋．经济法［M］．北京：企业管理出版社，2003.

［17］阮齐林，张树义，杨秀清．司法考试历年试题精解［M］．北京：中国法制出版社，2004.

［18］陈新玲．经济法［M］．北京：科学出版社，2005.

［19］国家工商行政管理总局培训中心．新公司法教程［M］．北京：中国工商出版社，2005.

［20］孙中义，俞木传，陶潜毅．经济法［M］．合肥：中国科学技术大学出版社，2006.

［21］程荣斌，姜小川．经济法：案例·法规·试题［M］．北京：中国法制出版社，2006.

［22］周庭芳，李厚刚．经济法概论［M］．武汉：武汉理工大学出版社，2006.

［23］安建，吴高盛．企业破产法实用教程［M］．北京：中国法制出版社，2006.

［24］朱崇实．经济法（中国版）［M］．北京：北京大学出版社，2007.

［25］刘建明．新编经济法教程［M］．上海：上海交通大学出版社，2011.

［26］代春泉，董鹏，康耀江．房地产合同管理［M］．北京：清华大学出版社，2011.

［27］中国法制出版社．2011 年国家司法考试同步训练题解——商法［M］．北京：中国法制出版社，2011.